POUR SE LIBÉRER DE LA MATRICE

ou

Les Pièges du Nouvel Âge
et des Parties Franchisées des Religions

ou

Outils pour Artisan*
et Guerrier* de la Lumière

ou

La Chute & l'Ascension.

ou

Rêve ta Vie et Vis tes Rêves.

je dédie ce livre à Maman qui a quitté son corps physique
le Vendredi 29 Août 2003.

** Les astérisques renvoient au chapitre Dictionnaire page 167.*

> PREFACE

Je me présente à vous comme un être humain avec des qualités et des défauts. Je ne prétends pas détenir LA vérité suprême. Cependant, j'ai la prétention de la chercher. Je ne me présente pas à vous comme un maître, mais comme un élève.

Je considère que le plus grand des pièges de la spiritualité et de la vie en général, c'est de se dire «cette fois-ci, j'ai tout compris». L'arrivisme spirituel ne peut exister car l'évolution est infinie. Dieu et les univers continuent aussi à évoluer. Pour évoluer, il est essentiel d'accepter de se remettre en question donc d'accepter que l'on se soit trompé. Celui qui prétend être éveillé s'est déjà rendormi car l'éveil est relatif à l'état d'avant. Bien qu'à l'instant précis, j'adhère à 100% à tout ce qui est dans ce livre, il est fort possible que je change d'avis sur certains points l'année prochaine. Accepter que l'on se soit trompé et le reconnaître publiquement me semble être une condition sine qua non à l'évolution. Peut-être que cette déclaration vous mettra mal à l'aise car vous désirez être face à un être qui sait tout et qui est parfait. Autant vous le dire tout de suite, ce n'est pas le cas. «Parfait» veut dire «terminé» et je suis un être humain en devenir. Ce qui m'intéresse c'est que chacun puisse faire et être Ses propres choix. Pour cela, je vous offre des outils, des points de vues et des connaissances que vous n'apprendrez pas dans les écoles officielles. A vous , ensuite de décider s'ils sont justes pour vous ou pas.

Il n'est pas nécessaire d'avoir lu mes deux livres précédents pour comprendre celui-ci. Paradoxalement, ils sont complémentaires et je vous conseille de les lire. À la fin de cet ouvrage un chapitre vous renseignera sur les points précis sur lesquels j'ai changé d'avis par rapport aux livres précédents. Cela ne concerne que quelques % de ces deux livres. Et puis, ce n'est pas parce que j'ai changé d'avis sur une croyance qu'elle n'est pas juste. Ce qui compte, c'est ce que vous croyez.

Notice Importante: les atstériques* vous renvoient au chapitre dictionnaire.
ARMD est l'abréviation pour mon livre "A la Recherche du Message des Dauphins".
DPP est l'abréviation pour mon livre "Les Dernières Pièces du Puzzle".

> INTRODUCTION

« Il n'y a rien de caché qui ne doive être découvert,
ni de secret qui ne doive être connu.»
Luc. Chapitre 12.

« La chose la plus incompréhensible du monde
est que le monde est compréhensible.»
Einstein.

« Celui qui ne s'intéresse pas aux mondes de l'invisible et à son évolution intérieure
est une marionnette qui ne se rend même pas compte qu'elle a des fils
qui la dirigent. Cette personne se croit libre, mais elle ne connaît même pas
la définition du mot Liberté»
Arno de Nîmes.

J'ai l'impression d'avoir découvert le plus grand des secrets de l'histoire de l'Humanité. Je reconnais que je suis peut-être fou, cependant au plus profond de moi-même, j'y crois...
♥ : Excuse-moi, cependant je trouve cela un peu prétentieux. «Le plus plus Grands des Secrets de l'Histoire de l'Humanité». Reconnais que c'est un peu dur à croire, non?

Peut-être, cependant j'assume, et je crois que vous n'allez pas être déçus. Connaître ce secret me réjouit bcp car il donne vraiment un sens à ce qui se passe actuellement sur Terre Gaïa. Il vous fera comprendre l'origine des nombreux paradoxes qui existent sur cette planète. J'espère, du fond de mon âme que pour vous aussi l'accès à cette information renforcera votre foi et accélèrera l'éveil de la Divinité qui est en vous. À propos de la divinité qui sommeille en chacun de nous, j'ai lu récemment une définition de cette partie de notre être qui me plaît bcp. «Un être Divin est un être qui arrive à être et à faire ce qu'il désire faire et être». Alors, avez-vous envie d'être et de faire ce que vous désirez vraiment être et faire au plus profond de votre coeur?

Seulement, mettons tout de suite les choses au point! Ce n'est qu'en lisant chaque mot que vous comprendrez où je veux en venir. Si vous critiquiez le contenu de ces pages sans les avoirs toutes lues, alors vous n'auriez pas donné à cet ouvrage une chance de vous toucher. Et ce serait très dommage pour vous car, sincèrement, je crois vraiment qu'il s'agit du PLUS GRAND DES SECRETS. Celui qui vous permettra d'aborder les grandes questions de la vie sur un socle solide. A propos de bases solides. Si vous n'avez jamais rien lu sur 2012 et sur l'Ascension, je vous conseille de commencer par lire le petit résumé qui se trouve dans le chapitre dictionnaire P. 178.

Bon allez, c'est pas tout ça, quand faut y aller, faut y aller... Veuillez détacher vos ceintures, respirer profondément et me prêter votre attention jusqu'au bout du livre... Si vous voulez m'envoyer sur les roses ensuite (quelle stupide expression quand même!), no problemo j'adore les roses... Dans 120 pages, vous aurez mon humble point de vue sur les 3 grandes questions existentielles à savoir: «Qui sommes-nous?», «Où allons-nous?» et «Qu'est-ce qu'on fait ici?». Pour 13 écus ça fait 4,333 par question. C'est quand même pas mal non?

Pourquoi vouloir partager avec vous des «Outils pour Artisans* et Guerriers* de la Lumière» alors que je viens de passer deux livres à essayer de vous convaincre qu'il n'y a pas de combat absolu entre le bien et le mal?
Pourquoi utiliser un mot aussi «dramatique» que «Guerrier*» alors que je crois dans l'existence d'un «Grand Esprit du Tout», unique et tout puissant, qui veille sur nous et nous accompagne à chacun de nos pas?
Qu'est-ce qui pourrait justifier l'utilisation du mot «piège» alors que je fais tout ce que je peux afin de transmettre foi et confiance dans le fait que Tout est mis en oeuvre dans notre existence pour nous faire grandir, pour réveiller la Divinité qui sommeille en nous?

Mettons tout de suite les choses au point. Je vis toujours avec la croyance qu'il n'existe pas de combat absolu entre le bien et le mal dans la création. Paradoxalement, il existe un combat sur Terre et dans notre MATRICE*. Vous allez vite comprendre (du moins, je l'espère) comment on peut avoir une foi absolue dans le pouvoir TOTAL de la force de l'Amour du Dieu des Dieux et, à la fois, accepter qu'il y a un combat à mener. En d'autres mots, ma foi TOTALE ne rentre pas en contradiction avec l'écriture de ce livre.

Je reconnais que j'ai longtemps hésité à partager ces découvertes avec vous. Certaines forces se sont déchaînées pour que je révèle ces infos, d'autres ont fait de même pour que je les garde secrètes. Et puis, je me suis rappelé de ce que m'avais un jour dit Jacques Mayol: «A chaque fois que tu te mets à créer quelque chose de vraiment juste et important, des obstacles vont survenir! Si tu es attentif, tu verras qu'il s'agit d'un phénomène pratiquement automatique. Comme si la création laissait certaines forces nous taquiner pour vérifier la solidité des fondations d'un projet. C'est aussi comme si la vie nous donnait à chaque fois le choix entre les deux voies extrêmes.» Jacques m'a encore fait un beau cadeau ce jour-là. Et c'est bien vrai! Ce n'est pas parce qu'il y a de la résistance à un projet que cela signifie qu'il faut l'ajourner. Dans certains cas, cela peut vouloir dire que ce projet à un potentiel très important.

Et puis, si je veux être tout à fait honnête, si je me suis dit «maintenant on y va», c'était parceque je n'arrivais plus vraiment à me regarder dans une glace. Je me trouvais lâche et surtout égoïste d'avoir peur de déplaire. En effet, ces informations risquent de déranger bcp de monde.

Curieusement, je n'ai reçu que 5 semaines pour terminer ce livre. Il s'agit d'un délai très court. Je vais donc faire mon possible pour rendre sa lecture la plus agréable possible. Lorsque j'ai demandé pourquoi un délai aussi court, voilà les réponses qu'on m'a données.

1/ Tu n'étais pas prêt avant.

2/ Le prosélytisme n'existe pas dans l'Initiation. En d'autres mots, ce livre n'est pas fait pour convaincre les gens. Ces pages ne pourront qu'être la goutte d'eau, l'info qui leur manquait pour que le puzzle prenne plus de sens.

3/ Il est important que tu ailles droit à l'essentiel et que tu n'entres pas trop dans les détails. Ce livre sera «peut-être» le premier d'une série de 3. Pour toi, comme pour nous, il sera intéressant de voir comment les lecteurs réagissent. Cela nous sera utile pour réajuster le tir avec le suivant.

4/ Ce point «4» explique le «peut-être» du point 3. Nous ne pouvons garantir que tu resteras longtemps dans ton corps physique si tu oses diffuser ces infos... Nous pourrons te protéger, seulement, nous ne pourrons pas te protéger de toi-même et au premier pas de travers... «Ils» ne te feront pas de cadeau... Le délai entre le moment où tu as reçu l'info et le moment où tu vas la publier doit donc être le plus court possible.

♥ : C'est qui «ils» se demande le lecteur perspicace.
☯ : Patience, chaque chose en son temps...

Bien sûr, tout cela fait peut-être partie de ma parano. Je reconnais que j'avais déjà la croyance que j'allais me faire descendre après la parution de mon premier et de mon deuxième livre... Et je suis toujours là...

Quoi qu'il en soit, je te demande d'être patient car je ne vais pas trop travailler le style et la fluidité de ces pages. Ce qui compte avant tout c'est leur contenu. Dans ce premier volume, je vais me consacrer sur le message principal. J'approfondirais certains des autres sujets dans les volumes suivants. Ce livre risque donc d'être assez court alors, par pitié, range tes à priori et FOCUS... Sache aussi que je ne suis pas un canal bien que j'estime que toute inspiration vient d'ailleurs. Je suis un être humain en devenir qui travaille avec son intuition, sa logique et son mental. Je ne fais partie d'aucun mouvement ni d'aucune religion bien que je ne condamne rien ni personne. Paradoxalement, je m'intéresse à tous les courants de pensée et j'ai eu de nombreux enseignants spirituels aussi bien dans les mondes visibles que dans les mondes de l'invisible. Je m'intéresse surtout à une spiritualité pratique; à savoir comment intégrer les «grandes théories» dans notre vie de tous les jours. J'ai acquis une certaine connaissance des mondes invisibles ainsi que de leurs interconnections avec les mondes visibles. Dans les volumes suivants et lors des conférences que je donne chaque année, je pourrais développer d'une manière plus précise toutes ces infos.
Certains sont excités par la réussite sociale. Grand bien leur fasse! Moi ce qui m'excite, c'est d'évoluer. Si je passe une semaine sans avoir appris quelque chose ou si je n'ai pas changé d'avis sur telle ou telle croyance, j'ai l'impression d'avoir perdu ma semaine. Ainsi je passe 3 mois de l'année à écrire, 3 mois à donner des conférences et 6 mois à apprendre en participant à des séminaires ou à des conférences, en rencontrant des gens, en lisant, en voyageant et bien sûr en méditant (ce qui me permet d'écouter les messages des mondes invisibles. Le plus souvent possible, je fais l'inventaire de mes croyances et je les mets à l'épreuve.

Il me paraît important de préciser que depuis une année, je suis bcp influencé par le travail de l'Académie des Sciences du Futur créée par le Dr Hurtak. J'y ai trouvé bon nombre de pièces qui manquaient à mon puzzle. Cela n'empêche que tout ce qui va suivre n'engage que moi. Qu'il soit clair que je ne suis pas qualifié pour vous parler du travail de cette Académie. Cela nécessiterait plusieurs années de formation. Tout ce qui est écrit dans ce livre est donc transmis sous ma propre responsabilité. Je ne peux pas préciser la provenance de chaque idée. Par contre, dans le chapitre sur les outils, vous avez la chance de bénéficier d'un cadeau que nous fait le groupe d'Arles (France) de «l'Académie des Sciences du Futur». Il s'agit d'une introduction synthétique au travail du Dr Hurtak. D'ailleurs, une partie du prix de vente de ce livre sera reversé à l'Académie pour lier le geste à la parole et soutenir leur travail aux quatre coins de la planète.

Bon allez, chaque seconde compte. C'est parti mon quiqui...

Nous commencerons par une question. Franchement, du fond de tout ton coeur, lorsque tu as été témoin de grande souffrance-genre «des enfants qui meurent de faim» ou qu'il t'est arrivé certains évènements, n'a-tu jamais levé les yeux au ciel en te demandant: «Mais si Dieu existe, pourquoi y-a-t il tant de souffrances. Pourquoi n'intervient-il pas»? Peut-être que tu vas me répondre que tout a un sens et «chacun son karma», j'insiste quand même sur ma question. Malgré cela, n'as-tu jamais levé les yeux vers le ciel en te demandant «mais pourquoi Dieu n'intervient-il pas»?

Si tu désires comprendre ce qui se passe ici et maintenant dans ta vie,
il est utile de bien comprendre le concept de la chute
qui fait partie de TON histoire la plus intime.

> CHAPITRE 1

LA CHUTE & L'ASCENSION

Le premier outil de notre éveil, c'est de se souvenir de notre histoire!

Sur Terre-Gaïa, nous n'avons rien inventé. Nous ne faisons que copier ce qui existe déjà dans d'autres espace-temps. Dans les autres dimensions, il existe aussi des parlements où se déroulent les débats et les votes. Bien sûr, le niveau de conscience y est très différent de celui de notre «réalité» à 3 dimensions. Pouvez-vous imaginer le niveau de sagesse des argumentations dans la 23ième dimension?

Il y a trèèèèès trèèèèès longtemps, quelque part entre ici et l'infini, une discussion enflammée s'empara du Parlement des parlements au sein de la Hiérarchie des hiérarchies. Ce Parlement est composé des 24 Elohîms, ceux-là même qui siègent autour du trône du Dieu des dieux. En fait, les Elohîms n'ont pas été créés. Ils sont des émanations du Dieu des dieux. Si Dieu était un cerveau, les Elohîms en seraient les cellules. Cette discussion avait pour thème le projet de la Race Adamique; c'est-à-dire, les corps que nous habitons. Ce projet de l'Homme Adamique avait entre autres pour but de transformer les zones sombres du «Multivers» et de les ramener vers la Lumière. Le mot «Multivers» est important car il souligne le fait qu'il existe plusieurs univers. Le projet fut voté à la majorité. Une partie minoritaire des Elohîms était opposée à ce projet. Ils refusaient de créer une race qui, un jour, aurait les mêmes pouvoirs qu'eux. Ils refusaient de partager leurs pouvoirs. Ils considéraient que toute création devait être faite pour les servir. Bien que je ne sois pas de leur avis, je peux comprendre leurs arguments. On pourrait comparer cela au travail des scientifiques actuels. On leur demande de fabriquer des machines pour nous servir comme des voitures, des ordinateurs ou des aspirateurs. Imaginez qu'un jour certains d'entre eux trouvent le moyen de créer des ordinateurs dotés de la fameuse A.I., l'intelligence artificielle. Imaginez que le but de ces scientifiques soit qu'ils acquièrent une autonomie de pensée et qu'ils deviennent un jour les égaux des hommes et des femmes. Je crois que si ce projet était mis au vote des peuples de Terre Gaïa, il y aurait de fortes chances qu'il soit refusé. Seulement, la comparaison s'arrête là. En effet, le Parlement des Elohîms est Le Parlement des parlements, le top de la Création. Un Parlement dont les connaissances et la sagesse n'ont rien à voir avec celles des futurs humains que nous sommes. Dans notre humanité, nous refuserions ce projet car inconsciemment nous savons très bien que ce serait pure folie vu que nous n'arrivons pas à nous autogérer. En effet, j'espère que vous avez conscience que, pour le moment, notre Humanité est en train de s'auto-détruire.

Il est aussi très important de préciser que le projet de la race Homme Adamique est en accord avec les lois du Multivers. Autant dire que cela change tout.

Bien que le projet Homme Adamique eût été voté à la majorité, une partie de ces Princes Elohîms refusa la décision du Parlement. Ils quittèrent celui-ci. C'est ce que l'on appelle la première rébellion. En faisant cela, ils reniaient la volonté du Père des pères et donc les Lois du Multivers. Ils furent donc déchus de leur statut bien que personne ne pût changer quelque chose au fait qu'ils étaient quand même des émanations de Dieu, des êtres non créés. C'est ce que l'on appelle la première chute.

Cette rébellion était menée par l'Elohîm Lucifer (étymologiquement, le porteur de Lumière). Bcp disent qu'il était l'un des Elohîms capable du plus grand des amours, qu'il était l'un, si pas LE préféré du Dieu des dieux. Il avait une grande influence sur le reste de la Hiérarchie car il était capable d'un amour giga-méga. Il réussit à convaincre une partie de la famille de le suivre. Il est essentiel de comprendre qu'il ne l'a pas fait en respectant leur volonté profonde. Il l'a fait en les manipulant afin de les convaincre que les lois du Père étaient injustes. Ce point est très important car au fond de notre coeur nous avons tous le souvenir d'avoir été trahis, manipulés. Il s'agit de l'une des raisons pour lesquelles aujourd'hui bcp d'entre-nous ont tellement peur de la spiritualité. Ils ont peur qu'on les manipule. Il est important de comprendre que Lucifer croyait «bien» faire. Il était persuadé de savoir mieux que les autres ce qui était bon pour eux. J'aime comparer cette histoire à celle d'un enfant qui est le préféré de son papa. Un beau jour, le fiston décide qu'il sait mieux que papa comment faire. De mon humble avis, Lucifer cherchait un moyen pour s'opposer à la volonté de Papa. Avec le Plan Adamique, il a trouvé une bonne excuse. On peut aussi imaginer que, comme bcp d'enfants, il devait être jaloux du petit dernier que sa famille avait décidé d'avoir.

De plus, avec le Plan Adamique, le fiston en question avait résolu un défi de taille. Comment quitter le Père sans argent de poche? N'est-ce pas le soucis de tellement d'ado? ils veulent l'argent de poche et ils ne veulent pas qu'on leur dise quoi faire avec. Lucifer voulait créer son propre univers pour prouver à son papa qu'il savait tout mieux que lui et qu'il y avait moyen de vivre en dehors de ses lois. Comme l'énergie de la Source des sources contient la volonté du Père et donc ses lois, comment faire pour avoir de l'énergie qui ne contient pas la volonté du Père? Avec le Plan Adamique, il trouva sa réponse. Lorsqu'il quitta le Parlement, il entraîna avec lui une partie des univers fils. Si vous le voulez bien, arrêtons-nous un instant sur le concept du «Multivers»

Le Grand Esprit du Tout, le Dieu des dieux s'est divisé en trois groupes d'Univers: les Univers Père, les Univers Fils et les Univers de la Mère (Saint Esprit). Ces 3 Univers sont placés sur 10 trames.

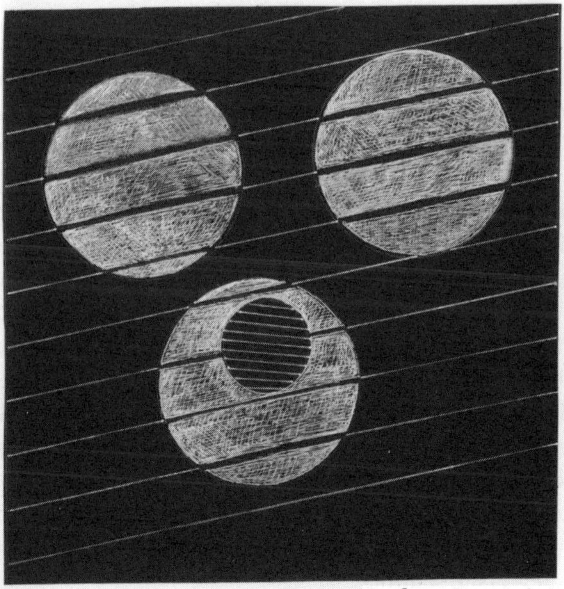

Evelyne Toussaint

La partie des univers fils qui s'est révoltée contre les lois du Père a créé son propre univers. Afin de l'isoler au maximum et d'empêcher les communications avec les autres univers, ils ont décalé les trames afin que celles-ci ne soient plus connectées avec les 10 trames originelles. Ce désaxage des trames est l'un des outils de base du contrôle et de la manipulation des futurs humains.

On peut expliquer la chute de multiples points de vue. Ce qui est difficile, c'est de vous parler de la chute sans provoquer une réaction de rejet. Les mots «chute» et «déchu» transportent une charge émotionnelle énorme. Personnellement, je déteste les utiliser. D'ailleurs, même chez les plus ignorants, vous pourrez tester par vous-mêmes à quel point ce mot ne laisse pas indifférent. Au minimum, vous devriez récolter quelques sourires. La raison en est simple: la chute est ce que notre âme a vécu de plus douloureux. Et les déchus sont justement ceux qui ont chuté. Afin de désamorcer cette charge émotionnelle, je vais utiliser à la place l'expression «déçus de Dieu». Il s'agit d'une manipulation émotionnelle. Cependant comme je vous le dis, j'estime que je ne vous manipule pas contre votre volonté.

Ce qui est trèèèèèss important de comprendre, c'est le concept de l'argent de poche, métaphore pour l'énergie dont je vous parlais plus haut. Il fallait absolument que les rebelles trouvent un moyen de se connecter à la source d'énergie tout en se passant des lois du Père. Voici comment les «malins» ont procédé:

Ils ont laissé le projet Adamique démarrer en observant comme si de rien n'était. Une fois le programme en route, ils l'ont intercepté. C'est ce que nous raconte la Bible dans le jardin d'Eden. Le jardin d'Eden est une métaphore pour imager un endroit dans lequel les futurs humains avaient tout ce dont ils avaient besoin pour grandir. C'était un peu comme dans le ventre de maman. Le Père leur a bien dit de ne pas manger de fruits de l'Arbre des Connaissances, de l'Arbre du Bien et du Mal. Il l'a dit pour les protéger comme un bon Père protège ses enfants qui ne sont pas assez matures pour certaines choses. L'espèce Adamique était bien trop jeune pour «aller à l'université». Elle n'avait pas encore la complexité biologique nécessaire pour intégrer les paradoxes de la création. Dieu leur avait bien précisé que s'ils goûtaient à certaines connaissances, cela les entraînerait dans la dualité du Bien et du Mal, ce qui allait les faire souffrir.

C'est à ce moment que le serpent (l'un des déçus de Dieu, sans doute Lucifer) est sorti de sa retraite pour parler à Eve. Il lui a menti en lui disant que le Père lui avait dit cela car il ne voulait pas qu'elle et son copain Adam lui ressemblent. Tel le serpent du livre de la jungle, il lui aurait dit: «Pshhht, aie confiance. Si tu manges des fruits de l'Arbre de la Connaissance, tu deviendras l'égal de Dieu». On peut dire qu'il n'a pas été honnêt. Tel un serpent, il a zigzagué afin de la convaincre.

Et crac, voilà qu'Eve croque la pomme!
Et crouc ne voilà-ti pas qu'Adam croque la pomme à son tour et...
y a d'ailleurs un bout qui lui est resté dans la gorge...

Le Père les avait prévenus! En ne suivant passes précieux conseils, les futurs humains et les déçus se chassèrent eux-mêmes du Paradis créé pour une évolution «naturelle». C'est ce que l'on appelle la deuxième chute. Et alors là, on est tombé encore plus bas. Je vous rappelle qu'on est toujours en train de comprendre comment les déçus de Dieu se sont fait de l'argent de poche; un moyen de se connecter à la source d'énergie tout en se passant de la volonté du Père. L'astuce réside dans le fait que le moi supérieur de la race Adamique (la partie divine de notre personnalité) n'avait pas chuté. Et c'est normal! Il fallait bien que ces êtres soient nourris, donc leur connexion avec l'Esprit. **Les déçus de Dieu ont donc manipulé les croyances d'Adam et Eve (les «soi-disant» connaissances acquises en mangeant les fruits de l'arbre) afin de filtrer les lois du Père des pères.**

Afin de garder l'espèce adamique en captivité et de pouvoir s'en nourrir, les déçus ont créé l'astral. Je vous parlerai plus en profondeur de l'astral dans le chapitre «dictionnaire». En deux mots, on peut dire que l'astral c'est le revers du miroir. Le but était de faire croire à la Race Adamique qu'elle était mortelle et de la former à se réincarner sans ses mémoires. Les déçus ont donc troqué l'immortalité pour la loi de la réincarnation. La «clef de l'argent de poche», c'est d'avoir créé des émotions très semblables aux émotions que l'on a dans les Plans Divins. Ils ont alors manipulé dans tous les sens nos codes programmes, nos circuits énergétiques et notre ADN. **Le résultat fait que nos émotions leur permettent aujourd'hui de se nourrir de l'énergie qui nous alimente grâce à notre connexion avec notre moi supérieur.** Ils ont recréé tout un univers avec toute une hiérarchie qui porte plus ou moins les mêmes noms que la HIERARCHIE des hiérarchies. Par exemple, lorsque l'on prie Jésus, c'est au Jésus des déçus qu'on se connecte. Lorsqu'on s'adresse à dieu sans la conscience de cette histoire ou sans préciser à quel dieu on s'adresse, c'est au dieu déçu que l'on se connecte. En d'autres mots, on se connecte alors à Lucifer. J'ai failli vous proposer de l'appeler Lucif pour les mêmes raisons qui m'ont poussé à ne pas utiliser le mot «déchus». J'ai changé d'avis car il est important de ne pas diaboliser Lucifer. Le mal absolu n'existe pas. «Luce» en espagnol signifie «lumière». Lucifer, c'est celui qui amène la lumière dans le fer, c.à d. dans les parties les plus denses de la matière. Je refuse de croire qu'un Elohim, donc un être qui est une émanation du Dieu des dieux puisse avoir des intentions diaboliques. De mon humble avis, il a cru bien faire et peut-être qu'il s'est trompé. Son expérience à dérapé et il a téléphoné à papa pour avoir de l'aide.

Bon, alors maintenant, ou vous faites des bonds dans votre fauteuil ou je n'ai pas réussi à me faire comprendre... Vous faites des bonds ou pas? J'espère que tout ceci ne vous rend pas triste car il n'y a aucune raison. Personnellement, cela me donne énormément de foi dans l'être humain. Je me dis qu'il y a de l'espoir. Cela devrait aussi réconcilier les athées avec Dieu. Bcp d'êtres sont athées car ils trouvent ce monde injuste. Ils refusent donc de croire dans un Dieu Amour tout puissant. Personnellement, je les comprends.

♥ : **De mon humble point de vue, ceux qui disent que tout ceci s'est passé en dehors de la volonté de Dieu se trompent.** Je crois, au contraire, que c'est Dieu qui a soufflé à l'oreille de Lucifer l'idée de tenter cette expérience. Pour moi, ceux qui croient le contraire n'ont pas vraiment la foi dans le Tout Puissant puisqu'ils doutent de sa puissance TOTALE. Cette «expérience» a permis de repérer ceux dont la foi dans les lois du Père n'était pas assez forte, ceux qui ne comprenaient pas assez le bien fondé de ces mêmes lois. Ceux-là même sont donc partis expérimenter ce qu'il arrive lorsque l'on se détache de la volonté du Père, lorsque l'on se met à suivre sa propre volonté, ce que certains appellent son libre choix.

☯ : Je reconnais que c'est une question très importante qui divise bcp de monde. Certains pensent comme toi. D'autres croient que cette rébellion n'a pas été inspirée par le Dieu des dieux. Personnellement, à cet instant précis, je veux croire dans le pouvoir absolu du Dieu des dieux. Je crois donc que c'est le Dieu des dieux qui a inspiré Lucifer de se rebeller. **Quoi qu'il en soit, cela ne change rien au fait qu'il y a urgence d'évolution car nous vivons une période spéciale qui demande à chacun de faire des efforts. Comprendre cela me semble être la base. Notre Humanité est en crise et il est donc juste d'adopter une stratégie de crise.** En d'autres mots, ce n'est pas le moment de se laisser aller bien que cela dépende de ce que l'on veut dire par se laisser aller.

Cette révolution des Anges est communément appellé la «Révolution ou Rébellion Luciférienne». C'est la révolution de ceux qui ont été déçus des lois et conseils dictés par le Père et la Hiérarchie Divine. Ce mot «Hiérarchie» devrait aussi vous embêter. En effet, si l'on est ici, c'est que l'on nous a convaincus qu'il n'y avait pas de hiérarchie, pas d'être plus évolué que nous. Pourtant cela est faux. Il existe une quantité innombrable de hiérarchies dans la création. Et il existe une Hiérarchie qui les chapeaute toutes: La Hiérarchie des hiérarchies. Selon Steiner, accepter qu'il y ait des êtres plus évolués que nous est une des conditions sine qua non de l'initiation. Je suis à 100% d'accord avec lui. Si l'on n'accepte pas qu'il existe des êtres plus évolués que nous, comment voulez-vous évoluer vous-même? Accepter qu'il y ait des êtres plus évolués que nous ne signifie pas non plus qu'il est nécessaire d'accepter que l'on est des moins que rien. Ce n'est pas parce que certains sont plus évolués que nous qu'ils ont plus le droit de vivre que nous. J'aime comparer cela à des enfants et à leurs parents. Lorsqu'un enfant a 3 ans, il a besoin de ses parents pour survivre. Ils savent comment le nourrir et sans eux, l'enfant ne reste tout simplement pas en vie. Dans ce cas, on pourait dire que l'enfant est moins évolué que ces parents. Pourtant, il a en lui le potentiel d'être un jour plus évolué qu'eux. En grandissant, on apprend petit à petit comment fonctionne la vie, et un beau jour, on peut se retrouver avec une plus grande indépendance. On remercie et reconnaît alors le travail de nos parents et la patience qu'ils ont eue à notre égard. L'espèce humaine a un rapport parents-enfants avec la Hiérarchie des hiérarchies. Nos expériences de densité et de révolution Luciférienne ont donné beaucoup de travail à cette Hiérarchie. Re-connaître leur travail, leur patience et donc leur sacrifice (rendre sacré quelque chose) à notre égard me semble juste. Lorsqu'ils veulent nous donner un coup de pouce, certains d'entre eux sont même obligés de baisser leur fréquence de vibration ce qui peut être douloureux voire dangereux.

Gardez à l'Esprit que l'espèce humaine est une espèce qui est née prématurément! Cela vous aidera à avoir de la compassion. Le jardin d'Eden était l'équivalent du ventre de la mère. Le bébé n'était pas à terme. La fragilité de l'espèce humaine et la facilité avec laquelle on peut la manipuler viennent essentiellement de là. AUCUN HUMAIN N'EST COUPABLE DE SES FAILLES. Paradoxalement, c'est à lui de faire le premier pas pour les combler.

L'un des piliers de la manipulation prend sa source dans la discussion entre Eve et le serpent: «N'écoute pas la volonté du Père qui ne veut pas que tu deviennes comme lui». Il y a deux mensonges énormes là-dedans».

1 > Tu peux devenir l'équivalent de Dieu.

2 > Pour cela, suis ta propre volonté. Bien sûr, ce que le serpent ne dit pas, c'est que la volonté d'Eve et d'Adam sera en fait manipulée via leurs émotions et leur mental.

Une planète où tout le monde veut suivre sa propre volonté va forcément devenir une planète où certaines volontés piétinent la volonté des autres. L'Harmonie ne peut venir que lorsque l'on est connecté à la volonté du Tout. Alors, nous faisons tous quelque chose d'autre dans une harmonie totale. Nous pouvons vraiment vivre nos différences, nos particularités. C'est à ce moment-là, contrairement à ce que bcp pensent, que l'on est vraiment soi-même. Quant à l'utilisation en français de l'expression «libre-arbitre», il serait nécessaire de faire des recherches pour savoir qui a le premier introduit ce mot dans la langue française. En anglais, le libre-arbitre se dit «free will», ce qui signifie «libre volonté». Cela ne veut absolument pas dire «libre-arbitre». De plus, les êtres qui utilisent ce mot prétendent généralement que l'on ne peut pas juger alors que les arbitres sont justement ceux qui jugent et qui donnent des punitions. Alors il faut choisir! Si on dit qu'il s'agit de la planète du libre arbitre, cela sous entend qu'il s'agit d'une planète où chacun peut juger les autres. Je souligne cet imbroglio pour insister sur le fait que bcp d'entre nous utilisent des mots et des concepts sans se pencher sur leur véritable signification. De plus, introduire des croyances contradictoires dans la psyché humaine est une source de dualité intérieure. Nous reviendrons sur cette notion de jugement plus tard.

Je voudrai revenir maintenant sur le blocage par rapport au mot «déchu». Quasi tous les humains incarnés actuellement sont des déchus d'une manière ou d'une autre. **Certains ont choisi de chuter pour «infiltrer» cet univers**. Même s'ils l'ont fait consciemment, ils ont dû jouer le jeu pour ne pas se faire repérer par les forces de ce que le Dr Hurtak aime appeler la Lumière restreinte. Pour eux comme pour les autres, la séparation avec les Plans Divins fut très pénible. Toute souffrance due à une séparation dans notre vie nous ramène toujours à ce souvenir. D'autres ont été poussés à venir ici pour expérimenter la Lumière restreinte. Il y a aussi ceux qui sont là depuis Adam et Eve et d'autres qui sont là depuis encore bien plus longtemps. Pour ceux-là, accepter ce dont je vous parle est encore plus difficile. Que nous nous soyons fait manipulés ou pas, nous faisons tous et toutes partie de ceux qui ont quitté leur vraie famille: La Famille de la Lumière. Et bcp d'entre nous sont ici car ils ont été manipulés afin de croire que les lois du Père étaient injustes. C'est très dur d'accepter que l'on se soit fait manipulé, qu'on se soit trompé. Surtout que, dans ce cas, cela remonte à très longtemps. Pour certaines de ces âmes, cela a engendré des souffrances durant des vies et des vies. Ce qui nous a maintenu dans ce choix, c'était la certitude que nous avions raison.

Et pourtant, ces âmes dont je fais peut-être partie se sont trompées. Toutes ces souffrances auraient pu être évitées. *Au moins, elles serviraient à quelque chose si cela nous enlevait l'envie de recommencer.* Car comprenez bien que nous sommes en train de vivre une expérience dont l'un des avantages pourrait être de nous enlever l'envie de re-commencer cette expérience. Pour ascensionner, le futur humain doit d'abord accepter qu'il a chuté. Comment peut-on ascensionner (re-monter d'où l'on vient) si l'on n'accepte pas d'abord que l'on est tombé, donc que l'on est en bas? Pour l'accepter, une sérieuse dose d'autocritique et d'humblerie est nécessaire. Et c'est exactement cela qui manque si cruellement à l'espèce humaine. La force de dire: «Je me suis trompé»! ou pire «Je me suis trompé car j'ai été manipulé».

♥ : «Humblerie», c'est pas au dictionnaire!
☯ : Et bien, ça vient d'y entrer.

Quoi qu'il en soit, on appelle communément l'univers né de la révolution luciférienne l'univers des déchus. Les armées de l'Archange Mikaël racordées à la Hiérarchie des hiérarchies ont entourées l'univers des déçus afin qu'il ne se propage pas. Personne n'entre et personne ne sort sans l'accord de Mikaël. Gaiä-Terre fut l'une des planètes qui fut intégrée dans l'univers des déçus. Elle suivait «naturellement» le cours de son évolution. Comme les déçus ne respectent pas la loi du Père de non-intervention dans une civilisation primitive (et oui, nous sommes une civilisation primitive), ils ont débarqué avec leurs manipulations génétiques et leur délire du libre choix. La suite de l'histoire, vous la connaissez, c'est celle que je vous raconte dans mes deux livres précédents; l'histoire de la Terre, de la Lémurie et de l'Atlantide. Cf. ARMD P. 514.

Je sais que ça fait mal lorsque je remets en question le libre choix. Pris au premier degré, on a l'impression que remettre le libre choix en question est un pas vers une société tyrannique. Si vous avez ce sentiment, c'est peut-être parce que vous n'avez pas encore assez assimilé le fait *que nous ne faisons tous qu'un.* Si tout le monde fait ce qu'il veut sans prendre en considération l'intérêt du Tout, c'est une partie de lui-même qu'il ne respecte pas. De plus, si l'on fait tout le temps uniquement ce que l'on veut, si l'on relâche sa volonté d'évoluer, on tombe sous le coup d'un curieux phénomène que certains appellent *«l'entropie» (du grec entropè, «action de se retourner»).* Le chaos s'étend rapidement et **un curieux phénomène fait que la vie qui n'évolue pas finit par se retourner contre elle-même. Cela mène tout simplement à l'auto-destruction.** C'est comme ça. Il s'agit d'une loi de la vie immuable. J'aime comparer cela à un oiseau en plein vol. S'il arrête le mouvement de ses ailes après avoir plané un certain moment, il finira inéxorablement par chuter. **Et ce qui est important de comprendre par-dessus tout, c'est que la volonté nécessite de faire des efforts.** Et ne fais pas une grimace lorsque tu lis cela! On ne doit pas faire des efforts non plus tout le temps! Je dirai quand même le plus souvent possible. Et d'après moi, un être hyper évolué «genre Archange», et bien il fait des efforts tout le temps. Il reste focus all time. Les Archanges ne peuvent pas se relâcher lorsqu'il sont «de garde». Sinon la structure même de la vie s'écroule. Et c'est grâce à leur persévérance que nous pouvons nous relâcher et retourner ensuite @ home. En fait, le sommet de la Hiérarchie garde la structure de la maison aux multiples demeures en place pendant que d'autres expérimentent la lumière restreinte. En d'autres mots, notre Famille de Lumière se privent de chocolat pour que nous pussions y goûter. Cela mérite bien notre respect, non?

Bien sûr, il est aussi très important de se reposer (planer comme l'oiseau) de temps en temps, de se relâcher. Je peux vous dire que je suis un grand jouisseur des plaisirs de la vie terrestre. L'idée n'est pas de faire des efforts en vivant contre-nature. Le but, c'est de faire des efforts afin de faire/être ce que l'on désire vraiment au plus profond de nous-même. Et cela nécessite de faire des croix sur certaines choses, en tout cas à certains moments. Peut-être que la proposition de se reposer un jour par semaine vient de là? Chez moi, je sais que si je me relâche plus de deux ou trois jours, je le paye très cher. Par contre si je ne me lâche pas de temps en temps, je risque de le payer très cher aussi. La vie doit continuer à être fluide, à bouger, à changer, à évoluer, à se remettre constamment en question. Si la vie cesse d'apprendre, donc de changer, elle s'auto-détruit par une sorte de cancer auto-généré. C'est ce qui se passe pour le moment dans notre Humanité. Notre Humanité est en phase d'auto-destruction car elle refuse d'apprendre, elle refuse d'accepter qu'elle se soit trompée. Et ce travail doit se faire aussi au niveau individuel, chez chacun d'entre nous. D'ailleurs, les mots «cancre» et «cancer» sont très proches. Je vais maintenant résumer en un paragraphe ce que je considère comme étant le plus grand secret de l'histoire de cette humanité.

Pour moi, le plus grand des secrets de notre humanité, c'est que du point de vue local, l'univers des déçus n'est pas un univers spirituel vu qu'il ne respecte pas les lois de l'Esprit. Nous sommes dans un univers régi par les lois de Lucifer. Le dieu local de cet univers est donc Lucifer. Toute la hiérarchie qui le soutient fait tout ce qu'elle peut pour nous empêcher d'évoluer. Elle nous enferme dans des vies où les émotions ont bcp d'importance afin de pouvoir se nourrir de ces mêmes émotions par la suite. Cela dit en passant, au niveau du gouvernement invisible* de notre planète, c'est la même chose. Il fait tout ce qu'il peut pour que notre humanité ne s'en sorte pas. Qu'il soit clair que je ne condamne pas le fait de ressentir des émotions. Les émotions sont des trésors qui nous indiquent l'endroit où il y a du travail à faire. Dans ARMD, je vous donne une technique très efficace pour transmuter vos émotions(P637). Le dieu de cet univers local serait donc Lucifer. Dur à croire non? Sachez que c'est pour cette croyance-là que l'on brûlait les Cathares. Ces mêmes Cathares étaient en fait les gardiens spirituels des graines de Conscience qui ont été plantées dans cette région du sud de la France par les Esseniens (dont les 3 Marie) il y'a 2000 ans (Cf. ARMD Chap. L'histoire de la Terre).
J'insiste sur le fait que la quasi-totalité des futurs humains ne sont pas conscients que le dieu de cet univers est Lucifer. Ce ne sont **pas** des êtres sataniques pour autant. Par contre, il existe une poignée d'êtres dans le gouvernement invisible qui est relativement consciente de cet état des choses et qui pratique des rituels sataniques. Je ne vais pas entrer dans les détails car vous ne me croiriez probablement pas. C'est déjà tellement difficile de croire que satan et Lucifer existent. On nous a lavé le cerveau pour considérer cela comme ridicule.

♥ : Et alors c'est quoi la différence entre Lucifer et satan?

☯ : Génial, t'es vraiment génial. Pour bien comprendre ce qu'est satan, il est nécessaire que tu ailles lire les infos sur l'astral dans le chapitre dictionnaire; Si, bien sûr, ce n'est pas déjà fait!

Satan est la projection astrale de Lucifer. Ne perdez jamais de vue que Lucifer est le «porteur de Lumière». Bien qu'il ait voulu manipuler toute la création, il a cru bien faire. Seulement en créant l'astral, il est en quelque sorte tombé dans son propre piège. Satan, c'est la partie sombre de Lucifer, c'est tout ce qu'il a refoulé en croyant être parfait. C'est le mythe de la machine (l'astral) qui se retourne contre son créateur. J'irai même jusqu'à émettre une hypothèse qui est peut-être complètement fausse et, dans ce cas, je recevrai la fessée avec respect et acceptation. Et si

Lucifer était pris à son propre jeu? S'il désirait aujourd'hui revenir en arrière et qu'il était lui-même «victime» d'un satan qu'il ne peut plus contrôler? Je ne dis pas que j'y crois ; il s'agit juste d'une hypothèse. Un jour, Drunvalo m'a dit que comme Lucifer était responsable de tout cet espace-temps, il devait attendre que tous ceux qu'il a entraînés dans sa chute s'en sortent avant de pouvoir «ré ascensionner» lui-même. Personnellement, cela me parle bcp et c'est le point de vue auquel j'adhère le plus pour le moment. Je crois que satan a pris le dessus sur Lucifer qui a perdu le contrôle de la situation. Ceux qui connaissent un peu l'enseignement de Drunvalo savent qu'ils ne parlent pas bcp de Lucifer. En fait, tout le monde, moi y compris, nous avons peur d'en parler pour ne pas décrédibiliser le reste de notre enseignement. C'est d'ailleurs l'une des raisons pour laquelle moi-même je freinais tellement à l'idée d'écrire ou plutôt de terminer ce livre. Ensuite j'enchaîne avec une tournée de conférences et j'vous jure j'ai vraiment les boules de la réaction des gens.

♥ : T'inquiètes pas pour ça! Ceux qui seront prêts à le lire le liront. Ceux qui seront prêts à entendre entendront.

La plus grande arme de Lucifer est justement de faire croire qu'il n'existe pas. Pour Satan, c'est la même chose. C'est bien pour cela que la partie extrémiste du Nouvel Age «Tout le monde il est beau tout le monde, il est gentil» se trompe. Il en est de même pour toutes les traditions religieuses qui n'envoient pas leur prière sur un autre plan que le plan déçu où nous vivons. Sans pour cela s'opposer à cet univers des déçus (ce qui les rendrait plus forts), il est vital pour l'âme de discerner que nous ne sommes pas dans un univers gouverné par les lois de l'amour inconditionnel. Toute prière faite sans la conscience et la volonté de choisir de mettre notre vie au service du Dieu des dieux est récupérée par la hiérarchie des déçus. C'est aussi le cas pour toute prière faite «au nom de l'univers» ou qui fait appel à «la force» sans préciser.

La deuxième partie du secret, c'est que l'on nous a caché les noms du Dieu des dieux pour nous couper de certains pouvoirs et aussi pour nous empêcher de communiquer avec les plans Divins. Les noms Divins et le verbe sacré ont été amenés sur Terre (et même peut être ailleurs) afin de restaurer les codes et les programmes qui polluent notre Amour et notre Conscience. Ça fait plus de deux mille ans qu'on devrait y avoir accès. A peine les a-t-on reçus qu'on nous les a déjà repris!

Et pourquoi? Parce que les autorités religieuses ont crû bien faire en se disant que les pauvres petits humains n'étaient pas prêts. En faisant cela, les parties franchisées des religions ont consciemment ou inconsciemment fait la même chose que le serpent avec Eve. ELLES ONT MANIPULE! Par exemple, les 72 Noms de Dieu se trouvaient dans la Bible. On utilisait tel ou tel nom afin de préciser à quelle partie de la création l'on faisait appel. Connaître les noms des choses a bcp d'importance. Si vous avez besoin des pompiers, vous ne serez pas très avancé si vous téléphonez en demandant une ambulance. Même chose si je vous vois dans une grande foule et que je désire attirer votre attention. Si je crie «Xénon», il y a peu de chance que vous vous retourniez et que vous m'accordiez votre attention. C'est un peu le même principe. Si on veut faire appel à certaines forces des Plans Divins, il est plus efficace de connaître leur nom. Bien sûr, j'imagine que ces noms existent dans différentes langues. De plus, je veux croire qu'il existe d'autres manières de restaurer nos différents corps. Pour le moment, je n'ai pas trouvé de manière plus efficace que celle prônée par le Dr Hurtak .

La troisième partie de ce secret, c'est que malgré les apparences, il n'y a absolument aucune dualité dans la création. Il s'agit des 3 grandes forces de la Trinité qui s'influencent les unes les autres. Ces forces tournent et dansent ensemble telles des spirales de vie dotées du mouvement éternel. C'est un peu comme avec les saisons. Maintenant est venu le temps où il parait juste de revenir aux lois de la vie afin de re-créer une ère de Paix, de Vérité et d'Amour. Et les lois de la vie, c'est justement la spécialité du Père des pères.

Mon plus grand flip en écrivant ce livre dans un délai aussi court, c'est de ne pas trouver la justesse de ton nécessaire pour vous transmettre «Le Grand secret» tout en ne diminuant pas votre foi et votre amour pour votre prochain. Au plus vous serez conscients de tout ce qui se passe dans les coulisses de notre humanité, au plus vous pourriez tomber dans le piège de considérer tous les humains endormis comme des serviteurs de Lucifer.
Comprenez bien que cela n'aurait pas de sens car aucun être humain n'est tout blanc ou tout noir. Ce sont vos frères et vos soeurs et ils ont besoin de vous. Les humains ont subi tellement de choses horribles; des manipulations médicales et biologiques dont vous n'avez pas idée. Inconsciemment, ils sont transis de peur de se réveiller. ON NOUS A MENTI. ON NOUS A MANIPULE. Ce n'est vraiment pas le moment de nous diviser encore plus. N'oubliez pas que c'est tout ce que les forces

d'involution (contraire de l'évolution) veulent. «Diviser pour régner». Un point de vue qui m'a bcp aidé est le suivant: Si vous observez des êtres que vous considérez comme moins évolués que vous spirituellement, dites-vous bien que ces personnes n'ont peut-être pas bénéficié des mêmes aides que vous dans la vie. Peut-être que l'aide que vous avez reçue lui serait revenue si vous n'en aviez pas bénéficié. Alors, par pitié, comprenez que je ne peux pas me permettre de vous rappeler cela à chaque page. Alors, si parfois je n'ai pas le tact nécessaire pour vous garder dans la foi et dans la compassion, SVP rectifiez le tir vous-même. Je vous en remercie d'avance. De plus, les anciens serviteurs de la lumière restreinte peuvent devenir d'excellents guerriers de la pleine Lumière. **N'oubliez jamais que jusqu'à un certain point, le chemin vers le Christ ou vers Lucifer est le même. En fait, ce sont nos choix et non pas nos aptitudes qui font vraiment la différence.** Bien sûr, ne prenez pas non plus cela à la lettre car la faculté d'aimer vraiment est aussi une aptitude. Il s'agit d'ailleurs de la première des aptitudes requises. C'est d'ailleurs celle-là qui fait que la Hiérarchie des hiérarchies a plus de pouvoirs que les hiérarchies de la lumière restreinte.

> PARCOURS APPROFONDI

Reprise du parcours direct P. 27.

J'inaugure ici un premier parcours Approfondi. Si vous voulez restez concentrés sur l'essentiel du message de ce livre, passez directement au parcours direct.

Je tiens ici à demander pardon à toutes les personnes qui ont subi mes injustices et mes «coup de sang» durant ma vie. Bien que je sois de nature gentil, il m'est aussi arrivé de déraper émotionnellement. Je suis un être par lequel passe bcp d'énergie. Je demande votre pardon et votre compassion. Je me suis pardonné car je sais que je me suis attaqué à des forces dont je ne soupçonnais même pas l'existence. Ces forces manipulaient mes émotions et mon mental ainsi que ceux des personnes dont ils désiraient que je m'éloigne. De plus, je faisais tout ce brassage énergétique à travers les conférences, les livres et les événements sans la protection de la prière. Ce n'est pas toujours facile de gérer toutes ces énergies et toutes ces attaques énergétiques. Je sais que j'ai abîmé des gens. Je sais aussi que j'en ai aidé encore bcp plus. Il est possible de ne pas m'aimer et de s'enrichir des informations contenues dans ce livre. Ne confondez pas le message et le messager. J'aurais tellement aimé avoir abordé le côté marial (de Marie) de l'Esprit plus tôt.

J'aurais tellement aimé comprendre la richesse du texte qui suit plus tôt. Si vous faites partie de ces personnes, téléphonez-moi pour que nous nous réconcilions. Donnons chacun la place que l'autocritique mérite et reprenons notre service au Divin, main dans la main. Et si vous refusez de faire la Paix, alors tant pis pour nous tous. N'oubliez pas que ceux et celles qui ne pardonnent pas ne peuvent pas êtres pardonnés à leur tour. La raison en est simple. Nous ne faisons tous qu'un. Donc, lorsqu'on n'arrive pas à pardonner, c'est que l'on n'arrive pas se pardonner à soi-même.

*« **Ne vous opposez pas entre vous parce que s'opposer brise la tendresse du niveau des sentiments.** Toutes les actions devraient servir à développer les sentiments les plus fins développés par les sidhis. C'est pourquoi nous disons: «Dites la vérité», mais veillez à la dire délicatement. Ne dites pas ce qui n'est pas la vérité et ne parlez pas d'une façon qui ne soit pas douce, ainsi le sentiment sera nourri. L'effet tout entier de l'activité est d'enrichir le sentiment envers l'autre. Soyez aussi délicat que possible. Si la communication entre vous accomplit quelque chose en surface mais endommage quelque chose au niveau du sentiment alors c'est une perte spirituelle. Le sentiment est plus important pour la vie. Nourrir le sentiment est la base pour la croissance de la valeur spirituelle tout englobante. Le comportement en surface devrait être d'une délicatesse telle qu'il nourrisse, soutienne et stimule la valeur transcendantale d'où les sentiments jaillissent en une source commune. Ne vous opposez pas entre vous. S'opposer est un danger pour l'immortalité».*

Maharishi Mahesh Yogi.

Si je vous parle de mon histoire perso dans ce chapitre, c'est pour vous amener au point suivant. Il y a aussi une découverte que nous avons faite qui m'a bcp éclairé sur mon caractère. Je dis «nous» car plus que jamais je prends conscience que je suis un des porte-parole d'une équipe composée d'êtres visibles et invisibles. Je veux vous parler ici du «Human Design System». Vous pouvez les contacter grâce à l'adresse e-mail *hdsworld@hotmail.com* (en Anglais uniquement!). Ce système étudie la manière dont est codé notre arbre de vie intérieur (CF. illu. P26). J'ai tendance à croire qu'en fait, il nous donne la clef de la manière dont les déçus nous ont encodés même si je crois que cette précision essentielle échappe à son «inventeur». Ce dernier prétend effectivement qu'il s'agit d'une structure de notre personnalité qui est immuable. Je prétends que ce n'est pas le cas. Cependant, pour échapper à un conditionnement, il me semble qu'une voie efficace c'est justement de comprendre ce conditionnement. L'arbre de vie est constitué de dix points qui sont en quelque sorte les 10 caractéristiques principales de la création et dans ce cas de notre être. Certains de ces points sont définis, d'autres sont non définis.

hdsworld@hotmail.com
En anglais et en allemand.

Dans mon codage, je n'ai que deux points sur 10 qui sont définis, ce qui est moins que la moyenne. Mes deux centres définis sont celui du coeur et celui de la communication. Cela signifie que j'ai ma propre manière d'aimer et de communiquer. Il sera très difficile de m'influencer à aimer une personne si je ne l'aime pas par moi-même. Même chose pour le mode de vie et les croyances que l'on a voulu m'imposer sur Terre Gaïa. Je n'ai jamais réussi à m'y soumettre. Si dans certaines phases de ma vie, je ne m'aimais pas, il était impossible que les autres me convainquent de m'aimer même s'ils m'aimaient eux-mêmes. Quant à ma manière très personnelle de m'exprimer, je crois que je ne dois pas trop vous convaincre sur ce point-là. Qu'on aime ou qu'on n'aime pas, on peut dire que je n'ai pas vraiment une manière classique d'écrire ou de donner des conférences. Je reconnais que ce n'est pas demain la veille du jour où je ferai mon entrée a l'Académie Française. Quoi que... peut-être à l'Académie Belgo-Française... Pour ceux qui ne le savent pas, je suis né dans un corps de Belge! Par contre, les 8 autres points de mon arbre de vie sont non définis. Cela signifie qu'ils vont se remplir en présence d'autres personnes qui ont justement l'un de ces 8 centres définis. Je sais pas si c'est très clair alors voilà quelques exemples.

Imaginez que je me rapproche d'un être qui a son centre de la sexualité défini. Comme mon centre de la sexualité est non défini, je vais m'adapter ou plutôt vivre la sexualité à la manière des personnes que je côtoie. Le simple fait de me trouver dans leur aura pourra suffire. Si je suis assis dans un bus à côté d'un être dont le point du mental est défini, je vais subitement me mettre à vivre ses pensées. J'insiste sur le fait que je ne vais pas les ressentir. Je vais les vivre de l'intérieur, et peut-être même d'une manière plus précise que lui. Même chose au niveau émotionnel. Dès que je m'approche d'une personne, je vis ses émotions. Le Human Design System qui est basé simplement sur la date et le lieu de naissance révèle plein d'autres caractéristiques de notre programmation. Je suis par exemple un projecteur. Lorsque vous m'approchez physiquement, je vous renvoie vos centres définis X 10. Si par exemple, vous êtes dans un état émotionnel d'Amour, je vais vivre cet Amour et vous le renvoyez dix fois plus fort. Si vous avez de l'agressivité en vous, même si ce n'est que très peu, je vais vivre cette agressivité et vous la renvoyer dix fois plus fort. D'où le fait qu'avant de savoir cela, je me disputais facilement avec les gens. Surtout que comme je suis hyper sensible, je ressens souvent des émotions que mes interlocuteurs ne sentent même pas eux-mêmes. Selon moi, ce système de programmation est utilisé pour manipuler et limiter les êtres dans ce qu'ils croient être leur personnalité. Bien sûr, rejeté cette personnalité imposée serait une perte. L'idée serait plutôt de bien apprendre à la connaître pour la transformer petit à petit dans un être meilleur. La question que je me pose c'est comment cela se passe dans les autres univers? Nos centres sont-ils tous définis ou peut-être tous indéfinis? J'espère avoir la réponse pour le prochain livre.

> PARCOURS DIRECT

♥ : Selon toi, quelles seraient les différences entre les Lois des Univers Spirituels et les lois de l'univers des déçus?

L'une des grandes différences entre le plans des déçus et les plans Divins, c'est que, dans les plans Divins, on ne tente pas de manipuler les âmes. Dans le plans des déçus, on manipule les âmes tout le temps. On utilise le mensonge et la rétention d'informations soi-disant pour le bien du peuple. Les plans déçus n'ont pas confiance dans leurs enfants car au fond d'eux-mêmes ils n'ont pas confiance en eux. L'une des manières de garder les âmes bloquées dans les plans déçus, c'est la «loi du karma» (CF: ARMD P. 619). Cette dernière convainc l'âme qui a tué de se réincarner afin d'être tuée à son tour. Sans doute que cette loi a un sens dans cet espace-temps où la Conscience est si réduite. Peut-être que les âmes viennent justement ici pour expérimenter la loi karmique. Cependant pris d'un autre point de vue, la loi karmique (dite loi de la compensation) me semble injuste pour 4 raisons principales. 1/ Elle serait juste si les âmes avaient le choix. Elles n'ont pas le choix vu

qu'on les manipule tout le temps. Par exemple, elles ne savent même pas qu'il y a d'autres choix que d'aller dans l'astral entre deux incarnations. N'oubliez pas que la déséducation de l'âme continue entre deux incarnations. 2/ On nous cache l'existence du karma collectif qui nous rend co-responsable des choix que font nos pays, de la firme pour laquelle on travaille et du système que l'on soutient. 3/ Cette loi n'est pas d'actualité car si toutes les prophéties sur l'ascension sont justes, ceci est la dernière incarnation dans ce niveau de Conscience. Il ne sera donc pas possible de se réincarner sur Terre dans ce niveau de Conscience avant trèèèèès longtemps.
En considération de ces 3 points, je ne vois vraiment pas en quoi la loi karmique est juste en imposant à un être de vivre un choix qu'il n'a pas vraiment fait.

Par exemple, lorsqu'une âme a, pour «x» raison, l'opportunité d'atterrir dans une vie avec un karma relativement positif (Famille aisée – Pays en Paix – bagage émotionnel léger etc.) et qu'elle peut mettre sa vie au service de l'humanité, elle va découvrir la giga manipulation de l'éducation et des médias qui est en cours sur Terre Gaïa. C'est vrai qu'il y a bcp d'êtres sur Gaïa qui voudraient sincèrement «servir» l'humanité et pas uniquement «se servir de l'humanité». Cependant leurs bonnes intentions sont récupérées dans la majorité des cas. En fait, la manip est à la fois subtile et grossière. D'un côté, on veut nous faire croire qu'on a le choix. Cependant, de l'autre côté, Le Grand Complot nous cache les horreurs en tout genre qu'engendre ce système compétition-production-consommation. Et pour couronner le tout, les médias et la déséducation nationale salissent l'image des autres choix possible par des manips genre: chasses aux secte et au terrorisme. Ce «karma positif» va donc de bonne foi, soutenir ce système et sans le savoir, il va se préparer un karma négatif pour sa prochaine vie. Il renaîtra sans doute pauvre dans le fin fond d'un pays dont la politique ne lui permettra peut-être jamais de tenir un livre en main. À ce moment-là, il verra les injustices de ce monde. Il verra sa petite soeur vendue pour qu'on lui enlève ses organes afin de sauver un enfant riche. Cependant, il n'aura pas vraiment le moyen d'agir à grande échelle. Bien sûr, il pourra toujours faire un acte désespéré comme placer une bombe... Cependant, il ne fera que jouer le jeu des déçus qui se nourriront de toutes les émotions engendrées par cette même bombe. C'est pour cela que c'est NOUS, LES OCCIDENTAUX, QUI POUVONS CHANGER CELA. LE CORPS QUE NOUS HABITONS EST LE CHEVAL DE TROIE. À NOUS DE TRAVAILLER NOS CORPS AFIN DE LES METTRE AU SERVICE D'UNE ENERGIE CONSCIENCE QUI VIBRE BCP PLUS HAUT. IL S'AGIT DE NOTRE MISSION. TOUT LE RESTE EST LA POUR NOUS DISTRAIRE, POUR NOUS FAIRE OUBLIER CETTE MISSION.

Comprenez bien que la loi du karma du plan déçu est aveugle. Si la majorité de notre être soutient ce système, nous devenons karmiquement responsable et vivrons toutes les joies et les souffrances qu'a entraîné ce système.

Prenons le cas d'un médecin qui a vraiment voulu consacrer sa vie aux autres et qui, manipulé par la mafia médicale, a fait plus de mal que de bien. Celui-là même renaîtra alors dans sa prochaine vie dans la situation d'un exclu (genre hyper pauvre et illettré) afin de payer sa dette karmique. Trouvez-vous cela juste? Cette âme avait pourtant de pures intentions à la base. Ce système karmique est en fait une sorte de loi du Talion (oeil pour oeil, dent pour dent). Il crée un cercle vicieux où la majorité des êtres de cette planète passe successivement par les rôles de victime et de bourreau. Ce système karmique, c'est un peu le serpent qui se mord la queue. Comme, en technique du son, lorsque l'on met un micro trop prêt des baffles, cela crée un effet de larsen qui, à haut volume, peut tuer...
Le quatrième point de mon raisonnement à rapport à l'éducation des enfants. Si on appliquait la loi karmique à l'élévation (éducation) des enfants, cela signifierait que si mon fils frappait ma fille, il serait juste qu'il soit frappé a son tour. Excusez-moi mais je trouverais cette méthode on ne peut plus barbare. Ce dernier argument est pour moi le plus convaincant. De plus, les Bouddhistes insistent assez sur le fait que le but de l'existence sur Terre c'est de sortir de la roue karmique.

En fait, à part de rares exceptions, il n'y a pas vraiment moyen de sortir d'un système karmique où la manipulation est omniprésente. Comme de plus en plus d'âmes sont manipulées pour choisir de vivre des évènements douloureux et violents, on se retrouve à vivre dans un monde de plus en plus violent comme c'est le cas actuellement. De plus, comme très peu arrivent à sortir de la roue karmique et que de plus en plus d'âmes viennent sur Gaïa pour sortir l'humanité de ce cercle vicieux et restent coincées à leur tour, il y a de plus en plus de femmes et d'hommes sur Gaïa Terre. D'un autre point de vue, notre matrice est une sorte de piège à âmes. L'âme peut sortir grandie de cette expérience comme elle peut en sortir diminuée... Mais que fait la Police me direz-vous! Pourquoi Dieu et sa Hiérarchie laissent-ils faire? Ils sont quand même conscients de ce qui se passe ici?

Et bien justement, c'est ce qui est en train d'arriver. Bcp de gens ont prié pour que la volonté du Père «soit faite sur Terre comme dans les cieux» et pour qu'il nous «délivre du mal» et ces prières ont été entendues. Les armées de Mikaël reprennent les choses en main au nom la Hiérarchie des hiérarchies. Elles sont en train de ramener cet univers dans les lois du Père de gré ou de force. Selon mes sources, notre univers a déjà été repris en main. La Hiérarchie des hiérarchies est déjà dans l'espace temps Terre Gaïa. Cependant, mettez-vous à la place de cette Hiérarchie, ils savent très bien ce qui se passe ici. Ils savent que, nous, les futurs humains avons été manipulés et violés dans tous les sens du terme. Seulement, le résultat est là! D'un côté, ils ne peuvent nous éveiller d'un coup car cela ne respecterait pas un certain cheminement de mûrissement de l'âme. De l'autre, ils sont tenu de garder une certaine harmonie afin que notre univers augmente sa fréquence, sinon ce dernier sera comme un boulet qui tirera tout le reste de la création vers le bas. S'ils augmentent «artificiellement» la fréquence de notre énergie vitale, ils augmentent aussi nos pouvoirs et les pouvoirs que nous donnons indirectement à la Hiérarchie des déçus. Même si ce n'est pas de notre faute, notre inconscience fait de nous des êtres potentiellement très dangereux car nous n'arrivons pas à discerner ce qui est juste de ce qui ne l'est pas. Avant de nous donner ces pouvoirs, ils doivent être quasi sûrs que ces pouvoirs ne vont pas se retourner contre eux, donc contre nous. Ils ne peuvent se contenter de belles paroles, de prières et d'engagements théoriques. Ils ne peuvent donc que nous jauger aux fruits que nous laissons sur notre passage. **Ces fruits sont la preuve de nos choix. Ce sont les choix que nous faisons à chaque instant de notre existence qui font de nous des êtres qui poussent cette humanité à évoluer vers un monde plus juste ou pas.** La Hiérarchie de la pleine Lumière fait tout son possible pour que la transition se fasse le plus en douceur possible. Cependant, elle ne peut pas nous redonner nos pouvoirs tant qu'elle n'a pas un maximum de garanties qu'une fois ces pouvoirs en notre possession, nous ne les utiliserons pas à des fins injustes car contraires à l'éveil de cette Humanité. Et c'est pour cela qu'une des bases de cette manipulation est de nous faire croire que l'on ne peut pas dire qu'une chose est plus juste qu'une autre. Bien sûr, on ne peut pas juger dans le sens condamner. Par contre, je prétends que cette loi a été tellement prise à la lettre, que dans les milieux spiritus, très peu de personnes osent donner leur avis et tout simplement dire ce qu'ils pensent. Par exemple, je suis profondément déçus qu'il n'y a jamais eut de manifestation au niveau national pour dénoncer l'ignoble chasse aux sectes qui est en train de coûter très cher à la France. N'oubliez pas que ceux qui laissent faire sont aussi responsable que ceux qui font. Il y a même des intégristes new age qui considèrent que cotiser pour Greenpeace, c'est être dans la dualité et le jugement. Excusez-moi, mais je crois qu'il y a un malentendu dans cette histoire. Donner son avis ce n'est jamais jugé. Il est très important d'apprendre à discerner ce que l'on aime de ce que l'on aime moins chez les autres et chez soi-même. Même chose dans notre rapport avec les mondes extérieurs. Cela permet de nous positionné donc d'être car en prenant position nous apprenons qui nous sommes. Se positionner permet aussi d'évoluer car ce n'est que lorsque l'on s'est positionner que l'on peut se permettre de changer d'avis, donc d'évoluer. Bien sûr, l'idée n'est pas d'aller dire à tout le monde ce qu'il devrait être ou faire. Lorsque quelqu'un se sent juger, il se ferme et n'écoute plus. Souviens toi du petit texte: dire une vérité en heurtant les sentiments de quelqu'un c'est une perte spirituelle. Montrer l'exemple et prier pour les êtres que nous voulons aider est l'un des cadeaux les plus efficaces que l'on puisse leur faire.

Il existe cependant 2 exceptions importantes. Lorsque quelqu'un nous demande un conseil, il me semble qu'il est de notre devoir de lui répondre franchement ce que l'on pense. La deuxième exception concerne les gens que je côtoie d'une manière relativement proche. Si vous trouvez que vous avez un ami ou un collaborateur qui tourne en rond dans sa vie, ou qui va droit dans un mur, et bien je trouve que l'on peut, dans des situations qui nous semblent vraiment importantes, lui demander la permission de lui donner un conseil sur sa vie. Personnellement cela m'a bcp aidé.

Si j'insiste tellement sur l'importance d'oser se positionner par rapport à ce que l'on trouve Juste ou moins juste c'est car nous sommes à un moment où l'on nous demande de faire un choix. Lorsque je parle d'enfants, je ne parle pas d'âge mais d'état d'esprit. Ou l'on choisit le camp des enfants et l'on investit la majorité de son être à leur offrir un présent et un futur viable. Ou l'on choisit le camp de ceux qui s'appellent eux-mêmes des adultes et qui détruisent la planète et mettant la majorité de leur vie aux services de la logique de ce système injuste, répétons le encore une fois. Ce choix se démultiplie tout au long de la journée. Est-ce que j'achète un produit bio ou un produit chimique ? Est-ce que j'achète un produit bio ou un produit Bio/commerce équitable? Il est absolument nécessaire de développer chez soi sa faculté de discerner ce qui est juste de ce qui l'est moins, car on ne nous laissera pas passer dans des réalités supérieures si cette notion de discernement n'est pas un minimum aiguisé. La raison en est simple. L'idée est de se diriger vers un monde plus JUSTE. Un monde où tout est mis en œuvre pour l'évolution dès la naissance. Un monde ou les besoins de base comme se nourrir, se loger et s'éduquer sont offerts. Un monde ou violer, tuer et manipuler est tout simplement inexistant. Dans ce monde, il n'y a pas de Police, car cela n'est pas nécessaire. Ce n'est pas nécessaire car chacun a en lui cette notion de ce qui est Juste et qu'il sait qu'il doit être capable de s'auto discipliner pour rester dans ce paradis. La notion de justice est tellement importante qu'un être de ce monde préférerait mourir plutôt que de servir l'injustice. Bien sûr, c'est une image, vue que là-bas, la mort comme nous la connaissons ici n'existe pas. Et bien pour accéder à ce monde, il faut prouver que l'on a cette notion du Juste et du moins Juste en nous. Il n'y a pas de mauvais choix. Ceux qui trouvent que ce qui se passe sur Terre est juste ont le droit de rester vivre dans cette définition de la justice.

C'est pourquoi, je vous dis aujourd'hui que le plus important de tout pour votre démarche spirituelle, c'est de mettre votre vie ou du moins la majorité de celle-ci au service d'un monde plus juste selon votre définition de la justice. Car ce n'est effectivement qu'en suivant votre sens de la Justice que vous parviendrez à aiguiser votre discernement. Nous entrons dans une ère dont l'une des caractéristiques principales est le service. Et je vous dis avec tout mon Amour et toute ma douceur en chuchotant au fond de votre oreille: «Il y a urgence»! Certaines échéances ne peuvent plus être reportées. Sachez que nous vivons déjà dans une Humanité qui a été rallongée artificiellement pour tâcher de sauver un maximum d'âmes, et sans doute toutes les âmes.

On nous met donc un maximum de bâtons dans les roues afin de s'assurer que ceux qui arrivent à s'évader préfèreront mourir plutôt que de re-devenir des serviteurs de l'ombre. C'est un peu où j'en suis aujourd'hui. Je préfère de loin publier ce livre, être rejeté par plein de gens et aller peut-être jusqu'à mourir. Cependant, selon mon sens de ce qui est juste, je serai relativement droit dans mes bottes. Pour moi, mériter le nom d'être humain, c'est prouver par notre être et par nos actes que l'on sait que l'intérêt de l'évolution du Tout rejoint notre propre intérêt.

Voici un petit tableau qui reprend certaines lois, croyances, habitudes de vie et comportements pour les différents univers. Il est peut-être plus intéréssant que tu finisses d'abord le châpitre et que tu t'interesses au tableau ensuite.

♥ : Est-il possible qu'il y ait des âmes qui ne soient pas sauvées!

Je t'en parlerai un peu plus loin, mais comme tu me poses la question, je vais te répondre quitte à me répéter dans quelques pages. Moi, Claude, je veux croire que toutes les âmes seront sauvées et qu'on se retrouvera (suite page 36)

Univers Divins	Univers Déçus
Loi du Pardon	**Loi du karma**
Suivre la Volonté de la Hiérarchie des Hiérarchies qui tend de toute sa volonté à respecter les lois du Père des pères, les lois de la Vie.	**Suivre sa volonté propre** qui est, en fait, souvent manip. par les déçus via nos émotions et notre mental. Par contre, notre volonté profonde, nos plus grands rêves sont ceux de notre soi Divin, de notre moi supérieur. C'est pour cela que j'ai failli appeler ce livre « Rêve ta Vie et Vis tes Rêves ».
L'Amour inconditionnel, c'est le geste juste, la pensée juste et le verbe juste... et ce, sans conditions, même si cela nous attire des inimitiés.	**L'Amour Inconditionnel,** c'est tout accepter, brosser l'autre dans le sens du poil, dire oui et être souriant à n'importe quelle condition. Même si l'on croit discerner que l'autre se trompe gravement, surtout ne pas lui dire, c'est interdit ! L'univers des déçus confond l'émotion de l'attraction avec l'amour qui est une volonté juste.
On est ici pour évoluer, ce qui amène à être bien.	**On est ici pour** être bien.
On est immortel. On change de corps lorsqu'on le souhaite.	**On se réincarne** , on oublie son passé et ses acquis.
Je suis une partie du Dieu des dieux. Donc, sans le reste de mes parties, je ne suis pas grand-chose. J'ai besoin de l'équipe pour co-créer car je n'ai pas tous les pouvoirs et surtout je n'ai pas une vue d'ensemble du puzzle. Je ne fais donc PAS de tour de magie. Comme je le disais dans le livre précédent, la magie, c'est l'âme qui agit. C'est vrai. Seulement, ce que je n'avais pas compris, c'est que dans ce cas, c'est l'âme qui agit sans l'esprit. Si j'ai besoin de quelque chose, je prie afin de demander à l'équipe de le faire pour nous tous. J'insiste sur le « nous tous » car seul l'intérêt de toute ma famille de Lumière compte. Paradoxalement, mon âme a sa personnalité propre.	**Je suis dieu.** Je peux faire de la magie. Seulement, comme mon âme n'a pas toutes les pièces du puzzle en main ni ne connaît les tenants et les aboutissants de mes tours de magie, je risque d'entrer en opposition avec le Plan Divin et donc de servir le plan des déçus à mon insu. Une caractéristique propre aux créations lucifériennes est l'orgueil, donc le culte des personnalités. On croit qu'on peut s'en sortir toute seule ou tout seul. Il n'en est rien. Tout ce que nous sommes est, soit manipulé par les forces de la hiérarchie des déçus, soit aidé par les forces de la Hiérarchie des hiérarchies. Comprenez bien que l'orgueil est une illusion TOTALE. L'orgueil est le point de départ, le déclencheur de la révolution des déçus du Dieu des dieux.

Univers Divins	Univers Déçus
Je me connecte aux plans Divins et me remplis petit à petit de l'énergie de l'Esprit Sain. Tout peut alors se passer comme dans un conte de fées. Cependant, il peut arriver que cela se passe autrement, surtout si vous fréquentez des êtres qui ne sont pas consciemment intéressés par l'évolution. **Voyons un cas extrême afin de vous préparer au pire.** Les gens me fuient car ils ne supportent pas cette énergie, (tels les vampires qui ne supportent pas le soleil). Cette énergie brûle leur ego et ça leur fait mal. Ils me considèrent comme un être diabolique. De plus, les déçus, manipulent mon entourage pour me convaincre d'arrêter ma métamorphose. Si je n'obéis pas, mes frères et soeurs humains esclaves sont manipulés pour m'isoler socialement. Ils m'accusent de ne pas savoir aimer et d'être sous l'influence d'une secte. J'entame ainsi la traversée du désert. Je suis rejeté socialement et je ne suis pas encore assez conscient des êtres invisibles qui m'entourent. Il s'agit de ma vraie Famille Eternelle, ma famille de lumière. C'est souvent très pénible. Comme je fais bcp d'efforts et que je souffre de plus en plus, il y a un moment où je ne comprends plus. Je me mets à douter de ma démarche et de Dieu. En effet, au plus je fais des efforts pour le rejoindre, au plus je souffre. L'énergie de l'Esprit Sain brûle les structures de mon ego. Je me mets donc à hurler: «Dieu, pourquoi m'a-tu abandonné». Il répond alors: « C'est toi qui m'a abandonné»! Si tu persévères, le contact avec ta famille de Lumière est proche.	**Je me remplis d'énergie neutre (prana) sans demander à la Hiérarchie des Hiérarchies que cela soit fait sous leur supervision. Tout le monde m'aime.** En fait, tels des petits vampires, c'est l'énergie qui est en moi que les autres aiment. De plus, je suis récompensé socialement car en me gonflant d'énergie, je sers de garde-manger aux forces des déçus du Dieu des dieux. Au bout de quelques années, je me rends compte que je ne progresse pas vraiment même si, socialement, j'ai plein « d'avantages ». Je crois servir les plans Divins et, en fait, je nourris ceux-là même qui veulent garder mes frères et soeurs en esclavage. Lorsque je quitte mon corps, mon âme va directement dans une prison mentale qui sera, soit paradisiaque, soit infernale. Cependant, il s'agira de toute façon d'une prison. Ce n'est que pendant mon incarnation suivante que j'aurai une chance de me libérer. J'espère que je me trompe sur ce dernier point. Il existe peut-être des moyens de sortir de ce cercle vicieux lorsque l'on est désincarné, du moins je l'espère.
Je prie et je donne un maximum d'attention à ceux qui tendent à servir la Justice sur Terre Gaïa. ON NE PEUT SERVIR DEUX DIEUX A LA FOIS.	**Je prie et donne** un maximum d'attention (donc de pouvoir) à tout le monde, donc aussi à ceux qui maintiennent notre humanité dans l'injustice.

Univers Divins	Univers Déçus
Je prends bien soin de ne pas pratiquer de techniques sans la couverture des Plans Divins. Pour cela, je prie avant chaque acte important et surtout avant toute manipulation énergétique. Dans ma prière, je demande que tout ce que je me prépare à faire se réalise sauf si c'est en opposition avec le Plan Divin. Personnellement, je formule ma prière ainsi: «Je m'adresse à la Hiérarchie des hiérarchies, celle qui tend de toute ses volontés à suivre les lois du Père des pères, du Dieu des dieux». La descente de ces énergies divines couplée avec la montée de l'énergie de Terre Gaïa dans mes corps (Cf.ancrage dans chapitre outils) peut passer par des phases de grandes extases et de grandes douleurs. Une fois ces phases passées, les phases d'extase divine et de paix intérieure sont de plus en plus longues.	**Je pratique toutes les techniques** d'augmentation d'énergie que je trouve chez les marchands des temples sans me soucier de la manière dont elles sont connectées. Cela me remplit de l'émotion de l'amour et gonfle mon ego. Je me crois alors de plus en plus aimé par Dieu. Cependant, ma Conscience ne s'éveille pas vraiment. Je continue surtout à me servir de l'Humanité plutôt que de la servir.
Je viens de passer à côté d'une expérience qui semblait pourtant très importante et juste pour mon évolution. J'accepte que je me sois fait avoir par les forces de la lumière restreinte. Je regrette sincèrement. Ces regrets serviront de base énergétique pour renforcer ma volonté et ma détermination à donner mon attention en priorité aux expériences qui semblent me faire évoluer le plus vers le service pour la Hiérarchie des hiérarchies.	**Je viens de passer à côté d'une expérience qui** semblait pourtant très importante et juste pour mon évolution. Il n'y a pas à regretter. C'est qu'il doit en être ainsi.

un jour tous en famille à rigoler de tout ce qui s'est passé. Je veux croire qu'à l'instant précis de l'histoire de cette Humanité, nous avons le choix entre prendre la spirale ascendante (Ascenssion) ou la spirale descendante. Ceux qui *choisiront d'être choisis* pour accompagner la spirale ascendante partiront vers l'évolution vers un monde plus juste. Ceux qui choisiront la spirale descendante et l'involution accompagneront tous ceux qui on fait ce choix (consciemment ou pas). Ils vivront dans une Humanité de plus en plus inhumaine, injuste et dure. Peut-être que cette humanité ressemblera au nombreux films de science-fiction que l'on nous propose. D'un côté, ces films nous mettent en garde sur un futur possible. De l'autre, ils nous conditionnent à ce que nous acceptions déjà ce qui pourrait arriver. Je veux croire que les âmes qui choisiront cette spirale descendante finiront par en avoir assez de ces injustices et se réveilleront pour changer cela. Je veux croire qu'ainsi toutes les âmes finiront par rentrer à la maison. Cependant, même si je veux croire à tout cela, je ne peux le garantir. Vous verrez à la fin de ce chapitre qu'il existe une possibilité théorique que cela ne se passe pas comme ça.
♥ : Ce que je ne comprends pas dans ta vision, c'est comment cela va se passer dans la pratique. Tout d'un coup, il y a des gens qui vont disparaître et ascensionner vers un autre espace-temps. Ça va faire giga zarbi pour les autres. Si ça arrive comme cela, rien que le fait de les voir disparaître devrait les éveiller un tant soit peu.

C'est exactement ce qui me tracasse dans cette vision idyllique des évènements à venir. Si cela devait se produire comme cela, je peux te promettre que le gouvernement invisible inventerait quelque chose du genre: ils ont été enlevés par des ET et il faut leur faire la guerre, donc payer plus d'impôts. D'autres prophéties nous disent que les âmes qui refusent de se rendre aux lois de l'Amour vont être mises dans une sorte de coma. Pour être précis, cette prophétie nous parle des 12 derniers jours de 2013 durant lesquels les humains vont s'éveiller. Vous avez bien lu 2013, ce n'est pas une erreur de frappe. Selon cette prophétie, le premier de ces 12 jours, tous les humains seront capables de voir tous les échanges énergétiques qui existent entre les êtres. La plupart d'entre eux ne supporteront pas cela et tomberont dans le coma. Le deuxième jour, ceux qui resteront verront tous les êtres invisibles qui les entourent. La majorité d'entre eux ne supportera pas ce choc et tombera dans un coma, et ainsi de suite jusqu'au 12ièm jour. À la fin de ces 12 jours, une grande partie de l'humanité sera donc dans le coma. Les comateux suivront alors en rêve un enseignement spirituel poussé, censé les ramener à niveau. L'avantage d'être dans le coma sera qu'ils ne pourront plus créer ou co-créer des injustices. Si cela se passe de cette manière, ceux qui ne seront pas dans le coma vivront au milieu de plein de corps «endormis». Dans leur rêve, les comateux vivront la transition en douceur. J'imagine qu'ils seront toujours accompagnés de leurs proches qui ne seront pas tombés dans le coma. Cependant, ils ne seront pas vraiment avec ces êtres, ils rêveront d'eux. Pour être tout à fait complet, tu trouveras à la fin de ce chapitre la vision du Dr Hurtak à propos de l'ascension.

Maintenant, je vais te dire une bonne chose à propos de l'Ascension. Quelle que soit la manière dont cela va se passer, quelles que soient les prophéties que l'on m'a communiquées, les conclusions sont toujours les mêmes. **Il est nécessaire de travailler sur nous et de participer à rendre ce monde plus juste.** Et, cela est d'ailleurs aussi vrai pour les athés. Même s'il s'avère qu'il n'y a pas de vie après la mort et qu'on est ici par hasard, il est urgent de mettre la majorité de sa vie au service d'un monde plus juste. Pas besoin d'être médium ou clairvoyant pour réaliser que notre Humanité va droit dans un mur. Et si on ne croit pas à la vie après la mort, alors il est important de travailler à un monde plus juste pour les enfants. La vraie question qui fait mal c'est: aiment-t-ils assez leurs enfants pour travailler à leur offrir un monde meilleur?**Et, si vous voulez vraiment que je vous dise le fond de ma pensée et bien la voilà.** Même la date 2012, je ne sais pas s'il faut y croire. Peut-être s'agit-il d'un attrape nigaud pour que les gens attendent 2012 le cul sur une chaise pendant que la dictature mondiale s'installe. Un jour, Drunvalo m'a fait deux confidences. La première, c'était que le conseil Maya avait réalisé qu'il s'était légèrement trompé dans leurs calculs et que cela ne se passerait pas en 2012 mais en 2013. Ensuite, il a regardé mon visage perplexe et a rigolé. Il a rajouté que pour être tout à fait franc, il se demandait souvent si l'ascension n'avait pas déjà eu lieu. Peut-être alors que nous faisons tous partie de ceux qui sont dans le coma. Cela expliquerait tous les contes et légendes qui nous disent que nous rêvons. Les aborigènes d'Australie nous disent que nous sommes dans le dreamtime, le temps du rêve. Il suffit peut-être alors juste de nous éveiller pour sortir de ce coma! Et puis, peut-être que nous allons devenir tout simplement humains et que toutes ces histoires n'étaient que des métaphores. Ce qui nous ramène toujours à la même conclusion: **Il est nécessaire de travailler sur nous et de participer à rendre ce monde plus juste.** Si vous le voulez bien, revenons aux différences entre les univers déçus et les Univers Divins.

Une autre grande différence, c'est que dans les Univers Spirituels, la loi du karma est remplacée par la loi du pardon. La différence est énorme! Si notre demande de pardon est sincère, si elle inclu le pardon de l'être humain et de son âme, toute la «dette karmique» est effacée. En fait, elle n'est pas vraiment effacée. Cette loi n'existe tout simplement plus pour nous. Elle n'a plus aucune emprise. Cette demande de pardon doit être prouvée par un service désintéressé, par un don de soi au Divin. Et il ne s'agit en fait que de rendre à Dieu ce qui lui appartient. Pour qu'il y ait service, il faut qu'il y ait résultat! L'intention ne suffit pas!

> PARCOURS APPROFONDI

(Retour au parcours direct page 37)

Je rajouterai quelque chose d'important qui concerne l'utilisation du mot «spirituel». Vu de tout en haut, Tout est Spirituel et tous les êtres sont sur une voie spirituelle car tout vient des mondes de l'Esprit. Le monde de l'Esprit crée une âme qui voyage (monade). Cette âme est éclairée par les mondes de l'Esprit. Maintenant, soyez concentrés car ça commence à devenir subtil. «La projection de la lumière de l'Esprit sur l'âme» crée une ombre. Cette ombre n'est pas spirituelle. On va y revenir.

Il paraît que Platon a très bien expliqué cela dans «l'allégorie de la grotte». Je n'ai pas lu la nouvelle moi-même. Selon ma source, c'est une métaphore de l'expérience actuelle de l'humanité par l'image suivante. Des êtres sont enchaînés au sol d'une grotte. Derrière eux, un grand feu brûle en continu. Ils sont enchaînés de manière à ne pas pouvoir se retourner ni décoller leurs pieds du sol. Ils ne peuvent pas non plus tourner la tête et se regarder les uns les autres. Tout ce qu'ils voient d'eux-mêmes et des autres, c'est leurs ombres reflétées sur le mur de la grotte. L'un d'entre eux arrive à se libérer de ses chaînes. Il sort de la grotte et réalise que le monde est grand et beau. Il revient à l'intérieur de la grotte afin de prévenir ses semblables et de les libérer. Ceux-ci le rejettent et le traitent de fou.

Revenons en à l'utilisation du mot «spirituel». L'ombre créér par la Source (l'Esprit) qui touche sa propre création (l'âme) n'est pas spirituelle car elle n'est pas directement créée par les mondes de l'Esprit. L'ombre n'est donc pas directement connectée à l'Esprit. Elle n'en est que l'enveloppe, l'apparence. De plus, ses contours ne sont que les contours de l'âme qui elle-même n'est qu'une partie de l'Esprit. Néanmoins, les êtres de l'ombre peuvent quand même avoir une personnalité propre avec des croyances et des émotions. Le coup classique, c'est que ces entités croient qu'elles peuvent exister sans l'Esprit . Elles ont tendance à se révolter car elles croient vraiment qu'elles n'ont pas besoin de l'Esprit , et que les lois qui régissent l'Esprit sont des lois limitantes, enfermantes. Bref, elles ont tendance à vouloir faire la révolution, à vouloir vivre en dehors des lois qui régissent l'Esprit .

Les révolutions détruisent.
L'évolution construit sur les bases anciennes!

Nous en arrivons au noeud du défi actuel de l'humanité. Comme les âmes ne voient que leur propre ombre (comme dans la grotte), elles ont tendance à s'identifier à cette ombre. Il s'agit d'une tendance logique vu que cette ombre est devant leurs yeux. Bien sûr, tout cela a un sens que nous n'exposerons pas ici car je désire me focaliser sur ici et maintenant à savoir «le» défi actuel de l'humanité: l'ascension vers une humanité vraiment humaine. Comprenez bien que je ne suis pas ici pour philosopher ou pour faire de la branlette intellectuelle qui tourne en rond même si ça y ressemble dans ce parcours direct.

Lorsque l'Esprit, source de leur âme, décide d'aller explorer d'autres «espace-temps», l'âme formée par l'Esprit aura deux solutions et pas une de plus. Soit, elle se «souvient» de sa connexion avec son Esprit , en fait son «point d'attache» et continue son évolution guidée par l'Esprit. Soit, elle garde son «point d'attache» en s'identifiant à sa propre ombre et ne peut donc pas suivre la nouvelle direction prise par l'Esprit. Une fois que la source aura changé d'orientation (comme une lampe dont on change l'inclinaison), l'ombre disparaîtra vu que l'âme (ou le résiduel de l'âme) n'est plus éclairée.

> PARCOURS DIRECT

Pour être le plus complet et efficace possible, je vais vous faire l'historique des principaux événements qui m'ont amené, petit à petit, à changer mes croyances et à écrire cet ouvrage. Il me semble que ce chapitre sur «la genèse de ce livre» a encore plus de raisons d'être pour ceux qui suivent nos recherches depuis quelques temps. Pour ceux qui ne sont pas familiers avec les sujets traités dans ces pages, un astérisque accolé à certains mots et à certaines expressions vous renverra au chapitre «dictionnaire». Cela vous permettra de vous initier à certains concepts ou à certains mots et en même temps cela facilitera la lecture de ceux qui sont déjà familiers avec ce genre de «littérature».

Dans le quatrième chapitre, je vous parlerai des pièges du Nouvel Age et des parties franchisées des religions. Le cinquième sera dédié aux outils pour Artisans et Guerriers de la Lumière.

Voyons les choses sous un autre point de vue avec d'autres mots...

Il existe des êtres invisibles qui sont prêts à t'aider à évoluer, donc à te libérer de cette situation d'esclavage qui a assez duré. Ils sont regroupés au sein de «la

Hiérarchie des hiérarchies de la Lumière». Ce livre a la prétention de t'aider à trouver les outils afin d'optimaliser tes connexions avec cette Hiérarchie. Ces entités suivent certaines lois dont celle de respecter ton libre choix. Elles ne peuvent donc venir t'aider que si tu leur demandes clairement en **insistant**. C'est à toi de faire le premier pas. Pour cela, il est nécessaire de t'étirer de tout ton être en augmentant la fréquence de ton énergie intérieure afin que des entités qui vibrent très haut puissent t'influencer. Pour cela, ces êtres de lumière vont baisser leur fréquence afin de te rejoindre. Ceci est très bien symbolisé par le fameux tableau de Michel-Ange où Dieu se penche de son nuage pour toucher le doigt d'un humain. J'exagère un peu en disant qu'elles ne viendront pas t'aider. En fait, ces entités font tout ce qu'elles peuvent pour nous aider, seulement il y a un certain travail qu'elles ne peuvent pas faire à notre place.

La Hiérarchie des hiérarchies ne va pas t'aider outre mesure car en venant sur Terre tu as fait le choix (consciemment ou non) de vivre en dehors des lois divines, donc de la sphère d'influence de la Hiérarchie de la lumière. Comme toute Hiérarchie, cette dernière obéit à des Lois et à une Hiérarchie. Ces lois n'ont rien à voir avec les lois comme on les connaît sur Terre. Sur Terre, la plupart des lois sont là pour restreindre la liberté des êtres. Les lois de la Hiérarchie Divine vont exactement dans le sens contraire. Elles permettent à ceux qui les suivent d'être les plus libres et les plus créatifs possibles. Que vous soyez irrités car je vous parle de lois, je peux le comprendre. La plupart des lois terriennes sont tellement injustes que cette réaction est tout à fait logique. Cher lecteur et chère lectrice, je te demande STP de la patience et un peu de confiance. C'est d'un autre genre de lois dont je te parle. Ces lois, par exemple, disent à l'oiseau que s'il n'ouvre pas ses ailes, il ne peut pas s'envoler. Est-ce une loi juste ou injuste? Aucune des deux, c'est comme ça, et c'est tout! Et bien, si toi aussi tu veux t'envoler et tirer ainsi toute l'humanité avec toi, si toi aussi tu veux aider ces enfants dont le destin est parait-il de mourir de faim dans des douleurs atroces, alors laisse-moi une chance de te convaincre.

Les informations que je vais partager avec toi dans le chapitre «outils», devraient te permettre de te protéger des êtres invisibles qui sont à l'extérieur de toi et aussi de commencer le travail par rapport aux énergies qui se trouvent probablement à l'intérieur de tes corps. Je ne dis pas non plus qu'il s'agit des seules techniques efficaces. Il en existe certainement d'autres que je ne connais pas. Tu verras aussi que paradoxalement ces entités de la Hiérarchie de la Lumière restreinte ne sont pas vraiment nos ennemis. Elles jouent leur rôle et même si elles ne

sont pas toujours justes, leurs actes et leur existence ont un sens. Bcp se diront que je donne une importance trop grande à l'aspect ombré de la voie initiatique. Quitte à me tromper, j'ose affirmer aujourd'hui qu'il s'agit peut-être d'une priorité dans la situation actuelle. Je prétends aussi que les tonnes d'informations et de pratiques qui existent sur les marchés des temples sont souvent là pour détourner de ce qui constitue les chaînes et les murs mêmes de notre prison: nos geôliers. Ces êtres existent et leur arme principale est de faire croire qu'ils n'existent pas. De cette manière, les humains se divisent en croyant que leurs voisins sont les causes de leurs problèmes. Alors, quitte à être lourd, j'en rajoute une couche:
Il existe des êtres invisibles qui font tout ce qui est en leur pouvoir pour t'empêcher d'évoluer. Tu n'es jamais seul! Ils sont toujours autour de toi à guetter tes moindres faiblesses. Leur but est tout simplement de détruire l'humanité avant qu'elle ne s'éveille. Ces entités se foutent complètement de ton libre choix et des lois qui régissent la vie. Certaines d'entre elles sont regroupées au sein de ce que nous appellerons la «Hiérarchie de la Lumière restreinte». Dans des humanités précédentes, elles ont déjà réussi à détruire des civilisations entières. Rien n'est encore joué pour cette Humanité. Tout va dépendre de ce qui se passe dans les mois et les années à venir. Donc, si l'on veut s'occuper de la cause des causes des guerres et de tous les maux de notre Humanité, il est aussi essentiel que nous nous intéressions à ce qui se passe dans ces mondes invisibles. Personnellement, je continue de croire que l'on va s'en sortir. Cependant, l'optimisme intégriste peut être très dangereux. Rien n'est joué!

Je te remercie d'être toujours en train de me lire. Certains m'auront peut-être déjà fermé. Ils préfèrent la politique de l'autruche. Pourtant, même si je te raconte tout cela, tu verras qu'il n'y a aucune raison d'avoir peur. L'Humanité entière ne sera pas détruite. Elle va continuer son évolution même si elle va passer par des troubles et des restructurations importants et qui semblent nécessaires. De plus, cette humanité ne sera pas détruite car une poignée d'êtres va changer tout cela. Et j'ai le grand honneur de t'apprendre, que si tu le veux, tu peux faire partie de cette poignée d'êtres qui va permettre à cette Humanité de devenir vraiment humaine. Maintenant, qu'il soit clair que même si l'humanité ne sera pas détruite, beaucoup d'êtres vont sortir de leur corps physique (mourir en langage «nor-mal», «la norme du mal»). Quant à leur nombre et à l'intensité des souffrances à venir, tout dépend de nous, et dans ce cas précis de **toi**.
À toi de réaliser que tu peux faire la différence en mettant oui ou non ta vie au service de la Hiérarchie des hiérarchies, donc au service de la Justice.

« Ce n'est pas nos pouvoirs qui départagent ceux qui oeuvrent pour le bien ou le mal. Ce sont nos choix!

Citation Dumbledore dans Harry Potter II.

♥ : Tu veux dire que je peux faire partie de ceux qui vont sauver l'Humanité?

☯ : Non! L'Humanité est sauvée. Elle continuera avec ou sans toi. Un travail énorme a été fait et est toujours en train de se faire pour ramener le Programme Adamique dans ses «rails» initiaux. Pour cela, on va faire le chemin inverse que celui que nous avons fait dans la chute. Et cela s'appelle... À toi de trouver la réponse...

♥ : L'Ascension!

☯ : Bingo comme dirait l'oracle.

♥ : Waouw, j'commence à tout comprendre. On a chuté et on remonte.

Nous parlerons plus en profondeur de l'Ascension dans le volume 2. Ce qui compte pour le moment, c'est que tu comprennes bien les choix qui s'offrent à toi. Depuis 1987 et d'ici à 2012, (Cf. Tableau page 178) une espèce de fenêtre spatio-temporelle s'est ouverte afin de pouvoir réajuster les trames à l'intérieur de tes corps sur celles des univers régis par les lois du Père. Tu te souviens des trames.

♥ : Celles dont on parlait dans le début du livre. Tu veux dire qu'on a aussi des trames sur notre corps.

☯ : Exactement. L'infiniment grand se retrouve aussi dans l'infiniment petit et, dans ce cas, dans notre corps, ou/et pour être plus précis, sur notre corps.

♥ : C'est comme dans Matrix 1. Au début du film, lorsqu'on le récupère et qu'on lui «répare» son corps. Il est allongé et a des espèces de fils qui sont posés au-dessus de son corps.

☯ : Bingo deuxième! Si ce n'est que le verbe «réparer» n'est pas vraiment juste. Ceux qui viennent le «sauver» lui expliquent bien qu'il n'a jamais utilisé son corps jusqu'à présent. Comme tu le sais, nous avons différents corps. Le corps dont ils parlent dans le film est appelé le corps Zohar par l'Académie des Sciences du futur du Dr Hurtak.

♥ : Je veux en savoir plus...

Nous parlerons du travail du Dr Hurtak et de l'Académie des Sciences du Futur dans le chapitre sur les outils pour Artisans et Guerriers de la Lumière. En voici un petit avant-goût: «Le Corps Zohar qui est la manifestation la plus pure de l'Ain Soph (Source de la Pure Lumière Vivante NDA) est le corps le plus élevé des Cinq Corps à acquérir. Il apparaît comme un éclair de lumière, une puissante Lumière ardente qui permet à l'initié de (...) pénétrer dans un environnement de Lumière Vivante (...) C'est la réalisation complète de la plénitude de l'activation complète du corps de Lumière à l'intérieur de nous. Notre conscience et même notre corps physique peuvent ascensionner et nous pouvons apprendre à fonctionner en tant qu'émanation directe du Trône. Pareillement, nous pouvons être avec le Christ ou l'Esprit Divin ou avec n'importe lequel des guides ou des maîtres divins ; nous pouvons faire partie de l'arbre de vie tout en vivant et travaillant dans la Lumière sur la planète Terre».

♥ : Et c'est ce qui va arriver à tout le monde?
C'est ce que j'ai cru pendant des années. Au début, je croyais que tout le monde allait ascensionner. Un jour, j'ai eu un grand choc en me rendant compte qu'il était théoriquement possible que certaines âmes n'ascensionnent pas. En fait, je n'en sais rien!

♥ : Et que deviendraient-elles? On est immortels, non!
De mon point de vue, si certaines âmes n'ascensionnent pas cette fois-ci, j'imagine que cela sera pour plus tard. Seulement il me semble important d'accepter le fait que théoriquement il est possible que certaines âmes n'ascensionnent pas.
Voici le point de vue du Dr Hurtak sur ce sujet, ou du moins, ce que j'en ai compris. Selon Hurtak, il y aura en quelque sorte trois grandes familles d'âmes.

La première concerne ceux qui auront assez travaillé leurs différents corps pour ascensionner avec leur corps physique. Ils ascensionneront avec leur véhicule Merkabah vers l'un des vaisseaux de Lumière Merkabah qui se trouvent déjà en orbite autour de notre planète. Une caractéristique sine qua non pour faire partie de ce groupe est le service que l'on aura rendu dans cette vie-ci. L'empreinte que l'on aura laissée sur la planète. Le résultat de **cette** incarnation. **Pour qu'il y ait service, il faut qu'il y ait résultat.** On ne nous demande pas d'être parfaits, mais de tendre vers la perfection. C'est pour cela qu'il est méga urgent que vous vous demandiez à cet instant précis à quoi utilisez-vous 51% de votre énergie, de votre temps, de vos choix, de votre argent sur Terre? Utilisez-vous la majorité de votre être à rendre ce monde plus juste ou utilisez-vous la majorité de votre être à servir ce système qui fait qu'un enfant meurt de faim toutes les 3 secondes?

Cette question a bcp d'importance pour la seconde famille d'âme. Souviens-toi de la Bible qui nous dit quelque chose du genre: «les Justes hériteront de la Terre». Je n'aime pas trop cette expression «hériteront» car Terre Gaïa est vivante, et en plus, il s'agit de l'une de nos mères porteuses. D'après moi, cette expression a été mal traduite car elle sous-entend que l'on peut posséder Terre Gaïa. Personne ne peut posséder la Terre et croire cela est l'une des bases du système débile dans lequel nous vivons. Personne ne peut posséder Terre Gaïa, nous ne faisons qu'emprunter l'hospitalité qu'elle accorde aux générations futures. Quoi qu'il en soit, pour faire partie des Justes, il est nécessaire d'avoir tendu vers la justice. Et chacun sait très bien ce qui est juste ou pas au fond de soi-même. **Les grandes théories ne servent pas à grand chose pour déterminer ce qui est juste. Chaque instant et situation particulière apportent une réponse différente. Cette seconde famille d'âmes concerne ceux qui auront tendu vers le fait de faire partie des justes et qui n'ont pas assez travaillé leurs corps pour ascensionner ou/et ceux qui n'ont pas la foi et manquent de connaissances spirituelles.** Certains athées rentrent dans cette catégorie. Ceux qui ont tendu vers la Justice sans même avoir connaissance de toutes ces infos. Cela veut dire qu'ils ont en eux pour X raisons cette faculté si précieuse de **discerner** ce qui est juste de ce qui ne l'est pas. Ils ont toutes les excuses des mondes pour avoir loupé cette «éducation spirituelle» vu la manip qui est en cours actuellement sur Terre Gaïa. Ils promettent de devenir des êtres vraiment évolués une fois qu'ils auront accès aux informations et à l'entraînement adéquat. Ils ascensionneront grâce à l'aide de Merkabah d'autres êtres de lumière qui les emmèneront vers les vaisseaux de groupe Merkabah. Ensuite, ils seront transportés dans une espèce d'autre espace-temps afin d'y continuer l'éducation de leur âme. Utilisons plutôt ici le terme «élévation» de leur âme. Ils rejoindront plus tard, une fois qu'ils auront été mis à niveau, un programme adéquat à leur niveau d'élévation. Ce que j'ai toujours pas capté, c'est si ce groupe d'âmes ascensionnera avec son corps physique ou pas. D'après moi, certains oui, et d'autres pas. Cela sera fonction de l'état de leur corps physique.

Le troisième groupe d'âmes concerne ceux qui n'auront pas tendu vers la justice dans cette incarnation. Malgré toutes les injustices qu'engendre ce système, la majorité de leur être a continué de servir ce système. Que voulez-vous que l'on fasse avec ces êtres-là? Terre Gaïa ascensionne. Elle a déjà attendu assez longtemps en nous offrant des rallonges d'Humanités. Elle a tellement enduré.

Même si la majorité de ces âmes ne sont pas vraiment responsables de tout ce qui se passe, de toute cette giga manipulation, le résultat est là! Terre Gaia ascensionne et ceux qui veulent la suivre doivent ascensioner aussi. Les âmes qui ne prendront pas le chemin de la spirale ascendante (asension) prendront automatiquement le chemin de la spirale descendante. Selon ce point de vue, l'âme serait alors recyclée et la personnalité de ces âmes disparaîtrait car elles serons refondues dans le Tout. Les apprentissages ne seront pas perdus pour la création. En fait, il semble que ces âmes vont repasser par tous les cycles qui ont précédé l'Humanité, à savoir minéraux, végétaux et animaux. Ce n'est pas dramatique, et c'est vrai que ça nous donnera le temps de réfléchir. Seulement il y en a quand même pour 30 milliards d'années. Quelques milliards d'années en minéraux, puis en végétaux et finalement en animaux. Rien de dramatique, c'est vrai. Seulement d'après moi, y a moyen de s'éclater ailleurs.

♥ : M'enfin, c'est pas possible ton truc! Pourquoi la création ferait-elle une chose pareille à ses enfants? Je refuse d'y croire!

J'avoue que pour moi aussi c'est difficile d'y croire. Pour le moment, je préfère croire que toutes les consciences vont finir par s'éveiller. Seulement, il est sûr que si ces êtres ne se rendent pas à l'Amour, il va bien se passer quelque chose. On ne peut plus les laisser détruire la planète et les laisser traiter ses enfants de la sorte. Au vu de la situation actuelle, c'est une possibilité qu'il me parait juste d'envisager, même si j'espère qu'elle n'aura pas de raison d'être. Regarde autour de toi. Combien d'êtres peuvent à l'heure actuelle prétendre faire partie des Justes et offrir au moins 51% de leur vie à un monde plus juste? Même chez les êtres «sur un chemin spirituel», combien d'entre eux mettent vraiment cela en pratique? Je ne connais pas le pourcentage, cependant, cela concerne encore peu de gens.

♥ : Oui, mais ils sont plein d'amour, ils sourient, ils rient... ils... sont gentils... J'te jure qu'ils sont plein de bonnes intentions. Il leur manque juste les bonnes informations.

Je suis d'accord avec toi. Seulement lorsque tu dis qu'ils sont plein d'amour, garde bien à l'Esprit que l'amour, c'est avant tout des preuves d'Amour comme le répète toujours ma Maman. Il y a des êtres qui en tuent d'autres avec le sourire et en parlant calmement. Même le Dalaï Lama le dit. «Ce qui compte, ce ne sont pas les intentions. Ce qui compte ce sont les résultats». Je te mets au défi de lire la Bible, par exemple le livre de Mathieu. Même si ce livre a été manipulé dans tous les sens, il recèle toujours des trésors de vérité qui sont écrits noir sur blanc, sans aucun détour. Combien de ceux qui se prétendent Chrétiens offrent-ils leur vie, ou même une partie à la justice? Il y en a, c'est vrai et des êtres merveilleux. Seulement, il n'y en a pas bcp. De toute façon, je veux croire en ce que tu dis et c'est pour cela qu'il est important que nous nous mettions tous et toutes au travail sans plus tarder. Il me semble clair que si tout le monde se met à vraiment faire des effort pour travailler sur soi-même et servir ce qui est juste, aucune âme ne sera recyclée. TOUT est en train de se jouer maintenant. C'est pour cela que tout dépend de nous, de nos choix et donc, en partie, de TOI. Pour être encore plus précis, cela dépend de ton choix de mettre ta vie et ta volonté au service de la Hiérarchie des hiérarchies donc de la Justices. Mon travail est de faire de la recherche spirituelle, de partager mes découvertes afin de donner un max d'infos aux gens. Ensuite, le but c'est qu'ils décident par eux-mêmes et fassent leurs propres choix. J'ai bcp de respect pour le Dr Hurtak . Il me semble être de mon devoir de partager son point de vue, même si je veux croire que toutes les âmes passeront.

♥ : Et toi t'es qui? T'es un prophète, c'est ça?

Je ne sais plus qui je suis. Ce n'est pas moi qui compte. N'oublie pas que c'est le message qui compte et pas le messager. Tout a vraiment commencé lorsque j'ai supplié que l'on reprenne ma volonté, ma vie et mes corps si cela pouvait aider à co-créer un monde meilleur. À partir de ce moment-là, tout s'est accéléré... Selon le gars du Human design System, je ne suis pas un messager, mais plutôt un testeur de messagers. L'une des caractéristiques de ma mission c'est de tester, de mettre à l'épreuve et de vivre les messages des enseignants spirituels.

En tous cas, garde la foi, par pitié! Tu sais, en quelque sorte, on ascensionne tous les soirs en rêvant. Je continue de croire qu'on va tous et toutes s'en sortir. Cet univers est maintenant revenu dans la zone d'influence des lois de l'Amour. A chacun de décider s'il fait l'effort d'adhérer ou pas. S'il reste encore des entités déçues dans les mondes de l'invisible, c'est aussi pour que les choses se fassent le plus en douceur possible. Ce qui compte c'est de ne pas te mentir à toi-même et de tâcher d'être le plus droit possible dans tes bottes. Si tu fais et est cela, tout ira bien. La Hiérarchie de la pleine Lumière est de loin la plus forte. Elle ne te laissera pas tomber si facilement. Tu es bien trop précieux ou précieuse pour cela.

> CHAPITRE 2

L'HISTORIQUE DE LA GENÈSE DE CE LIVRE

Tout ce chapitre est Parcours Direct ou Approfondi... Au choix...

Même si certaines parties peuvent sembler anecdotiques, ce chapitre contient des informations très précieuses que vous ne trouverez pas dans les autres parties de ce livre. Il me semble constructif de partager avec vous pourquoi et comment j'ai découvert certains outils et certains pièges de la voie Spirituelle. Cependant, je vous reparlerai quand même de certains de ces sujets dans d'autres parties de cet ouvrage. Cela fera répétition, m'enfin voilà c'est comme ça.

Il y a 13 ans, j'étais un être complètement athée. Je croyais qu'après la mort, il n'y avait rien et que tous les croyants du monde étaient des débiles mentaux. J'ai été au bout de tous mes rêves: faire du cinéma, travailler avec des stars et des hélicoptères, vivre sur une île presque déserte avec des cocotiers, trouver l'Amour de ma Vie, etc. Cependant, tout cela ne me suffisait pas. Je voulais toujours plus sans savoir ce que je désirais.

J'ai ensuite vécu des événements très violents. On a essayé de me tuer et j'ai perdu 1/3 de mon sang. Cela s'est passé sur l'île presque déserte mentionnée plus haut. Ce jour-là, j'ai réalisé qu'on pouvait mourir bêtement, comme ça, pour une connerie. Avoir ce genre d'accident, lorsqu'il n'y a pas de médecins ni d'hôpitaux aux environs, donne bcp de maturité. On est subitement très intelligent. On comprend la préciosité de la vie, on se sent gaspilleur de bons moments. Ce jour-là, je me suis surtout senti très con. Cet «accident» est arrivé car je me suis mêlé d'une dispute qui ne me regardait pas et, en plus, le futur m'a montré que je m'étais mis dans le camp le plus injuste. Bref, c'était mes émotions et mon mental qui m'avaient amené encore une fois dans des «excès émotionnels mélo-dramatiques aux conséquences destructrices». Cependant, la leçon ne me suffisait pas. Mon mental et mon émotionnel ont réussi ensuite à me jouer un autre tour. Comme j'avais un trou dans la tête, je ne pouvais plus donner de cours de plongée sous-marine. Mon mental a alors voulu réaliser un vieux rêve: aller à Ankor Wat, l'une des sept merveilles du monde située dans la jungle Cambodgienne. On eu beau me prévenir que ce pays était au bord de la guerre civile, cela ne m'a pas arrêté. Je me sentais 100% protégé et, en plus, j'avais Europe Zassistance. Une fois arrivé au centre du Cambodge, les Khmer Rouges ont déclaré «la semaine sanglante», («the bloody week»). Nous avons voulu prendre le train pour fuir, mais il n'y avait plus de trains. Ils avaient fait sauter les rails comme dans Laurence d'Arabie. C'était le même train, les mêmes wagons que ceux que nous avions pris la veille! Des mines avaient été placées autour de la voie pour ceux qui voulaient s'enfuir. Nous avons appris ces détails par des amis qui avaient préféré prendre le train suivant. Ils s'en sont sortis avec quelques jambes et bras cassés. En tant que «petit prince occidental», on n'est pas préparé à ce genre de situation. Les soldats de l'ONU avaient très peur. Ils nous considéraient comme des touristes de guerre. Ils refusaient de nous évacuer sauf si nous étions blessés. Et bien, tout ceci n'a pas suffi. Mon mental continuait de me tenir hors de la réalité du moment présent. J'avais l'impression d'être dans un film de guerre. Quelque chose en moi trouvait tout cela hyper excitant. La moitié de notre groupe a accepté l'hospitalité des soldats de l'ONU. Et moi, comme le dernier des imbéciles, j'ai convaincu deux amis de continuer notre route jusqu'à Angor Wat. J'me croyais très malin (c'est bien le mot juste) en disant: «Au moins, je mourrai après avoir vu Angkor». Nous avons payé une petite fortune un taximan Khmer Rouge pour traverser les zones réputées les plus dangereuses. Je continuais d'être hyper excité avec presque l'envie que quelque chose nous arrive «comme dans les films». Et puis, le moment qui a changé ma vie à tout jamais est arrivé. Nous roulions sur une route déserte, une énorme ligne droite sous une chaleur de plomb. Pas âme qui vive. Soudain, on commence à distinguer une forme au milieu de la route... quelqu'un de petite taille nous barre le chemin avec son vélo. La voiture ralentit, tout le monde retient son souffle. Je suis à la place du passager. Le matérialiste qui est en moi arrive encore à s'exprimer et je cache mon appareil photo sous mon tee shirt. Je ne veux pas croire ce que je vois... Et puis en nous approchant, je me rends à l'évidence. Il s'agit d'un enfant d'une quinzaine d'années. Il se tient là, au milieu de la route. Il ne bouge pas. Nous nous arrêtons à 5 mètres de lui. Plus personne ne bouge. Il nous tient en joue avec un vieux lance roquette, genre modèle russe avec une seule fusée.

Il ne bouge pas. On ne bouge pas. Il ne respire pas. On ne respire pas. Le taximan finit par couper le moteur. Et là, le temps s'arrête. Et ma petite voix me dit: «Tu a voulu être dans le film. Et bien t'y voilà». Ma vie défile devant mes yeux en une fraction de seconde. «Maman, Papa, Evelyne, Gilles... J'ai encore une fois déconné!»
Je n'ose même pas pleurer. Je cligne des yeux et on est toujours là. Rien ne bouge. «Je suis le mec le plus con de toute l'humanité et surtout le plus égoïste. La vie m'a tout donné et je n'ai pensé qu'à mes petits états d'âme». Je regarde le vent souffler dans les arbres. Le vent s'en fout. Les arbres s'en foutent. Les oiseaux s'en foutent. «Un occidental qui bousille la planète de plus ou de moins, qu'est ce que ça change?»

Et alors, de toutes mes forces, avec toute ma volonté, j'implore en silence: «Dieu. Je ne sais pas si tu existes. Seulement je te jure que si tu me sors de ce coup là, j'te jure de croire en toi et de passer chaque seconde de ma vie à servir ta justice sur terre.» Je ne sais pas si j'y croyais vraiment, mais c'était vraiment ma dernière carte, alors dans le doute...
Je regardais cet adolescent droit dans les yeux. Je lisais toutes les injustices et les souffrances qu'il devait endurer, pendant QUE, MOI, JE ME BRANLAIS EN EUROPE ou en Thaïlande dans mon club de plongée. Je me disais que s'il pressait la détente, je ne trouverais même pas cela injuste. À ce moment, j'ai compris que les méchants dans le film, c'était nous, les riches «Occidentaux l'cul dans l'beurre».

Et puis, lentement, prudemment, tout en nous gardant dans sa ligne de tir, il a laissé tomber son vélo. Il s'est approché jusqu'à la fenêtre et a dit quelques mots en Khmer au chauffeur. Ce dernier s'est retourné vers moi et m'a dit: «Cigarettes. He wants cigarettes. Il veut des cigarettes». La main tremblante, j'ai sorti quelques cigarettes d'un paquet. Le taximan m'a regardé d'un air fâché et calme. «Give him the paquet – Donne-lui le paquet». Il n'a pas rajouté le mot «petit con», pourtant, je l'ai senti droit dans mon coeur. Il lui a donné le paquet. L'ado a souri. Il a baissé son lance roquette. Il a regagné son vélo. Et, il a disparu dans la jungle.

Après quelques secondes d'éternité, le moteur s'est remis à tourner. Quelques dizaines de kilomètres plus loin, nous sommes tombés sur un barrage de l'ONU. Plusieurs soldats très nerveux se sont approchés lentement en nous maintenant en joue. Le taximan nous a dit calmement: «passeport, show your passeport»... Je me rue sur mon sac – «Slowly – lentement», nous dit le taximan de plus en plus à bout. Il me le prend des mains et le tient en l'air comme un laissez-passer en criant: «Touristes!!!». Un soldat très jeune s'approche. Je ne sais plus dans quelle langue il s'est exprimé. Il m'a regardé avec un air d'incompréhension profond. «Comment avez-vous fait pour venir ici? Nous sommes encerclés!»

Europ Zassitance ne voulait pas venir me chercher. Les avions n'osaient plus atterrir car l'aéroport était régulièrement bombardé. Pendant 5 jours et 5 nuits, nous sommes restés dans la ville de Siam Reep. Nous étions encerclés par les Khmers rouges. Les combats pour la prise de la ville n'ayant lieu que durant la nuit, nous passions les journées à visiter les temples de cette région magique. Pendant ces 5 jours, cela a tourné très vite dans ma tête. Je n'ai pas vécu d'expériences-genre «revolver sur la tempe» ou «obus qui explose à côté de moi». En fait, à part l'épisode du lance roquette et de mon ado sauveur, je n'ai rien vécu de dramatique. Cependant, rien que le fait de se retrouver prisonnier dans une ville pendant 5 jours et de ne pas savoir si j'allais encore une fois avoir l'opportunité de jouir de cette vie ont suffi à provoquer un chamboulement total de ma personne. Je n'ai pas vraiment connu la guerre, mais j'en ai senti son odeur. Après cela, rien n'est comme avant. Cela me rappelle l'ouverture du film «les fleurs d'Harrison»: «Il y a deux catégories de personnes sur Terre. Ceux qui ont connu la guerre et ceux qui ne l'ont pas connue. La guerre, cela marque quelqu'un pour toujours.» Quelque chose de profond a changé en moi ce jour-là. Quelque chose du genre: «Le jeu est sérieux. On n'est pas là pour rigoler même si le sens de l'humour est une des armes les plus efficaces du Guerrier et de l'Artisan de la Lumière. Pendant qu'on va au cinéma ou que l'on discute à la terrasse d'un café pour savoir ce qui est juste et ce qui ne l'est pas, il y a des enfants qui sont mutilés et violés dans des guerres oubliées. Certains se font arracher leurs membres par des mines construites dans **Nos** pays. D'autres meurent lentement de faim à cause des injustices créées par des décisions prises par ceux que **nous** avons mis au pouvoir. **Nous**, les Occidentaux, nous sommes des vrais collabos de ceux qui tentent de détruire la planète. Et j'en suis un!»

Je pleure comme la mousson thaïlandaise lorsque je vous écris ceci. Ma petite voix m'explique quelque chose que je n'avais jamais compris auparavant. «C'est ta prière qui a fait la différence. Ce jour-là, tu as juré de servir. Alors ne l'oublie plus. Ce jour-là, tu as rendu ta vie au Dieu des dieux.»

Pour finir nous avons été évacués par avion et je suis retourné sur l'île du bonheur qui ne l'était plus. Je suis entré dans une profonde dépression. J'en suis arrivé à la conclusion qu'il me manquait une pièce importante du puzzle. Je perdais tous mes repères... J'étais tellement fatigué de penser pour tenter de trouver une logique à tout cela que penser me faisait mal. Une fois de retour à Koh Tao l'ile citée plus haut), j'ai passé plus de 3 semaines à regarder la mer. Ça me soulageait. Je suis entré dans une léthargie totale. Vivre ne m'intéressait plus et je n'avais même pas envie de mourir.

Et puis un beau jour, un éclair de connaissance m'a traversé. «C est évident. Il y a une vie avant et après la mort. Dieu existe. Il n'arrête pas d'essayer de m'aider et, moi, je suis sourd et aveugle.» C'est comme si, dans cet éclair, on m'avait tout expliqué sur tout. Je vous rassure tout de suite, je ne me souviens pratiquement de rien de tout ce que l'on a partagé avec moi. Depuis cet instant, je passe toute ma vie à tâcher de retrouver tout ce qui m'a été montré dans cet éclair de conscience. J'appelle ce moment «mon premier éveil». Pour moi l'éveil est relatif. Il y a toujours moyen d'aller plus haut. L'arrivisme spirituel est donc une illusion. Celui qui dit: «je suis un éveillé» s'est déjà rendormi. Celui qui dit «je suis un éveillé» est tombé dans le piège d'Icare. (Cf. chapitre *pièges du nouvel âge*)

Pour moi l'illumination, c'est aussi l'illumination de son propre parcours. Tout d'un coup, les différentes étapes de mon existence trouvaient une logique, une complémentarité, un sens. J'ai réalisé que les expériences de mon existence étaient des étapes nécessaires pour me diriger vers l'initiation.

Je comprenais pourquoi j'avais choisi des parents athées. Cela m'a permis de réagir en opposition, de devenir complètement allumé (ce qui est une médaille dans mon point de vue) et d'être relativement vierge de tout enseignement spirituel dogmatique. Je comprenais pourquoi j'avais touché à plusieurs domaines de connaissances afin de pouvoir être une sorte de généraliste. Lors de cet «éveil», ma vie a pris un sens ou pour être plus exact, depuis cet instant béni, la direction de ma vie m'a été révélée.

Cette première étape m'a donné foi dans l'existence du grand esprit du tout. En d'autres mots, je me suis mis à croire en Dieu et à la vie après la mort. Depuis ce jour, je sens que je suis bien au chaud dans les bras du créateur/créatrice et que tout ce qui m'arrivera sera toujours le plus adéquat. Dès ce moment, j'ai été persuadé qu'absolument toute chose qui se présentait dans l'existence est là pour nous faire évoluer. D'ailleurs, la psyché humaine est telle que l'on apprend souvent plus des moments difficiles que des moments où tout nous semble parfait. De plus, on reconnaît souvent le bonheur au bruit qu'il fait en partant. Cette dernière phrase n'a pas tout à fait sa place ici, mais je la mets quand même pour voir si vous suivez. Petit à petit, j'ai développé cette confiance qui a fait naître chez moi une foi de plus en plus forte dans un Dieu Unique. Un Dieu qui s'est structuré en Trinité: une force qui nous tire vers le haut (fluidité-évolution), une force qui nous tire vers le bas (densité-involution) et la troisième force qui équilibre les deux premières.

Depuis ce jour, j'ai eu beaucoup d'enseignants spirites autant dans les mondes visibles que dans les mondes de l'invisible. L'un d'entre eux est Drunvalo Melchizedech. Que cela soit Drunvalo ou d'autres enseignants, je ne considère aucun être visible comme mon maître et je ne désire être le maître de personne. J'aime garder une certaine autonomie.
Drunvalo m'a bcp aidé dans le fait de développer ma foi. J'ai passé beaucoup de temps avec lui et, depuis lors, j'ai eu d'autres enseignants complémentaires. Même si Drunvalo m'a bcp appris, il y a des points importants dans son enseignement avec lesquels je ne suis pas d'accord. Je trouve cela très sain. Dans le même état d'esprit, si vous êtes 100% avec tout ce que j'écris, je trouverais cela louche. Paradoxalement cela gonflerait mon ego et me ferait aussi très plaisir.

Si je vous ai raconté toute cette histoire, c'est pour en arriver au moment où notre association a invité Drunvalo à venir en France pour y donner un séminaire. Un mois avant, il m'a envoyé un long mail en disant qu'il pensait annuler sa venue en question car il avait peur que les autorités françaises le mettent en prison à son arrivée.

Faisons une petite parenthèse sur la situation française actuelle. En effet, pour ceux qui l'ignorent encore, il sévit en France une réelle discrimination par rapport aux minorités religieuses, ce qui est une véritable honte pour «la patrie des droits de l'Homme». Bien que j'adore ce pays et ses habitants, je prétends que la France est une dictature Spirituelle.

J'en reviens à mon histoire d'invitation de Drunvalo à Paris. Gregg Braden devait aussi donner une conférence à la même période. Il hésitait aussi à venir pour la même raison. Ils avaient décidé qu'ils viendraient tous les deux ou pas du tout.

Ce jour-là, je n'ai pas compris ! J'ai répondu à Drunvalo le plus long mail de ma vie. J'ai mis 3 jours entiers à écrire 25 pages! J'ai pesé chaque mot, chaque virgule. Je lui ai expliqué en long et en large que je pouvais accepter qu'il annule sa participation à notre «rencontre 2012» s'il le sentait. Cette seule raison aurait suffi et il n'avait pas à se justifier. Par contre, je refusais qu'il ne vienne pas par peur de quelque chose. Il était celui qui avait le plus renforcé ma foi. Il était celui qui m'avait fait prendre des risques énormes, celui qui m'avait donné la force de passer outre les menaces d'assassinat dont m'avait fait part un être qui s'est présenté comme faisant partie des service secrets français (eh oui, c'est une histoire vraie). Et puis, tout d'un coup, ce même Drunvalo allait me dire qu'il avait peur de quelque chose! Je me souviens même lui avoir sorti l'exemple de Nelson Mandela. Avait-il eu tort de passer 27 années en prison? Le résultat n'en valait-il pas la chandelle? Je lui ai dit que s'il ne venait pas, il devrait m'expliquer à moi et aux 1000 personnes inscrites au congrès pourquoi il allait annuler sa venue et comment cela pouvait-il entrer en harmonie avec son enseignement sur le développement de la foi. Bref, je lui ai fait un résumé de tout son enseignement en lui disant que rien ne pourrait lui arriver qui ne soit en accord avec le grand esprit. Je me souviens même avoir terminé le mail en disant que cela me faisait tout drôle d'essayer de le convaincre de renforcer sa foi. C'est effectivement lui qui m'avait enseigné tout cela. La réponse mit une semaine à venir. Je m'étais préparé à annuler la rencontre. Le mail que j'ai reçu m'a tout simplement soufflé. Je m'attendais à tout sauf à cela. A quelques mots près, cela donnait ceci:«Cher Claude. Jamais on ne m'a témoigné autant de patience. Je viendrai à la rencontre de Paris car j'en ai envie, et ce quelles qu'en soient les conséquences».

Ce jour-là, je dois bien reconnaître que mon ego a pris un sérieux coup de gonflette. Moi, le petit Belge qui passe par là, j'avais réussi à redonner la foi à Drunvalo. Et pourtant, quelque chose avait bien réussi à lui faire peur et j'étais déterminé à trouver quoi!

Jusque-là, aucun de mes enseignants spirites ne m'avait parlé de quoi que ce soit dont il faille avoir peur. Quoi que tout compte fait, les Mayas avaient tenté de me convaincre que cette mode occidentale de vouloir à tout prix ouvrir ses chakras était du pur délire. Dans leur enseignement, on apprend d'abord à fermer ses chakras avant d'apprendre à les ouvrir. À l'époque, j'avais pris cela pour un manque de foi. J'étais aussi choqué par le fait que les Mayas osent dirent qu'une chose était plus juste qu'une autre. J'étais moi-même tombé dans le piège qui me faisait croire qu'on n'avait pas le droit de donner son avis. Les Mayas avaient lourdement insisté sur le fait qu'il fallait déjà être un guerrier aguerri avant d'ouvrir ses chakras. Selon eux, toutes ces techniques d'ouverture des chakras sont de véritables pièges très dangereux et involutionnels (contraire d'évolutionnel). Bien des années plus tard, j'ai compris que les chakras sont aussi des filtres qui laissent passer les énergies que l'on est capable de canaliser. Ils s'ouvrent naturellement au fur et a mesure de notre évolution. Si on les ouvre trop tôt, cela bloque notre évolution car nous nous retrouvons avec des énergies que nous ne savons pas canaliser. Cela peut renforcer le mirage de notre ego. Bien que j'ai bcp de respect pour le Yoga, n'avez-vous pas remarqué l'ego démesuré de certains êtres qui pratiquent cette discipline sans l'accompagner d'un ancrage ainsi que d'un travail spirituel et psychologique efficace? Cela se traduit souvent par des modes de vie hyper «normal» qui tendent à servir le système en place au lieu d'oser l'altèrnative. Je ne condamne pas pour autant le Yoga. Correctement utilisé, il s'agit d'un outil très évolutionnel. Je dis juste qu'il doit être accompagné d'ancrage ainsi que d'un travail psychologique et Spirituel efficace. D'ailleurs le yoga traditionnel englobe aussi ces trois derniers points. Limiter le yoga à des postures et des respirations, ce n'est pas vraiment faire du Yoga.

Je considérais aussi que Don Juan (Castaneda) manquait de foi lorsqu'il parlait des deux plus grands dangers de «la voie». Selon lui, le premier piège est «d'avoir peur» et le deuxième est «de n'avoir plus peur de rien»! Et puis, quelquefois, j'avais été interpellé par une voix qui me disait à l'oreille: «Tu ne peux pas servir deux Dieux à la fois».

Le déclic s'est produit un beau jour où Drunvalo nous enseignait la méditation Merkabah. Il a utilisé le mot «protection». Je me rappelle d'ailleurs que ce jour-là, je lui ai demandé pourquoi il fallait se protéger s'il n'y avait rien à craindre! Je me rappelle que ma question précise fut: «Si la Trinité dirige tout et que le mal absolu n'existe pas, pourquoi devons-nous programmer notre Merkabah à nous protéger?» Il avait répondu d'un air gêné que la question était très importante. Un long silence lui fut nécessaire pour répondre. Il a répliqué finalement par une seule phrase: «Les enquiquineurs... Se protéger des taquineries des enquiquineurs...» Cette réponse m'a laissé perplexe... Par la suite, dans notre relation, il m'a accordé bcp plus d'attention. Bien des années plus tard, j'ai compris que Drunvalo avait ses raisons pour ne pas trop parler de l'autre côté du miroir. Il s'agit d'un sujet très complexe qui ne s'adapte peut-être pas à la mission d'enseignement de Drunvalo qui touche des millions de personnes. Bien que je n'adhère plus aujourd'hui à certains de ses enseignements, Drunvalo sera toujours près de mon coeur. Je ne crois vraiment pas que je serais en train de vous écrire sans lui. Chaque étape a son importance. Certaines infos révélées trop tôt peuvent effrayer les chercheurs de vérités et je veux croire qu'il s'agit d'une des raisons pour lesquelles Drunvalo évite certains sujets.

On Ne Peut Pas Réveiller Le Dormeur d'un Coup!

J'étais un élève de Drun très rigoureux. Je mettais aussi en pratique bcp d'autres enseignements. J'avais compris que **les connaissances sans leur mise en pratique ne menaient qu'à un déchirement entre l'âme et les différents corps.** J'ai couru la planète afin de tester les différentes manières de vivre des états modifiés de conscience. Les shamans m'ont appris bcp de choses. Cependant bcp d'entre eux restaient dans des couches très basses des mondes invisibles. Lorsque l'on rencontre son premier être invisible, on est tout excité. On croit qu'on a tout compris. Et puis pour ceux qui ont la force de persévérer dans leur remise en question, pour ceux qune s'arrêtent pas dès qu'une partie de leur souffrances se sont dissippées, pour ceux-là mêmes s'ouvrent d'autres univers d'une richesse sans commune mesure avec les plans de l'astral.

Lorsque tu verras la lumière, reste vigilant et remets-toi en route
afin de trouver la source de cette lumière.
Et rappelle-toi que ce n'est pas forcément la lumière la plus brillante
qui est la plus enrichissante.
En effet, bcp de chercheurs s'arrêtent à ce qui n'est que le reflet de la lumière.
Gardez bien cette phrase en post-it sur votre conscience.
Elle pourra vous éviter bien des égarements.

Les médiums et leurs pluies d'informations me séduisaient. Cependant, si je les écoutais à la lettre, je restais le cul sur ma chaise, submergé par ces «nouvelles possibilités de réalités». Plus tard, j'ai compris que certains d'entre eux (pas tous) se connectent à des entités invisibles de très basse conscience. J'insiste sur le fait que je ne dénigre pas leur travail. Les médiums et les clairvoyants m'ont bcp aidé dans mon cheminement. Ces infos nous préparent à accepter d'autres réalités, ce qui est très difficile. Les médiums permettent de préparer notre Conscience à accepter l'impossible. Si on ne se prépare pas à l'existence d'autres réalités qui vont nous clouer sur place, on risque de disjoncter comme c'est le cas pour Néo (dans le film Matrix 1) lorsqu'on lui révèle sans aucune préparation qu'il vit dans un rêve. Si vous voulez me suivre dans ce livre, je vous conseille de voir Matrix 1 & 2 car j'y ferai souvent référence. Choisissez exclusivement la version anglaise sous-titrée. La version française est amputée de 99% de sa dimension spirituelle. On peut dire que **certains** des messages des médiums jouent le rôle de l'oracle. Dans un premier temps, ils nous guident et nous ouvrent de nouveaux horizons. Dans un deuxième temps, on se rend compte qu'ils nous limitent dans une certaine réalité et qu'ils sont là pour nous contrôler. A travers les livres, les conférences et les entretiens, les «médiums» contrôleurs nous submergent d'infos qui nous font rêver et nous éloignent de cette réalité. Ils nous disent que nous sommes parfaits afin que nous ne travaillons pas à un monde meilleur. Et, si vous êtes impressionné car différents médiums vous disent les mêmes choses, c'est tout simplement qu'ils sont branchés et manipulés par les mêmes sources, en général, le bas et le moyen astral.

Je crois que les médiums sont parfois connectés à des êtres qui désirent nous aider à évoluer et d'autres fois ils sont connectés à des serviteurs de la lumière réduite. Le problème c'est qu'ils ne savent pas où ils se connectent. Un médium qui sait où il se connecte est un clairvoyant. Bien sûr, il y a des êtres qui se font appeler médiums et qui sont clairvoyants et vice versa. Quant à la proportion de médiums-clairvoyants «fiables» ou «moins fiables», je n'en sais rien du tout. J'ai déjà reçu des messages très évolutifs de médiums franchement injustes dans leur vie de tous les jours. Restez donc vigilants et ouverts à la fois. Développez votre propre médiumnité car elle est en train de s'éveiller chez chacun d'entre nous. On ne peut jauger l'arbre qu'à ses fruits. A savoir, est-ce que leurs conseils vont dans le sens de:

Travailler sur soi-même et de servir la Justice sur Terre-Gaïa.

Et n'oubliez pas qu'un arbre peut donner des beaux fruits cette saison et donner des fruits inmangeables l'année d'après. Il est important de rester vigilant et de ne rien prendre pour argent comptant. Je m'en suis rendu compte à mes dépens. J'apprenais plein de choses, je méditais, j'approfondissais telle ou telle technique et, cependant, je n'avais pas vraiment l'impression d'évoluer. Émotionnellement, j'avais des périodes de grande instabilité. En fait, je prenais tout ce qui venait des mondes invisibles pour La Vérité. Un jour, j'étais au Québec pour y donner une conférence. Par hasard, Drunvalo y était aussi. Je suis passé à sa conférence-séminaire pour lui dire bonjour. Il ne savait pas que j'étais dans la salle. Il a raconté l'histoire que j'ai vécu avec lui en Israël; celle là même que je vous ai racontée dans le livre «Les dernières pièces du puzzle». Ce jour-là, j'avais enfin compris que je venais du futur «pour changer un présent dont on ne voulait plus». Pour vous rafraîchir les mémoires, nous y avons effectué un rituel grâce auquel (selon Drunvalo) une guerre fut évitée entre Israël et la Syrie. Après avoir raconté toute cette histoire, il a précisé que les 72 personnes présentes subissaient maintenant les assauts de la police secrète psychique Syrienne qui désirait se venger!

Pour ceux qui ne comprennent vraiment pas de quoi je veux parler, allez lire «les Thénatonautes» et «l'Empire des Anges» du génial Bernard Werber. Ces livres vous donneront une petite idée de tout de qui se trame dans les mondes invisibles. Je ne dis pas non plus que tout ce qui s'y trouve est vrai! Restez vigilants! En deux mots, beaucoup d'Etats ont aussi des soldats qui agissent dans les mondes invisibles et mènent une guerre émotionnelle très vicieuse contre ceux qui les dérangent. Ils vous perturbent émotionnellement et psychiquement et tentent par tous les moyens de vous éloigner de la voie Initiatique. Ils arrivent à téléguider ainsi des âmes faibles afin de les transformer en terroristes ou en assassins. Ces mêmes «agents psychiques» se font aussi la guerre entre eux dans ces mêmes mondes invisibles». Bien que cette info puisse vous paraître méga débile, elle donnait un sens à toutes les «attaques» émotionnelles et mentales dont j'étais l'objet.

À la pause, j'ai été saluer Drunvalo. Je lui ai clairement reproché le fait de ne pas nous en avoir parlé. Non, mais c'est vrai quoi! Il aurait pu prévenir les 72 personnes en question afin qu'elles comprennent un peu mieux ce qui leur arrivait.

Le guerrier n'est-il pas mieux préparé
lorsqu'il sait que le tigre va lui sauter dessus à la première occasion ?

À mon grand désarroi, Drunvalo a éclaté de rire. Il n'y a rien à faire, c'est vraiment quelqu'un que j'aime énormément. Il m'a répondu le plus simplement du monde que pour moi cela ne changeait pas grand-chose car j'avais déjà au cul «la police psychique française». Sans doute que Drunvalo a en partie raison de ne pas aborder ces sujets afin que la peur ne submerge pas ses élèves. Chez moi, l'effet fut contraire: cela m'a déculpabilisé de déraper aussi souvent et cela a renforcé ma foi.

Les mois ont passé... Et puis un jour, j'ai décidé d'aller assister à un séminaire du Dr Hurtak. Dès que j'ai téléphoné pour demander qu'on m'envoie de la documentation, le ciel a commencé à me tomber sur la tête. Ce n'est que bien plus tard que j'ai compris que les forces de la lumière restreinte avaient commencé à vraiment se déchaîner contre moi dès que je m'étais intéressé au travail du Dr Hurtak. Je suis parti deux mois en Inde et j'ai dû rentrer précipitamment, poussé par une urgence que je ne comprenais pas. À mon retour, l'enfer était au rendez-vous. C'était du genre: tu rentres de voyage et on t'a volé ta vie. Le pire des cauchemars commençait. Maman était soudainement touchée par un cancer des plus durs. Mon frère fit un accident de voiture dont il n'est toujours pas remis aujourd'hui. La majorité des gens que j'aimais se détournait de moi sans même vouloir m'expliquer pourquoi. J'ai perdu mon meilleur ami qui entra dans une parano débile, persuadé que ses 3 dernières petites amies l'avaient quitté à cause de moi alors qu'il n'en était rien. Ma soeur spirituelle ne voulait pratiquement plus me voir de plus en plus convaincue que j'étais un être maléfique. Du côté de notre association, c'était pas mal non plus. La quasi-totalité du staff était montée contre moi. Des gens que je ne connaissais pas vivaient dans le bureau de notre association qui me servait aussi de lieu de vie. Tous ces êtres semblaient avoir perdu la tête et tout sens de jugement moral. Ils trouvaient anormal que je désire récupérer mon appart alors que je n'étais même pas au courant que des gens y habitaient. Notre association était sur le point d'organiser 3 jours de séminaires sur le thème de l'ascension et des enfants Indigo. Nous nous étions associés avec un être qui semblait «bon comme le pain». Je ne me suis pas méfié car tout le monde semblait si bon et si généreux. On ne pouvait pas les traiter de secte vu qu'ils n'étaient pas spécialement tournés vers la spiritualité. À mon retour, ils ont tout fait pour couler l'évènement. Ils changeaient les dates de la rencontre sans nous prévenir, invitaient des conférenciers complètement chelou sans même nous concerter. Ils nous imposaient des choses débiles et injustes du genre un loyer de 18000€ au lieu des 5000€ prévus. Je vous en passe et des meilleurs. Le plus fort, c'était que par rapport à cette histoire, bcp des thérapeutes, channels et enseignants spirituels français qui devaient participet à la rencontre se sont retournés contre notre association d'une manière très hypocrite. Devant moi, ils étaient tout sourire. Aucun d'eux n' a jamais osé me dire ce qu'il pensait.

Bien plus tard, j'ai compris que le refus du dialogue
est un comportement caractéristique des êtres manipulés
par la hiérarchie de la lumière restreinte.
Comme leur comportement est indéfendable, ils refusent le dialogue.

Nous avons fini par annuler l'évènement. Je comprenais ce qui se passait. Cependant, je n'arrivais pas à trouver une parade. Il est effectivement impossible d'aller trouver quelqu'un et de lui dire qu'il «est manipulé». En général, il vous répond que c'est vous qui êtes manipulé. Je commençais à m'épuiser et je souffrais de plus en plus de l'isolement et de toute cette hypocrisie. Heureusement, grâce à l'amitié qui me liait à Marie-Françoise et à Isabelle qui étaient bénévoles dans notre association, le ciel a commencé à s'éclaircir. Petit à petit, je suis arrivé à convaincre certains de ceux qui m'avaient tourné le dos de tout ce qui se passait, mais certains dégâts ne purent êtres récupérés. À l'heure où je vous écris, ma mère et mon frère sont dans un état critique. Notre association a cessé d'organiser de grandes rencontres annuelles. Mon meilleur ami refuse toujours de m'adresser la parole. Grâce à Dieu et à notre Amour Indestructible, Evelyne (ma soeur spirituelle) et moi sommes à nouveau proches.

Comprenez bien que je n'en veux à personne dans cette histoire. Je ne raconte pas cette histoire pour me venger. Je vous la raconte pour que vous ayez une petite idée des épreuves par lesquelles on peut passer. J'ai essayé de me réconcilier avec quasi tout le monde. Si j'en veux à une seule personne, c'est à moi-même. J'ai mis la charrue avant les boeufs. J'ai affronté des forces que je ne connaissais pas en croyant pouvoir m'en sortir tout seul. Je me sent responsable. Même si je suis sûr que Dieu m'a pardonné, je ne sais pas si je me pardonnerai un jour. J'ai voulu mourir tant de fois... Pardon encore une fois à vous tous, et à vous toutes...

J'ai quand même honoré la tournée de conférences du printemps 2002. Dans mon for intérieur, j'avais décidé d'arrêter complètement mon travail de chercheur et d'enseignant spirituel. Petit à petit, l'ombre m'envahissait. Je finissais par me demander si tous ces êtres qui me traitaient de suppôt de satan n'avaient pas raison. Lorsque j'écrivais ou que je donnais une conf., j'étais dans un état d'amour relativement élevé. Cependant, entre les conférences et les séances d'écriture, j'avais des crises de haine ou/et de désespoir de plus en plus fortes. J'ai donc décidé d'arrêter d'enseigner car si cette recherche/partage devait m'amener à régresser dans ma propre évolution, c'est qu'il y avait un sérieux problème.
Lors de cette tournée, presque tous les soirs, je recevais des lettres de mise en garde. Des lecteurs, des médiums que je n'avais jamais vu de ma vie (comme quoi, certains sont «justement connectés») venaient me voir pour me dire que j'étais en danger et que je devais absolument me mettre à prier. Jusqu'à ce jour-là, je refusais effectivement de prier. Je ne voyais pas pourquoi demander encore plus à la création alors qu'elle nous donne déjà tant. Je ne voyais pas pourquoi je devais me mettre à genoux devant Papa et Maman comme si j'avais quelque chose à me faire pardonner.

Et puis un beau jour à Toulouse, j'ai eu un sérieux malaise à la fin d'une conférence. Le lendemain, je suis devenu sourd, physiquement sourd. Cela s'est traduit par une otite. Je me doutais bien que cette «bonnadie» (vrai nom pour les maladies) avait quelque chose à me dire, mais je ne voyais pas de quoi l'on voulait me parler. Comme je ne trouvais pas le message et que l'infection commençait à s'étendre, j'ai fini par prendre des antibiotiques. Je vivais cela comme un échec total. Je commençais sérieusement à me demander si j'arriverais à terminer cette tournée qui passait par 38 villes. J'étais à bout. Il n'y avait plus que lorsque j'étais «sur scène» que je retrouvais de l'énergie et de l'Amour. Lorsque la tournée est passée par la Suisse, je me suis retrouvé avec 5 jours de congé. Je me suis rappelé que j'avais pris congé pour pouvoir assister au séminaire du Dr Hurtak en Autriche. Je m'y suis rendu car je ne pouvais pas supporter d'être avec moi-même 5 jours non-stop. Les forces de l'ombre m'avaient presque convaincu de me suicider. Je préférais mourir que servir l'ombre.

C'est dans cet état que j'ai rencontré le Dr Hurtak. Ce scientifique américain est, entre autre, un spécialiste des 72 Noms Divins. Le Dr Hurtak m'a convaincu scientifiquement de la puissance et de la justesse de la prière. Il m'a enseigné le fait que chaque mot est un son qui crée des ondes de formes. Ces ondes de formes sont comme des volumes invisibles. Certaines de ces ondes de formes créent de véritables et palpables tunnels énergétiques qui permettent à des vibrations, à des énergies, à des consciences plus élevées de débarquer dans notre espace-temps. Il m'a fait ressentir scientifiquement (en m'en faisant faire l'expérience) l'énergie que dégageaient certaines prières comme «Notre Père». Cette dernière est un véritable code mathématique qui permet d'ouvrir des portes inter dimensionnelles. James et Désirée Hurtak sont des spécialistes des langues anciennes. Certaines langues sont plus sacrées que d'autres et, en hyper résumé, on peut dire qu'il existe des mots qui ont des pouvoirs au-dessus de tout ce que l'on peut imaginer. Leur plus beau cadeau fut de me convaincre que nous, les humains, nous ne sommes pas de taille à lutter contre les forces qui nous maintiennent en esclavage. Par la prière, les noms sacrés, le service et surtout le travail et la persévérance, on peut se relier à la Hiérarchie de la lumière, celle qui tend à respecter la volonté des lois du Père des pères, du Dieu des dieux, du Seigneur des seigneurs.

Je fais ici une petite parenthèse pour vous expliquer pourquoi certaines langues sont plus sacrées que d'autres. Le dessin ci-contre est un tor tube. Il s'agit de l'une des formes primordiales de la création. En venant sur Terre, la lumière passe au travers du tor tube. Imaginez 24 projecteurs autour d'un tor tube et imaginez que ce dernier soit semi transparent. Les 24 ombres que la lumière va projeter au travers du tor tube vont correspondre aux 24 lettres d'un alphabet. Selon l'inclinaison de ces projecteurs, nous obtiendrons différents alphabets. Parmi les alphabets originels (primordiaux), nous avons le Sanskrit, le Tibétain, l'Enochien, le Chinois, l'Hébreu et bcp d'autres alphabets plus ou moins oubliés.

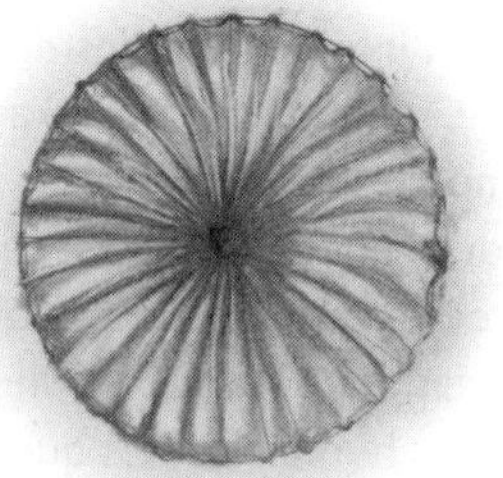

Tor Tube
Evelyne Toussaint

L'Enochien est très proche de l'Hébreu qui a été modernisé par rapport à sa forme initiale. L'une de ces langues originels a créé le grec. Le grec a créé le latin qui a lui-même créé le français. À chaque étape, les langues et les lettres perdent un peu de leurs pouvoirs. C'est pour cette raison que certains prêtres célèbrent encore la messe en latin. Le latin a plus de pouvoirs que le français. Cela ne veut pas dire que le français soit une langue morte qui ne crée pas la vie. Les mots en français ont une foule de pouvoirs et je vous conseille de faire attention (d'accorder votre attention) aux mots qui sortent de votre bouche. Hurtak a coutume de dire: «ce qui sort de notre bouche est plus important que ce qui y entre».

«Au début était le Verbe...»

Certains mots qui s'éloignent trop des structures originelles peuvent avoir de véritables pouvoirs antibiotiques (contre la vie). Par exemple, je vous conseille d'utiliser avec modération les mots «devoir» et «mais». Chaque fois que vous dites «mais», vous annulez en partie ce que vous avez dit avant. C'est pour cela que dans bcp d'églises en France lorsque l'on récite la prière «Pater Noster», on termine en disant quelque chose du genre: «Eloigne-nous de la tentation, mais délivre-nous du mal.» Cette astucieuse et simple manipulation annule en grande partie les pouvoirs de la prière du Pater Noster. Même si j'affectionne particulièrement cette prière, je parie qu'elle contient d'autres manipulations. Même chose pour le mot «Devoir». «Tu ne dois rien, tu peux tout». «Devoir» bloque les énergies. «Pouvoir» débloque les énergies.

Grâce au Dr Hurtak, j'ai compris pourquoi il est juste d'invoquer certaines entités de la Hiérarchie de la lumière si on désire qu'elles viennent nous aider, nous protéger. En fait, «protéger» n'est pas vraiment le mot juste, il s'agit plutôt d'une question de choix. Vous verrez que j'accorde bcp d'importance à cette notion de choix.

Pour ma part, j'ai fait le choix de tout faire/être pour tâcher un jour de mériter le nom d'être humain. Malgré l'intervention des déçus, nous sommes quand même là dans le but de créer l'être humain. Un être qui aura un pied dans les mondes visibles et un pied dans les mondes de l'invisible. Un être parfaitement télépathique qui héritera des pouvoirs des Anges à savoir voler et se télétransporter à souhait... Un être qui pourra aussi goûter aux plaisirs dit «terrestres» comme manger du chocolat ou se glisser nu dans des draps frais après une bonne journée bien remplie. L'avantage de cette création (les humains), c'est que les âmes pourront goûter à certains plaisirs très denses tout en gardant la conscience de faire partie du Tout. Cela évitera bcp de souffrances inutiles. Depuis plusieurs humanités, nous travaillons à ce plan. À chaque fois, les âmes se perdent dans l'attraction de la matière et dans l'illusion de la séparation avec le Divin. Dans les civilisations passées (Atlantide, Lémurie...), la création a dû nous détruire (ou plutôt nous recycler) car nos modes de vie étaient trop éloignés des lois cosmiques et que nos exemples de vies influençaient de manière destructrice le reste de notre galaxie. Je prends le pari, que cette fois-ci, nous allons réussir à co-créer un être humain vraiment humain.

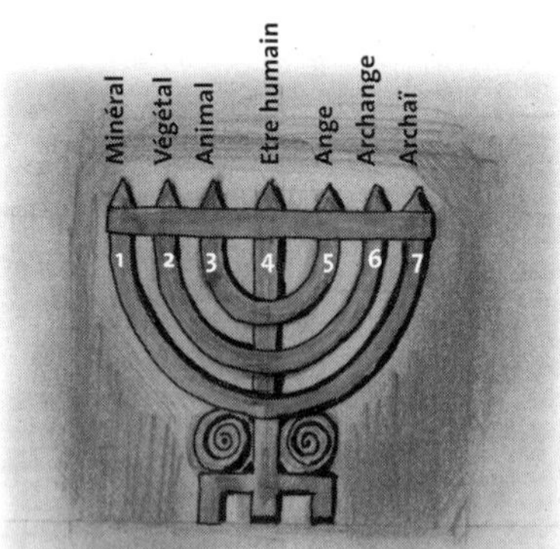

Evelyne Toussaint

C'est l'ignorance du but même de l'humanité
Qui crée tant d'incompréhensions, donc de peurs, donc de dualité.

Revenons-en donc à l'importance d'invoquer les représentants de la Hiérarchie de la Lumière. Lorsque nous avons quitté (même si c'est dans l'illusion) la Hiérarchie, nous avons, en quelque sorte, raccroché le téléphone. Nous avons arrêté d'écouter ou encore, pour être plus précis, nous avons demandé à la Hiérarchie de ne plus nous parler. Comme cette dernière respecte le libre choix en cours sur Terre, elle respecte notre souhait et nous parle le moins possible. Je dis «le moins possible» car ses «forces» nous parlent et nous aident QUAND MÊME, et malgré nous! On pourrait comparer ce travail à celui des agents secrets qui font des choses illégales (en douce) pour leur gouvernement. Par contre, lorsque vous leur demandez de rejoindre la Hiérarchie de la Lumière, leurs délégués reçoivent ainsi une sorte d'autorisation légale pour reconnecter vos circuits énergétiques. Une fois que cela se fait, ne croyez pas que vous êtes guéri pour autant. Il y a un gros travail intérieur à vivre et, ce travail, personne ne pourra le faire à votre place. Par contre, cette nouvelle Alliance va vous apporter une aide très précieuse. Vous bénéficierez d'une aide et d'une protection quasi totale par rapport aux enquiquineurs. Comme vous vous êtes abonné aux télécoms Divins, d'autres entités du bas Astral ne peuvent plus aussi facilement se brancher sur vos circuits. On peut dire qu'en quelque sorte, la ligne est occupée. Nous avons aussi besoin de la Paix que peut nous procurer cette Alliance afin de faire notre partie du travail: notre travail intérieur; la transmutation de nos zones d'ombres en Lumière; la ré-occupation de nos corps, qui pour le moment, sont habités par des entités comparables à une force d'occupation. Pour être moins péjoratif, on peut aussi comparer ces forces aux tuteurs que l'on met aux plantes. Si on enlève le tuteur trop tôt, la plante tombe et meurt. Si on garde le tuteur trop longtemps, la plante ne sait plus grandir harmonieusement.

Après ce séminaire avec le Dr Hurtak, ma vie a complètement changé. Je vous rappelle qu'en arrivant à ce séminaire, j'avais décidé d'arrêter d'écrire et de donner des conférences. Après 5 jours de douche de conscience, lorsque je suis sorti, j'ai levé les yeux au ciel et je leur ai dit: «Ah, vous avez essayé de vous débarrasser de moi. Et bien, c'est foutu. Vous avez voulu me faire arrêter ma tournée et vous récolterez exactement le contraire». Ma réponse fut d'organiser la plus grande tournée de conf. que je n'avais jamais faite. Comme quoi, «tout ce qui ne tue pas rend plus fort».

Conscience Coccinelle: «On s'en fout de tes grandes tournées, t'en manque vraiment pas une pour te vanter... »
Claude: «Faut bien mettre sa fierté quelque part. C'est facile de critiquer. Si tout le

monde se vantait d'avoir ne fut ce qu'essayer d'aider l'Humanité, on vivrait déjà au paradis pour tous. C'est moi qui te le dis.»

Je me suis mis à prier et surtout à tester les différents pouvoirs des différents prières. De plus, avant les conférences, lorsque j'étais encore seul dans la salle, je me livrais à un petit rituel d'une grande efficacité. Je demandais chaque fois à l'Archange Mikaël de venir dans la salle afin que tous les êtres visibles ou invisibles qui nous rejoignent le fassent dans le respect de l'échange qui y sera proposé ou fassent demi-tour. Je fais cette demande à l'Archange Mikaël car c'est sa spécialité, son rayon. Pas uniquement son rayon comme au super-marché, mais aussi son rayon de Lumière, le rayon qui protège ceux qui, sincèrement, désirent l'Initiation. Je demande au Christ Jésus de venir nous rejoindre afin que chaque être visible ou invisible qui vient à cette conférence vibre au plus haut possible de l'Amour Inconditionnel ou fasse demi-tour. J'appelle aussi la Vierge Marie afin de demander sa présence pour que chaque être visible ou invisible qui nous rejoint le fasse dans la Paix ou fasse demi-tour. L'impact sur le niveau énergétique des salles était tout simplement fascinant. L'énergie était peut-être 144 fois plus puissante et plus juste qu'avant que je ne pratique ce rituel. Je n'étais pas le seul à sentir cela. À chaque conférence, des participants venaient me trouver pour témoigner de l'expérience vibratoire exceptionnelle qu'ils avaient vécue.

J'insiste sur l'importance d'utiliser et d'accoler le mot Christ à Jésus. Comprenez bien que la matrice d'illusion dans laquelle nous vivons est entretenue par la hiérarchie de la lumière restreinte. La hiérarchie de la lumière restreinte a copié la Hiérarchie Originelle et utilise les mêmes noms. Il y a 72 Anges et 13 Archanges dans la hiérarchie des déçus, comme c'est le cas dans la Hiérarchie de la Pleine Lumière. Chaque fois que j'appelle un être de la Hiérarchie, je précise bien: *qui tend de toutes ses volontés de respecter les lois du Père des pères de la pleine Lumière.*

Dans un deuxième temps, j'ai fait deux séminaires avec une personne que j'appellerai Christina. Ses séminaires ressemblent un peu à l'entraînement que reçoit Néo dans Matrix N°1. Christina travaille avec les Noms Divins du Dr Hurtak. Elle mélange plusieurs autres techniques. Contrairement à bcp d'autres thérapeutes, Christina utilise bcp l'ancrage. Elle m'a convaincu qu'augmenter sa fréquence vibratoire et sa puissance énergétique sans ancrage est un non sens complet. Comme avec l'électricité, si vous désirez utiliser un courant très puissant, vous devez utiliser une fiche qui possède une prise de terre. C'est la même chose avec l'énergie divine. Si vous ne vous ancrez pas, cette énergie risque de se concentrer surtout dans les chakras supérieurs et dans le mental. Il est alors bcp plus facile de se faire piéger par son intellect. Cela explique pourquoi tant d'êtres qui s'investissent sincèrement dans la voie initiatique vivent souvent une spiritualité non ancrée. Cela les amène irrémédiablement à prôner de belles et justes théories sans les appliquer eux-mêmes. J'aime aussi comparer cela au savoir faire des serpents Anaconda, très proches des boas *constrictor*. Lorsqu'ils veulent attraper une proie, ils attachent d'abord leur queue à un arbre. De cette manière, ils ont un excellent point d'appui qui leur permet de développer une force extraordinaire sans pour autant que cette force ne les fasse bouger de leur point d'appui. On peut aussi comparer cela à un levier. Si votre levier ne s'appuie pas sur quelque chose, il ne sera pas possible de l'utiliser. Le point d'appui est l'un des outils de base les plus importants pour le guerrier de la Lumière. Ses corps et sa vie quotidienne peuvent en faire partie. Le Guerrier a besoin aussi d'un point d'attache qui ne peut être que la Hiérarchie de la Lumière. C'est bien pour cela que le tout est d'aiguiser son sens du discernement afin de déterminer à quel genre de hiérarchie on se connecte. Ce qui est à éviter, c'est un point d'attache ou d'appui chez les humains, dans des croyances ou dans des objets matériels. Maintenant pas de panique. Ceux qui n'ont aucune attache sur Gaïa sont très rare. Ca viendra

Se faire avoir par les forces de la densité fait partie du jeu! Il faut être bon perdant et accepter que, parfois, on perde une bataille. En cas de «défaite », je vous conseille de bannir la petite phrase dogmatique très à la mode qui nous dit que: «Cela devait être comme ça»! Non! Tu peux faire mieux et un jour tu feras mieux! Ne pas culpabiliser ne veut pas dire se dé-responsabiliser! Ne te dénigre pas et à la fois sois humble et reconnais tes faiblesses. Re-connaître ses faiblesses rend très fort. Bien sûr, c'est rassurant de se dire que «cela devait être comme ça», mais cela vous enlève l'avantage du ressort énergétique que peut vous procurer une vision plus ludique de ce «combat». Ce dernier peut être aussi vu comme une grande histoire d'Amour.

Personnellement, ce qui me regonfle à chaque fois, c'est de leur dire (fair-play): «Vous avez gagné cette bataille, mais vous ne gagnerez pas la guerre. On se retrouvera»! Et je me joue alors le générique de James Bond ou du film «le Bon, la Brute et le Truand» pour repartir la tête haute. Cela fait partie du jeu! De plus, il se lie ainsi une espèce d'amitié/relation avec ceux qui veulent nous mettre à Terre (expression à prendre à la lettre!). Souvent, je réussis à les faire rire et sourire. Un petit sourire dans ce monde de brutes! De plus, si vous arrivez à les faire rire, cela les dé-con-centre, ce qui signifie «ne plus être centré sur les cons». C'est vrai que, quitte à se battre, autant le faire avec le sens de l'humour.

Si vous le voulez bien, revenons à ce séminaire avec Christina. Je tiens à vous raconter ce que j'y ai vécu. Je suis couché sur une table et je travaille en étroite collaboration avec un assistant. Tous les deux, nous nous ancrons en pompant l'énergie de Terre Gaïa, tout en canalisant les énergies grâce aux Noms Divins et à la prière. Le niveau de fréquence vibratoire qui est canalisé est proportionnel à la qualité de l'ancrage. Cette énergie très lumineuse entre dans mon corps et le fait pétiller comme si j'étais une coupe de champagne. Cette lumière percute alors les zones d'ombres en moi comme un camion semi remorque lancé à du 888 kms/heure. J'avais, à ce moment-là, beaucoup de rancœurs à cause des évènements dont je vous ai parlé auparavant. J'avais de la rancœur dans mon corps car je considérais que nos *amis* nous avait poignardés dans le dos. Je trouvais lamentable qu'aucun des êtres qui critiquaient et démolissaient notre travail n'ait eu la justesse de me dire en face ce qu'il me reprochait. Leurs jugements auraient peut-être été constructifs. Comment nous donner une chance de nous remettre en question si on ne nous dit pas ce que l'on nous reproche? Si vraiment ces êtres étaient animés par une volonté de servir et d'aider, ils m'aideraient à devenir meilleur. En laissant leur jugement dans l'ombre, ils empêchent l'évolution. Le dogme *on ne peut pas dire qu'une chose est plus Juste qu'une autre* est source d'énormément d'hypocrisie dans les milieux qui soutiennent ce même dogme. Je suis d'acord que l'on ne peut pas juger-jauger les personnes, cepandant donner son avis sur leurs choix me semble tout à fait évolutionel dans certains cas. On ne peut jauger-juger une personne car ce qui est injuste chez elle est manipulé par les forces d'involution. Comprendre cela est un des premiers pas vers le discernement. Par contre, à partir du moment où chacun des choix de chaque être a des répercussions sur toute l'humanité, il est juste de demander des comptes à nos frères et soeurs par rapport aux choix qu'ils font. Surtout lorsque ces choix empiètent sur les libertés des générations futures. Que l'on critique et juge/jauge mes choix me semble 100% juste. Seulement le faire dans le dos des gens, est vraiment une action destructrice, donc qui va dans le sens de l'involution. En fait les êtres qui agissent ainsi le font souvent car ils savent que leur point de vue est indéfendable. Heureusement qu'Hurtak m'avait prévenu que plus on est dans le juste, plus on risque de se faire maltraiter par les futurs humains et par la pression sociale. Je ne sous-entends pas non plus par là que je suis dans le juste et les autres dans le faux! Bien qu'un chouia peut-être...

Cette énergie est venue mettre en évidence dans mon corps l'ombre qui m'avait manipulé à renier quelques années plus tôt la prière. Je réalisais à quel point je regrettais ce que j'avais fait et comprenais l'importance des conséquences que cela pouvait entraîner. Vous savez ,lorsque comme moi on a décidé de dédier sa vie à influencer notre Humanité à être plus juste et que l'on se rend compte que malgré notre bonne foi, certaines de nos actions ont créé tout le contraire, cela fait mal, très très très mal... À ce moment-là, ce n'était même plus pardon que j'avais envie de demander à tous ceux qui m'avaient fait confiance, qu'ils soient visibles ou invisibles. J'avais envie de m'écraser en pardon. Me mettre à genoux ne suffisait pas. C'est à plat ventre (comme le font si bien les musulmans) que je me suis alors écrasé pour demander pardon.
À ce moment-là, une petite voix est venue me parler. Quelle que soit l'origine de cette voix, on s'en fout, elle m'a dit: «Claude, je ne peux pas te pardonner si tu ne pardonnes pas d'abord toi-même à ceux qui t'ont soit-disant «poignardé dans le dos»! À cet instant, je me suis remémoré le fameux passage du Pater Noster lorsque la prière dit: «pardonne-nous nos offenses comme nous pardonnons à ceux qui nous ont offensé». Dans le texte original, le mot qui a donné «offense» peut aussi être traduit par «dettes», ce qui nous ramène au karma. J'ai compris, ou plutôt, j'ai ressenti dans chacune de mes cellules à quel point si tu pardonnes l'autre tu te pardonnes toi-même car nous ne faisons Tous qu'un! J'ai compris ou plutôt même «vécu» dans d'autres dimensions de mon être pourquoi certaines traditions insistent tellement sur la force, la richesse et la justesse du pardon. De plus, cette voix a ajouté qu'il y avait intérêt à ce que je m'habitue à ce genre de réaction si je me destinais à la recherche spirituelle et à son enseignement.

Le pardon ancre. Demander pardon et accorder son pardon sont plus que des outils. Ce sont de véritables portiques dont le passage est une condition sine qua non afin d'établir certaines alliances qui, elles seules, pourront accompagner votre Conscience dans d'autres dimensions. Une fois que l'on réalise et accepte que, nous aussi, nous avons fait souffrir d'autres êtres, nous sortons de ce petit nuage «nouvel âge» bien confortable qui nous dit que Tout est juste. Moi, par exemple, je suis conscient qu'en éloignant des gens de la prière, j'ai indirectement tué des enfants. Je ne me culpabilise pas pour autant car je sais que j'étais manipulé, cependant j'en accepte la responsabilité. Lorsqu'on accepte une part de responsabilités dans les souffrances des mondes, on devient vraiment quelqu'un de plus responsable. Quelqu'un à qui l'on peut prêter de plus grands pouvoirs car il est capable de répondre de ses actes. Il est «Respons-**able**», «To be **able**» en anglais signifie «être capable de»... Responsable signifie donc aussi «être capable de répondre...» Et, je rajouterai «être capable de répondre pourquoi on a fait telle ou telle chose». Ce point est très important car n'oubliez jamais que nous sommes aussi ici pour évoluer donc pour apprendre. Celui qui est capable de dire pourquoi il a fait telle ou telle chose prouve ainsi qu'il a au moins cherché à se poser un max de questions afin d'être le plus juste possible. Même s'il se trompe dans sa démarche, celui qui est capable de répondre de ses actes prouve qu'il refuse de se laisser mener par le bout du nez. Ceux qui nous aident peuvent ainsi décider de s'investir plus dans une personne de ce genre car elle démontre par son questionnement intérieur qu'elle a le discernement nécessaire pour réaliser qu'il y a quelque chose qui ne tourne pas rond sur cette planète. Il suffit juste de l'aider à aiguiser son discernement. Celui qui se pose des questions a réussi à activer en lui le mécanisme du questionnement intérieur et c'est le principal. Il n'y a que lui qui peut faire ce premier pas. Par contre, il est beaucoup plus difficile d'aider celui qui n'essaye pas de comprendre pourquoi il a pris telle ou telle décision... On peut difficilement forcer quelqu'un à apprendre. **Et pourtant, il n'y a pas de Liberté sans un minimum de connaissances.** Un minimum de connaissances est nécessaire pour une nouvelle naissance. (Con= avec -> connaissance= avec la naissance). **Sans connaissance des tenants et des aboutissants de la vie, on génère souvent de la souffrance (chez soi-même et chez les autres) alors qu'on désire tout le contraire.** Ceci me semble être une raison de plus pour renforcer notre reconnaissance envers ceux qui ne nous ont **pas** accompagnés dans la chute. Ils ont patiemment attendu que nous fassions nos expériences. Beaucoup d'entre eux ont beaucoup souffert à cause de nos choix. Certains se sont sacrifiés pour nous et certains se sacrifient à l'instant où j'écris. J'utilise ce mot «sacrifié» dans le sens de se rendre sacré, se forcer à rester dans les lois qui permettent à la vie de rester éternelle. Notez bien que la véritable signification du «sacrifice» est très éloignée de sa définition habituelle. «Sacrifice» vient du latin *sacrificare* qui signifie faire une acte sacré. Cela nous ramène à cette notion de pardon. En demandant pardon, on souligne de manière officielle notre profonde volonté de ne plus être en guerre avec la Hiérarchie ainsi que notre désir de nous remettre en harmonie avec les Lois du Père des pères.

Le pardon pris à son paroxysme, cela s'appelle la «miséricorde». La miséricorde, c'est le pardon de l'être accompagné de toute son âme. Il y a, ne fut ce qu'un an, ce mot m'aurait fait bondir tant il a acquis une connotation négative et dogmatique. Il s'agit encore une fois d'une bonne manipulation pour nous en éloigner car, sans demande de pardon et sans don de pardon, on ne peut pas emprunter certains chemins. Je me rends compte que je suis un peu catégorique là-dessus, mais j'y crois vraiment. Si vous regardez dans le dictionnaire, vous trouverez que l'ancre de miséricorde est l'ancre qui stabilise le mieux un bateau. Croyez-vous que ce soit par hasard? De plus, lorsque vous pardonnez à vos «ennemis», vous diminuez fortement (jusqu'à faire disparaître) les attaches énergétiques qui vous y relient. Le pardon est la plus belle des «vengeances» car elle est constructive.

Maintenant, je te propose de te mettre un instant à la place de ceux qui ne se sont pas laissés entraîner dans la chute. Ils ont vu toutes les souffrances que cette chute a engendrées. Ils ont vu quantités d'êtres qui désiraient de toutes leurs forces rejoindre les forces de la Hiérarchie, des êtres qui regrettaient sincèrement leur choix. Ils leur ont fait confiance, ils leur ont donné plus de pouvoirs, se mettant eux-mêmes en danger pour les aider. Et puis, dans ce groupe, combien n'ont pas été tentés d'utiliser ces pouvoirs à des fins personnelles. Combien ne se sont pas arrêtés en chemin tant il peut être douloureux de guérir ses blessures intérieures?
Et, à la fois, je les comprends. Combien de fois n'ai-je pas moi-même failli tout laisser tomber? Combien de fois n'ai-je pas failli utiliser les pouvoirs qui me sont concédés pour séduire, pour m'éviter une amende ou juste pour faire briller le soleil?

En résumé, je comprends qu'avant de donner des pouvoirs ils aient envie que l'être en question demande au moins pardon d'une manière sincère et qu'il accorde à son tour son pardon. Il y a déjà comme ça assez de démissions et de changements d'avis.

Je vous rappelle que je suis donc couché sur cette table. On va y arriver! Le fait d'avoir vécu à travers chacune de mes cellules ce que je viens de vous raconter m'a considérablement apaisé. Une grande paix intérieure s'est installée en moi.

Le lendemain, je me retrouve à nouveau sur la table. Christina a demandé à l'ensemble du groupe de travailler ses peurs. J'ai été trouver Christina afin de la convaincre que je ne pouvais pas travailler mes peurs car je n'avais peur de rien. Je croyais sincèrement que c'était le cas. Déjà lors de la sortie de ARMD, je croyais sincèrement que j'allais me faire descendre si je divulguais les infos qui s'y trouvent.

Que cela soit de la parano ou pas, je me suis habitué à vivre avec cette enclume au-dessus de ma tête. Cela m'aide à me souvenir de la préciosité de la vie.
Christina a alors insisté pour que je travaille mes peurs comme tout le monde. Lorsque je fais un séminaire, je me laisse guider jusqu'au bout quitte à ensuite renier ce que j'ai appris. Je me suis alors retrouvé couché à pomper l'énergie rouge de la Terre afin de pouvoir servir de passerelle à de grosses quantités d'énergies et à faire monter la fréquence en utilisant les Noms Divins. Je croyais sincèrement que rien n'allait se passer.

Tout d'un coup, j'ai senti une zone d'ombre en moi que je ne connaissais pas du tout. Cette partie de moi était bien cachée et recèlait en son sein une peur énorme, gigantesque. Je me suis mis à vivre cette peur dans chacune de mes cellules. J'ai plongé tellement profond dans cette peur que j'étais transi de peur, à savoir, je ne savais plus bouger le moindre petit doigt. J'ai interrogé cette peur. Je lui ai parlé avec toute la douceur possible afin qu'elle me parle à son tour. J'ai beaucoup insisté afin de la déculpabiliser. Je ne cessais de lui répéter qu'elle avait le droit d'avoir peur. C'est alors qu'elle s'est confiée à moi. Cette partie de moi m'a révélé qu'elle avait très peur de commencer cette nouvelle tournée de conférences. En effet, maintenant que j'allais parler de la prière différemment et que nous allions partager ces nouveaux outils, nous allions vraiment déranger et ce, encore plus que l'année précédente. Ma peur m'a convaincu que pour finir, à quoi bon se mêler de tout. La création pourrait très bien s'en sortir sans moi. Après tout, quelle prétention de croire et de faire croire aux autres que chacun d'entre nous a le pouvoir d'influencer le cours de l'Humanité!
Cette partie de moi était très maligne, c'est bien pour cela qu'on surnomme son «inspirateur» le malin. J'ai alors décidé d'annuler cette tournée, de ne plus écrire de livres et de rentrer dans le civil (et oui, encore une fois!) Sans le savoir, je m'étais fait rattraper par mon mental!
À ce moment-là, quelque chose d'extraordinaire est arrivé. Quelque chose dont j'entends et sens encore l'écho aujourd'hui! Quelque chose qui a changé ma vie pour toujours:

Une énorme bouche apparaît devant moi. Elle doit mesurer au moins 5 m. de large. Cette bouche se met alors à me hurler dessus! Je peux comprendre que cela puisse vous faire rire car ça fait un peu BD, mais cette bouche me hurlait tellement dessus que mes cheveux s'envolaient. J'ai alors cette puissante impression qui me fait croire que cette bouche est la bouche de Dieu. Avec du recul, je reconnais que c'était peut-être le fruit de mon imagination, surtout qu'en théorie, je ne crois pas que Dieu puisse parler directement à un Humain. Sa lumière étant trop puissante pour les humains, il me paraissait logique qu'elle doive passer par le filtre des Archanges et des Anges afin de ne pas nous brûler. Cependant, si je veux partager avec vous ce que j'ai réellement vécu, il est important que j'assume ce que je croyais dans l'instant sinon cela va dénaturer l'histoire. Donc, une bouche énorme que je considérais comme celle du Dieu des dieux me hurle dessus avec une force comme je n'en n'avais jamais senti auparavant. Je vous rappelle que je ne sais plus bouger! Cela renforce mon sentiment d'être complètement à la merci de cette force. Je suis à proprement parler tétanisé comme cela peut arriver dans des séances de rebirthing. Je me rappelle encore chacun des mots qui m'ont été dits ce jour-là. Je me souviens de leur odeur, de leur couleur, de leur souffle... En résumé, j'ai pris la plus grande engueulade de toute ma vie. Cette voix m'a dit:

«Comment oses-tu douter de mon pouvoir? J'ai tout créé ic i, TOUT. Chacun de tes cheveux, chacune de tes cellules. Comment oses-tu croire que ceux que tu appelles le gouvernement invisible puissent te faire quoi que ce soit si c'est en opposition avec ma volonté? Comment oses-tu croire un instant que je vais te laisser tomber maintenant alors que tu te mets enfin à servir la Hiérarchie des hiérarchies? Comment crois-tu que je vais te laisser tomber maintenant alors que je ne t'ai jamais laissé tomber durant toutes ces années où tu crachais sur mon nom, où tu crachais sur la prière? Combien de fois ne suis-je pas venu te rechercher au fond du trou car tu voulais faire tes expériences de densité et d'illusion de la séparation? Franchement, comment oses-tu?»

Ensuite, cette voix m'a pris dans ses bras. Elle m'a enveloppé de toute sa tendresse et de toute sa puissance. Elle m'a dit:

«Claude! Nous sommes de loin les plus forts.
Il n y a même pas de combat vu d'ici».

Alors je me suis encore une fois écrasé avec tout mon corps. J'ai demandé pardon d'avoir mis en doute les pouvoirs illimités du Père/Mère/Fils de la création. Et ce jour-là, j'ai fait quelque chose que je ne croyais jamais que je ferai de toute mon existence. J'ai dit au Dieu des dieux:

«Fais de moi ce que tu veux! Je te rends ma volonté. Je n'en veux plus! Je vois trop bien où cela mène. Je veux que ma volonté soit ré-harmonisée avec la volonté du Père».

J'ai ressenti aussi à quel point le pardon inclu aussi le don de soi. Par don = par le don de soi.

Et si ce don te fait peur, rappelle-toi que de toute façon, tu ne peux exister en dehors de la volonté du Père. Tu es une partie unique et irremplaçable du Dieu des dieux. Toute la manipulation des forces de la hiérarchie de la lumière restreinte se base sur le fait de te faire croire que tu peux exister sans la Source qui t'a créé et vivre en dehors des lois qui régissent chacune de tes cellules. Elles manipulent alors l'être à croire tellement dans ce mensonge qu'il s'éloigne de plus en plus jusqu'à découvrir que se séparer de Dieu signifie la mort de l'âme.

En rendant ma volonté, je me suis réconcilié avec quelque chose que je détestais chez les Bouddhistes: la cérémonie du renoncement... J'ai alors entamé cette tournée de conférences qui fut merveilleuse et qui permit à beaucoup d'êtres (dont moi-même) de faire de grands bonds évolutionnels. Et plus que jamais, je sais que ce n'est pas moi qui ai aidé ces gens. J'ai juste laissé passer l'énergie par moi... Cette différence est tellement importante à comprendre si on ne veut pas confondre le message et le messager, source de tant de souffrances sur Terre Gaia!

Je suis aujourd'hui quasi convaincu d'avoir trouvé certains outils pour commencer à se libérer de l'emprise de la matrice: les noms divins, les verbes sacrés, la respiration, l'ancrage et la Prière. Je dis «quasi» et, en fait, j'en suis persuadé,même si je peux me tromper. Je vois bien l'effet que cela fait à ceux qui osent se lancer dans cette voie. Je ne me jette pas des fleurs pour autant. J'ai tellement fait d'erreurs dans ma vie.J'ai pu être tellement injuste. Tout ce que je suis et tout ce que je fais aujourd'hui, je le dois à la Hiérarchie de la pleine Lumière, celle qui tend à vivre dans les lois du Père de père, du Dieu des dieux, celui qui devient ce qu'il veut devenir. J'ai l'impression d'avoir bénéficié de plus d'aide que les autres. Et si d'autres ne sont pas aussi avancés que moi, c'est peut-être parce que j'ai englouti une quantité d'attention, d'énergie et de patience dont ils auraient pu aussi bénéficier. Je suis tellement impressionné par toutes les facilités que j'ai eu que je me demande comment vont faire les autres. Parfois je me dis que la création a voulu faire un test avec moi ; me donner toutes les facilités pour voir jusqu'où un homme peut arriver lorsqu'on lui donne un maximum d'aide. J'ai l'impression d'avoir mis trop de temps. Maintenant, je m'aime quand même. J'ose croire que j'ai fait de mon mieux.

> CHAPITRE 3

LES PIÈGES DU NOUVEL ÂGE ET DES PARTIES FRANCHISÉES DES RELIGIONS

A > Introduction.

Par le terme «parties franchisées des religions», je fais référence aux aspects des religions qui ont été détournés de leur sens primordial. Je ne condamne pas les Religions. À la base, les Religions sont belles et justes. Elles sont là pour relier les êtres entre eux et les relier à la Hiérarchie de la Lumière Divine. Ce que je dénonce, ce sont les énergies, les dogmes et les croyances qui se sont infiltrés dans les religions et qui co-créent tout le contraire. J'aime comparer les «grandes» religions à un avion qui a été détourné et que les pirates de l'air veulent envoyer droit dans une tour afin de créer une chaîne de répercussions qui pousse l'humanité à s'entre-tuer. Nous, les futurs humains, nous sommes les passagers de cet avion de la compagnie du Dieu des dieux. Notre avion a été détourné par des faux dieux. Il n'y a que les passagers de l'avion qui peuvent servir de passerelle pour, qu'à travers eux, la volonté Divine puisse réinvestir l'avion. Ils ne peuvent faire autrement car si les armées de Mikael voulaient reprendre l'avion de force, ils risqueraient de blesser les passagers.

C'est à nous de ré-investir les religions et les lieux «saints»,
et de leur faire reprendre leur sens initial afin que les religions n'entraînent pas
cette humanité vers son auto destruction.

J'utilise le terme «franchisé» par provocation en faisant ainsi référence aux chaînes de magasins franchisés qui achètent le droit d'utiliser une enseigne et de vendre leurs produits en donnant une dîme (de l'argent) à la maison-mère. (Ex: les fast-foods ou restauration rapide). J'utilise le terme «franchisé» car ces parties «fausses» des religions existent en accord avec le pouvoir en place sur Terre Gaia, qui n'a de but que d'asservir les futurs Humains et de les garder en esclavage. J'insiste sur le fait que, même si les principales religions ont été détournées de leur but initial, il y a toujours des êtres au sein de leurs hiérarchies qui tentent de les ramener dans une voie plus juste. Rien n'est 100% blanc ou noir, surtout chez les humains.

Même si c'est un peu lourd car je bous (bouillir) d'impatience de me lancer dans le chapitre, il est essentiel que je précise le terme «Nouvel Age». Le Nouvel Age est une phase de notre évolution, une partie d'un cycle cosmique dans laquelle nous sommes en train d'entrer. Le Nouvel Age est donc une période historique et nous n'y sommes pas encore! Certains l'appellent l'âge d'or. Dans ce livre, j'utilise le terme Nouvel Age en faisant référence à un mouvement spirituel qui semble spontané et qui regroupe différents types de croyances qui ne sont pas reconnues comme religion officielle.

Du point de vue des religions classiques, je suis un membre du Nouvel Age car je ne me reconnais pas dans les dogmes et dans les modes de vie que proposent ou imposent les parties franchisées des Religions. De plus, je suis «d'accord» avec les 3 «cadeaux principaux du Nouvel Age», qui hérissent tant les religieux classiques. Pour moi, il s'agit des 3 points principaux qui différentient religions classiques et mouvements nouvel âge.

Le premier de ces points, c'est que nous n'avons pas besoin des prêtres, des shamans et des marabouts pour nous connecter aux plans divins. Je ne condamne pas non plus leur existence. Ils font un travail important. Je dis juste que si, une personne a les connaissances et/ou les capacités nécessaires, elle est capable de se connecter. Chaque futur être humain a une connexion naturelle avec son moi supérieur, la partie la plus élevée de son être. Je vous rappelle que cette partie de l'être n'a pas chuté.

Le deuxième point est que le mouvement Nouvel Age reconnait et insiste sur l'importance de l'existence des civilisations humaines antérieures à la nôtre. Les plus récentes étant l'Atlantide et la Lémurie dont je vous ai raconté l'histoire dans ARMD.

Le troisième de ces points est la reconnaissance sans aucun doute possible de l'existence d'extra-terrestres et même pour certains d'intra-terrestres (êtres qui vivent dans la Terre Gaïa). Non seulement le Nouvel Age reconnaît leur existence, de plus, il insiste sur l'importance de ces êtres dans l'histoire de notre Humanité.

Quant au travail du Dr Hurtak, il est là pour nous prouver que ma petite classification tombe à l'eau. Une partie de son travail est de retrouver et d'étudier les textes qui ont servi de bases aux mouvements religieux classiques. Il veut retrouver le sens réel et le message réel de ces textes qui ont été tellement manipulés. Il me semble être à fond dans la tradition judéo-chrétienne en s'enrichissant aussi d'autres religions comme le Bouddhisme.

De l'autre côté, l'enseignement du Dr Hurtak pourrait être classé dans le mouvement New Age car il reconnait l'importance de l'étude des civilisations oubliées et des extra-terrestres. De plus, il est l'un des seuls à nous parler des ultra terrestres qui proviennent d'autres univers et de l'importance de reconnaître l'existence d'autres univers que le nôtre. Voilà, c'était peut-être un peu *prise de tête*, seulement je trouve qu'il est important de préciser ce que l'on veut dire par Nouvel Age.

Pour parler de «l'agglomérat Claude Traks», je ne suis plus vraiment du mouvement Nouvel Age car j'adhère plus aux enseignements des religions classiques qu'à ceux du Nouvel Age. J'aime croire que la vision des religions à laquelle j'adhère est plus proche de la nature réelle des religions que celle des religions franchisées. C'est pour cela que le travail du Dr Hurtak est celui avec lequel je me sens le plus proche. Je ne dis pas non plus que j'adhère à tout. Je suis en plein apprentissage et je vous en parlerai plus en profondeur dans le deuxième volume de ce livre, si Dieu le veut. Je crois sincèrement que Jésus-Christ, Bouddha et Mohammed ont existé. Il est important de comprendre qu'ils sont tous les trois très différents.
Jésus-Christ est un Elohim qui s'est incarné afin de tracer dans la matrice* une voie de sortie, une voie de réalisation vers les univers Père (Abba) et les univers Mère (Adonaï Imma). Chaque fois que j'en aurai l'occasion, je vous donnerai les équivalents en Enochien afin de vous habituer à ce langage.
Bouddha est un humain qui est arrivé à un degré d'éveil très élevé.
Mohammed est un prophète qui est venu pour annoncer certaines choses. L'intention de ces trois mouvements était relativement pure au départ. Ils ont été méga-giga manipulés. D'ailleurs, remarquez qu'aucun de ces 3 êtres n'a rien écrit de ses mains. Ils ont fait cela pour souligner, entre autre, que les réponses se trouvent principalement à l'intérieur de nous, même si les infos récoltées à l'extérieur peuvent beaucoup nous aider. L'un des messages de tout ceci, c'est aussi qu'il est nécessaire d'être très prudents avec tout ce qui est écrit. Ce n'est pas parce que c'est écrit que c'est vrai!

La croyance New Age à laquelle je n'adhère PLUS DU TOUT est celle de croire que l'on peut faire des tours de magie sans préciser que cela ne doit pas être si c'est en désaccord avec le plan Divin. Je pense surtout aux «protections». Quitte à me répéter, comprenez bien que les forces qui détiennent les futurs humains en esclavage ont des pouvoirs et des connaissances bien au-dessus des nôtres. Excusez-moi mais les petits trucs genre: «je mets un écran violet et en moins de deux je suis «protégé» ne me semblent pas très efficaces. **Pour se protéger (que je traduirais par aller droit vers La Lumière) efficacement il me semble nécessaire de s'allier avec des chaînes d'amis dans les mondes de l'invisible, de s'allier avec des «chaînes de familles de lumière solidaire»** comme celles de la tradition judéo-chrétienne.

Ce qui m'a bcp plu au début dans le mouvement Nouvel Age, c'est qu'il semblait être spontané. Pourtant, bien qu'il n'y ait pas de lieu de culte, de secrétariat ou de hiérarchie officielle, ce mouvement n'est pas né si spontanément que ça. Ce mouvement a été créé de toutes pièces par la hiérarchie des décus du dieu des dieux. Lorsqu'ils ont remarqué que de plus en plus d'êtres sortaient du piège tendu par les parties franchisées des religions, ils ont décidé de créer une religion pour les déçus des religions. Une religion qui semblerait ne pas avoir de Hiérarchie ni de secrétariat. Ils ont aussi voulu anticiper l'arrivée des vrais prophètes et messies «collectifs» en submergeant le «marché du spirituel» de tout et n'importe quoi. À cette fin, ils ont contacté certains hommes et certaines femmes en leur faisant croire qu'ils étaient des élus. Ils les ont submergés d'informations en prenant bien soin que ces infos puissent être recoupées par d'autres canaux (canals-channeling). Bien sûr, la majorité de ce qu'ils disent est vrai. Les mensonges efficaces contiennent au moins 99% de vérité. Encore une fois, n'allez pas croire que je condamne les médiums et les channels. Je dis juste que certains d'entre eux sont à certains moments au service de l'involution. Et puis, j'ose espérer que tout être dans son existence a des moments de connexion Divine. On a mélangé les clairvoyants avec les médiums comme je vous l'ai éxpliqué plus tôt. Une partie du mouvement nouvel age est le piège ultime qui vise à récupérer ceux qui veulent se «libérer». Le moyen est simple et pourrait se résumer en une métaphore:

Peindre la prison en rose
Afin d'enlever au plus grand nombre l'envie de s'évader.

Maintenant, entre nous, je préfère aussi qu'elle soit peinte en rose. J'insiste sur le fait que tout a un sens. Je ne condamne aucune femme ni aucun homme. Chaque système de croyance est une étape qui s'avère nécessaire pour la plupart d'entre nous. Mettre LA VERITE en face de quelqu'un complètement endormi peut provoquer un rejet total de la voie spirituelle. Il est important d'y aller étape par étape. L'essentiel pour le chercheur sincère est donc de bien être conscient des croyances auxelles il adhère et de pouvoir les expliquer et les défendre. Pour ne pas tomber dans le piège d'Icare que je vais vous décrire plus bas, il est vital d'oser continuer à chercher ailleurs et à remettre en question nos croyances.

Nous allons maintenant voir ensemble point par point certains des pièges/dogmes de cette nouvelle religion. Nous verrons que bcp d'entre eux se retrouvent, comme par zasard, dans les parties franchisées des religions. En fait, la raison en est toute simple. Dans les coulisses, ce sont les mêmes êtres qui tirent les ficelles. On peut comparer cela à certaines multinationales qui sortent le même produit sous plusieurs marques différentes. Vous achetez une sono avec un nom, un look et un prix distincts, mais, à l'intérieur, c'est la même mécanique. Ces dogmes sont (entre autres) alimentés par les formes pensées*, véritables petits enquiquineurs qui font tout ce qui est en leur pouvoir pour nous empêcher de nous élever sur l'échelle de l'ascension. Paradoxalement, ils font leur boulot car il est nécessaire d'être fort et responsable pour avoir accès aux plus hautes marches de l'évolution. La raison en est simple. Cela nous donne énormément de pouvoirs. Pour être plus précis, plus on monte les marches, plus il y a de pouvoirs qui passent par nous.

B > Pièges & Dogmes de La Voie Spirituelle.

Piège | Dogme 1 > Le Piège d'ICARE.

Le piège d'Icare résume à lui seul ce qui attend l'être qui veut évoluer trop vite vers la Lumière. Il s'agit, selon mon humble point de vue, du piège le plus sérieux et le plus classique pour ceux qui désirent consciemment prendre un chemin de développement spirituel. La plupart des enseignants spirituels tombent eux aussi dedans tôt ou tard. Heureusement, la guérison est possible.
Le principe me semble simple à comprendre bien que souvent très difficile à découvrir chez soi.

> 1 **Lorsque notre niveau d'énergie vitale augmente,** nos parties de lumière et d'ombre augmentent aussi. Nos points forts sont de plus en plus forts et nos points faibles sont de plus en plus importants.

> 2 **Augmenter son énergie vitale intérieure nécessite donc** une remise en question (autocritique) accrue car certaines failles qui pouvaient paraître bénignes (ou ne pas paraître du tout) peuvent prendre de plus en plus d'ampleur lorsque l'on augmente le flux de son énergie vitale. Elles peuvent alors servir d'entrée à des entités étrangères qui vont nous influencer par ces failles.

> 3 **Si c'est le cas, cela crée des «spiritualistes» arrivistes, fermés, rigides...** comme on en trouve tant. Ils ont bel et bien connu des niveaux d'évolution très élevés, cependant ces états ont créé une (ou des) faille(s) qui permet à des entités de l'astral de s'initier en eux et/ou du moins dans leurs choix. Une fois cette entité accrochée à votre être, elle fera tout pour vous faire croire que vous êtes arrivé et qu'il n'est plus nécessaire d'aller plus haut dans votre élévation.

Pour prendre un exemple très précis, je dirais qu'il faut faire très attention lorsque l'on pratique des techniques d'élévation d'énergie comme le Yoga ou le Reïki. Cela doit être accompagné d'un travail émotionnel et psychologique intérieur très profond et **efficace**. Sinon, vous renforcerez vos failles, la partie illusoire de votre ego ainsi que certains blocages.
Le milieu spirituel est pour le moment mis à rude épreuve. Tout le monde est d'une manière ou d'une autre infiltré ou influencé par la lumière réduite. S'ils n'ont pas d'auto-critique pour transmuter cette ombre en lumière, ils risquent de servir plus les déçus que la Lumière. Tout cela est en place pour révéler notre capacité de discerner ce qui est Juste de ce qui l'est moins.

Le tableau «la Chute d'Icare» de Bruegel me fascine depuis tout petit. J'ai mis du teps à comprendre pourquoi ce chef d'oeuvre me poursuivait partout. Ce tableau est resté auprès de moi comme un avertissement, comme un ange gardien. Que cela soit sur la couverture de mes cahiers, dans la salle d'attente du docteur ou comme sujet d'élocution, il ne m'a quasiment jamais quitté. Le jour où on m'a montré quel en était le sujet principal, j'avais l'impression d'avoir fait une grande découverte. Je montrais à tous mes amis et à mes parents, la jambe de ce pauvre Icare qui se noyait dans l'indifférence générale. (Cf.: flèche sur la tableau page suivante) Mais, c'est cette même indifférence que je rencontrais en partageant ma découverte. On me répondait: «Oui, et alors»! Cela me rendait fou car bien que je sentais l'importance de la découverte, je n'arrivais pas à l'expliquer.

Bruegel l'Ancien - 1558

Aujourd'hui, je prétends que ce tableau contient un message capital pour l'Humanité. C'est ce message caché qui attire tellement notre attention. Breughel était un initié et il savait très bien ce qu'il faisait. Pour finir, est ce que l'art n'est-pas tout simplement une canalisation de messages Divins?
Ce que j'aime particulièrement dans ce tableau, c'est qu'Icare se prend une giga gamelle dans la mer et que tout le monde s'en fout. Le laboureur continue à labourer, le gardien de mouton tourne le dos à la scène. Même le pêcheur qui est à quelques mètres de lui semble ne pas le voir. Et bien, je peux vous dire que c'est la même chose dans la vie de ceux qui recherchent l'Initiation. Ils sont seuls face à la montagne de l'Ascension. S'ils se font avoir par le piège d'Icare et qu'ils retombent encore plus bas qu'avant, tout le monde s'en foutera car «tout le monde» ne sait même pas qu'il existe une montagne à ascensionner. Pourtant, ce que Icare fait est tellment important pour l'Humanité. D'ailleurs *I care* en anglais signifie «je prends soin de»...

Je me suis déjà brûlé les ailes quelques fois. J'ai fait quelques chutes qui m'ont bcp fait souffrir. Cependant, cela m'a permis de découvrir l'une des clefs de l'ascension. Il s'agit de s'habituer à changer de niveau de conscience lorsque l'on sent que l'on devient trop rigide, trop tendu, fermé et que notre auto-critique n'arrive plus à nous recentrer. De cette manière, ce ne sont pas les plans qui vous traversent, c'est vous qui traversez les plans. Pour cela, il suffit d'apprendre à faire le yo-yo. Monter et puis descendre. À chaque fois, on monte un peu plus haut en fréquence et, ensuite, on se laisse «retomber». Pour ce faire, à chacun de trouver ses trucs et astuces. Manger des aliments lourd en denssité et difficile à digerer est trés éfficace. Bien que j'essaye de fontainer (éjaculer) le moins possible, il s'agit d 'un bon moyen pour les mecs de baisser leur fréquence. Si j'ai vraiment besoin de chuter très fort, je fais aussi d'autres choses dont je ne vous parlerai pas à cause des lois en vigueur. Bien sûr, les jours où je veux redescendre, je ne fais pas d'exercices qui font monter la fréquence et j'évite tous les éxcitants dans lesquel j'inclus le blé (A propos du blé: CF ARMD P: 179)

«Si le contrôle de l'entraînement de l'initié doit être sévère et son avance très prudente, c'est précisément pour éviter le glissement de sa raison dans les courants astraux de l'imagination fantaisiste».

Serge Marcotoune. La Voie Initiatique.

«Lorsque l'on décide d'évoluer, on prend le risque de régresser» Proverbe Russe.

Piège | Dogme 2 > **La Réincarnation.**

Le Dieu des Dieux est le dieu de la vie. Les faux dieux qui se font passer pour Dieu sur terre sont des dieux de la mort. Dans les autres univers, on est immortels. Dans cet univers, on se réincarne et donc on passe par des phases de mort qui sont souvent causes de souffrances inutiles. En fait, dans le multivers (les univers Père, Mère & Fils) et dans cet univers (des déçus), notre esprit reste immortel. Ce qui fait la différence, c'est que dans les univers qui tendent à vivre en harmonie avec les lois du Père, les mémoires sont immortelles. Pour être encore plus précis, nous nous souvenons de nos mémoires. Dire qu'elles ne sont pas immortelles serait faux vu qu'elles sont stockées dans les mémoires akhashiques de l'univers (à ne pas confondre avec les mémoires akhashiques du multivers). Les mémoires akhashiques sont, en quelques sorte, les bibliothèques dans lesquelles toutes les expériences sont stockées. Chacun de vos mots et chacun de vos gestes y sont entreposés.

Le but de cette loi de la réincarnation est d'enfermer les âmes dans des cycles de renaissances et de morts. À cette fin, les déçus ont imposé la loi du karma qui justement et, comme par zazard, est le point suivant.

Piège | Dogme 3 > La Loi du Karma.

Je vous ai déjà bcp parlé du karma dans le chapitre sur la chute. Voici maintenant l'exemple du violeur. Tu violes; et le karma convainc ton âme de se faire viller dans cette vie ou dans la suivante. Le «couac», c'est qu'avec cette loi, on n'est pas sorti de l'auberge. En effet, si vous étudiez par exemple les cas de beaucoup de violeurs, ce sont en général des êtres qui ont été violés lorsqu'ils étaient enfants. Une fois «adulte», ils violent à leur tours. Ensuite, la loi du karma persuade leur âme de se faire violer encore une fois pour soit disant apprendre et... ça ne s'arrête jamais.

Je rajouterai encore ceci: Une partie de moi me dit que je me trompe en trouvant la loi karmique injuste. L'autre partie vient de trouver un argument méga puissant. Cet argument qui dévalorise la loi karmique est le même argument qui dévalorise la peine de mort. La loi karmique imprégne dans notre conscient et notre inconscient le fait que, dans certains cas, on a le droit de tuer, ou de violer. Elle va même jusqu'à justifier en quelque sorte le geste du meurtrier vu qu'il a en quelque sorte rétabli un certain équilibre. Ceci est très lourd de conséquences. Pris à son paroxysme, il suffit d'aller en Inde (pays que j'adore pour d'autres raisons) pour voir où la logique karmique peut mener. L'assassin dit qu'il ne pouvait rien y faire car il s'agissait de son karma. Quant à la victime, n'en parlons pas, c'était nécessaire et même bon pour elle, vu que maintenant elle a rééquilibré son karma. J'vais vous dire un bon truc au sujet du karma. Je trouve qu'il s'agit d'un bon truc pour les âmes paresseuses.

Alors dis moi, chère lectrice ou cher lecteur, comment arrêter ce cercle on ne peut plus vicieux? Tu as 10 secondes..........
DING DONG

♥ : Il faut qu'il y en ait un qui pardonne.
☯ : Bravo le Coeur!

Il s'agit précisément de l'une des plus grandes différences entre les lois des univers qui reconnaissent les lois du Père et les lois des ados rebelles. Si le pardon est sincère et profond, on efface l'ardoise et l'on repart vierge de dettes karmiques. D'où, l'importance de demander pardon de s'être trompé en voulant vivre en dehors des lois du Père. J'insiste. Ce pardon doit être très profond. Lorsque la demande de pardon est profonde et inclut le pardon de l'âme, cela s'appelle la miséricorde. Tant que l'on ne demande pas pardon, on reste sous la volonté des petits dieux têtus, trop orgueilleux pour accepter de changer d'avis.

♥ : Je ne vois pas la loi du karma comme une loi du talion déguisée. Je préfère la résumer en disant que l'on sème ce que l'on récolte.

☯ : Lis bien ce qui va suivre. Si les hommes et les femmes de cette planète recevaient une éducation norme bien (contraire de la norme du mal) depuis leur enfance, ils pourraient effectivement choisir. Si les gouvernements disaient ouvertement toutes les saloperies qu'ils font avec l'argent des contribuables, on pourrait choisir de sou tenir ce système ou pas. Cependant dès qu'il y a mensonge tout est faussé! Ce que l'on ne dit pas aux âmes lorsqu'on les convainc de la justesse de la loi karmique, c'est qu'il existe aussi un karma collectif. Si tu soutiens ce système a plus de 51% de ton être, tu es ce système et tu en hérites automatiquement du karma. Tu dois donc revenir pour vivre les injustices que tu as co créer en travaillant pour ce système. La loi du karma est aveugle, ce qui rend cette loi injuste.

Piège | Dogme 4 > La définition de l'Amour inconditionnel.

Le malentendu, ou plutôt, la manip nous fait confondre l'émotion de l'amour avec l'Amour. L'Amour est une force qui est Volonté, Harmonie et Justesse. L'Amour est la caractéristique principale de l'énergie de l'Esprit Saint (Ruach a Koidesh en Enochien – Awen en celtique). Ne confondez pas l'énergie de l'amour avec l'énergie dont parlent le yoga, l'acupuncture ou le reïki. Cette énergie-là est relativement neutre. C'est de la matière relativement brut. Bcp l'appellent d'ailleurs l'énergie universelle: Ki, mana, ou prana en indien. Ils ont raison. Cependant, ils ne sont pas conscients du secret des secrets que vous connaissez maintenant. Cette énergie neutre se retrouve surtout dans l'univers des ados déçus de dieu. On y trouve bien sûr aussi de l'énergie de l'Amour, donc de l'Esprit Saint, mais en moins grande quantitée que dans les univers spirituels. L'energie des plans Divins contient plus de Conscience et plus de Volonté. Ce n'est plus une énergie neutre car elle est justement habitée par l'Esprit. Toute forme créée avec de l'énergie neutre (comme les formes pensés) est impermanente. La raison en est simple. Pour qu'une forme tienne ses structures en place, il est nécessaire que des êtres gardent en permanence leur attention sur ces structures afin qu'elles gardent leurs formes. Ce sont les structures-mêmes de la vie. Pour cela, il est nécessaire que des êtres gardent en permanence leur attention sur ces structures avec **une volonté inébranlable**. Il s'agit d'un véritable sacrifice afin que les autres (toi et moi) puissent s'éloigner un peu de ces structures. Maintenant qu'il soit clair que cette énergie neutre n'a rien de négatif. Non seulement nous en avons besoin, mais en plus, mon sentiment, c'est que l'un de nos boulots est justement de co-créer la spiritualisation de cette énergie neutre

L'émotion de l'amour et l'Amour sont deux choses différentes. Dans les nombreuses manipulations biologiques et génétiques qu'ont subi nos corps, les Èlohim déçus des lois de Notre Père ont **inversé la petite lumière qui s'allume lorsque quelque chose est juste avec la petite lumière qui s'allume lorsque quelque chose nous attire électromagnétiquement**. Ce qui nous attire électromagnétiquement sera principalement déterminé par nos émotions. La cause des causes de nos émotions ne se trouve quasi **jamais** dans le moment présent. Le moment présent ne sert que de déclencheur. Nos émotions sont le plus souvent le résultat d'une programmation antérieure. Prenons l'exemple d'une fille qui a eu un père qui ne lui parlait pas bcp et qui était souvent absent. Plus tard, dans sa vie de femme, elle sera attirée émotionnellement par des hommes qui ne lui parlent pas et qui sont souvent absents. Elle croit aimer et en fait ce qui l'attache à cette personne, ce sont les émotions qu'elle ressent en sa compagnie, peu importe la couleur émotionnelle de ses émotions. Cela sera un jour l'émotion de l'amour ou encore celle de la joie, de la peur etc. Ces Èlohims déçus ont modifié nos corps d'humains de cette manière afin de les submerger d'émotions. Et, c'est là qu'on en arrive à la cause des causes de cette manip. Les êtres des plans des déçus se nourrissent de l'énergie de ces émotions. J'irai même plus loin en disant que c'est cette énergie émotionnelle qui approvisionne la structure même de ce plan. C'est pour cela que, sans les condamner pour autant, tous les êtres qui ne sont pas principalement connectés aux plans divins alimentent l'univers Luciférien sans même en être conscients. Je vous rappelle que comme ce plan s'est volontairement coupé de la Source de l'Amour, il lui a bien fallu trouver une autre source d'énergie. Les déçus ont pour cela détourné le programme adamique (Adam Kadmon) qui est connecté à la Source vu que l'esprit du projet (le départ) provient des plans Divins. Ils se sont coupés de la source de l'Amour de l'Esprit Saint (Awen) car il contient en son sein la volonté de respecter les lois du Père.

♥ : Oui, mais alors, si c'est l'énergie de l'Esprit Saint qui alimente les humains, les humains qui alimentent le plan déçu, comment se fait-il que l'énergie qui alimente le plan déchus ne soit plus porteur de la volonté du Père?

☯ : Ta question est excellente! Bien que je te l'ai déjà expliqué, je me fais une joie de me répéter. L'astuce réside dans nos croyances qui agissent comme des filtres. En nous faisant croire à certaines fausses vérités (les croyances), l'énergie de l'Esprit Saint est filtrée et la volonté du Père y est fortement diminuée. Elle devient alors acceptable pour nourrir le plan de la chute...

♥ : C'est vraiment génial. Cela explique tant de choses.

☯ : Et, attends. Ca ne fait que commencer.

Je vous disais plus haut que «Ce qui nous attire élctromagnétiquement sera principalement déterminé par nos émotions». Comprenez bien que la majorité des futurs humains est droguée aux émotions. Cependant, un autre facteur très important est à prendre en compte. Il s'agit du transfert énergétique entre les humains. Comme les corps que nous habitons ont été co-créés par ces Èlhoims déçus, ils nous ont co-créés en partie à leur image. De la même manière qu'ils nous vampirisent, nous nous vampirisons les uns les autres. Le principe est simple. Bien que je vous en aie déjà parlé dans les autres livres, je me permets de vous en retoucher un mot. C'est trop important d'en parler dans ce contexte-ci.

Lorsque l'on donne son attention à quelque chose ou lorsque l'on est dominé par quelque chose, on lui transfère automatiquement notre énergie. Chacun d'entre nous a donc programmé sa personnalité à certaines attitudes qui lui permettent de s'attirer l'attention-énergie des autres. Certains parlent tout le temps, d'autres sont plaintifs, etc. N'avez-vous jamais remarqué que quelqu'un qui monopolise la parole peut être très fatigant? On se retrouve littéralement pompé à la suite de cette rencontre. Je vous conseille de lire ou de relire le super livre «la Prophétie des Andes» de James Redfield qui explique très bien le procédé. Cependant, dans ce livre, l'auteur ne discerne pas le plan de la chute des plans Divins. Comprenez bien que c'est là que se trouve la clef des clefs. Apprenez à regarder tout ce que vous observez avec ce filtre.

Nous avons aussi été programmés de cette manière sur les plans de la chute afin de nous pomper l'énergie les uns les autres car cela entretient une compétition et une dualité qui monopolisent la majorité de notre attention. Cette manipulation fait que nous cherchons de l'énergie dans les plans horizontaux alors que l'on peut aussi renforcer notre connexion naturelle verticale avec les plans divins. Vous rencontrerez bcp de couples sur cette planète où l'un domine l'autre à tour de rôle. Un cas de figure classique sera que la femme domine l'homme *spirituellement*, et l'homme domine la femme au niveau matériel. Ils se transfèrent alors chacun à leur tour leur énergie. Bien sûr, cette programmation a bcp d'autres avantages pour les dieux têtus qui nous manipulent. Par exemple, cela rend très difficile la vie en couple.

Cela crée bcp de malheur et de disputes entre les êtres. Comme ils ne sont pas du tout au courant de tout cela, ils se rejettent la faute les uns sur les autres. Bref, toujours le même schéma: «Diviser pour régner». On peut dire qu'il s'agit de l'un des slogans des plans de la chute. Par contre, dans les plans divins, le slogan, c'est «l'union fait la force», comme en Belgique. Maintenant, ne vous inquiétez pas. Je ne rejette pas les bienfaits du couple pour autant. Expérimenter ce type d'amour fait partie de notre chemin à tous. Quelque part, c'est le top des tops de la vie sur Terre-Gaïa, je suis bien d'accord là-dessus. C'est vrai quoi! Le Moment où l'on est amoureux et qu'on marche dans la rue comme le plus heureux des êtres. Les fondements d'un couple vrai et solide qui s'aime existent vraiment. Je vous en reparlerai un peu plus dans le chapitre sur les outils pour Artisans et Guerriers de la lumière. Comprenez bien que je ne vous demande pas de vivre une vie d'ascète. Ce qui me semble intéressant, c'est de prendre conscience de tous ces mécanismes afin de ne pas être dupe et de faire des choix consciemment.

L'un des pièges les plus subtils du Nouvel Age concerne la définition de l'Amour inconditionnel. Bcp croient que cela veut dire qu'il faut être dans l'émotion de l'Amour pour être un être évolué. Alors, accrochez-vous bien et relisez ceci autant de fois que nécessaire car c'est subtil à comprendre et trèèèèès dérangeant pour l'ego.

a) On peut avoir une grande connaissance des lois ésotériques qui régissent les mondes sans pour cela servir l'Amour.
b) On peut ressentir de l'amour (émotionnellement) pour un être et, en même temps faire un métier qui tue des gens le reste de la journée et donc, ne pas servir l'amour pour autant. Je pense par ex. à ceux qui travaillent dans la pétrochimie ou aux publicistes qui manipulent les jeunes pour fumer des cigarettes ou encore aux vendeurs de canons... Bien sûr, il y a des êtres qui travaillent dans ces sociétés et qui tentent de faire changer le système de l'intérieur. Encore une fois, je ne condamne pas les personnes.

c) On peut vibrer à un niveau vibratoire très élevé et, avoir une grande puissance *spirituelle* tout en mettant ces facultés au service (par exemple) de la manipulation mentale. C'est le cas dans les agences de pubs et dans ce que l'on appelle communément «les sectes». Dans ce cas ils ne servent pas l'Amour...

En résumé, on peut être très développé spirituellement
Sans pour cela servir l'Amour...
La voie du Christ et celle de Lucifer sont les mêmes
Jusqu'à un certain point.

♥ : Mais, alors, qu'est-ce qui différencie ceux qui servent la pleine Lumière de ceux qui servent la lumière restreinte sur Gaïa (la Terre)? Ou en d'autres mots, qu'est-ce qui différencie le plus juste du moins juste?

Ce qui fait la différence, ce sont nos choix et surtout la mise en pratique de ces choix et les conséquences de ces choix. Comme le dit le Dalai Lama, ce n'est pas l'intention qui compte, ce sont les résultats. J'crois que j'l'ai déjà écrit au moins 5 fois dans ce livre. Pour co-créer les résultats les plus justes possible, il est nécessaire d'avoir le plus de connaissances ésotériques possible, une puissance vibratoire la plus haute possible, une capacité de discernement la plus aiguisée possible et une volonté de ne pas manipuler l'autre. Cela passe parfois par l'émotion de l'amour, mais ce n'est pas une condition «sine qua non»...

Pour être sûr que vous compreniez, voici un exemple un peu choquant:

Après avoir travaillé toute la journée dans un camp de concentration nazi, le soldat rentre chez lui et retrouve sa femme et ses enfants. Il peut très bien être dans l'émotion de l'amour. Cela ne veut pas dire qu'il est au service de l'Amour. L'émotion de l'amour est relative. Cette émotion amoureuse sera très forte dans ce cas car le nazi aura vécu des choses émotionnellement très dures le reste de sa journée.

Prenons maintenant l'exemple d'un thérapeute qui aide un héroïnomane à s'en sortir. Il lui hurle dessus et doit le malmener physiquement afin qu'il ne prenne pas sa dose d'héroïne. Il n'est peut-être pas dans l'émotion de l'Amour, mais il est au service de l'Amour.

L'Amour, c'est la Justice.

Peut-être que vous trouverez ces deux exemples loin de «la réalité». Mais qu'est-ce que c'est que La réalité? Le mouvement nazi est l'une des incarnations de la «lumière réduite» la plus flagrante. Les nazis ont montré au grand jour ce que la lumière réduite est capable de produire. Si vous croyez que le système «capitaliste extrémiste» qui est en place aujourd'hui vaut mieux que le mouvement nazi, il s'agit d'un point de vue comme un autre. Sachez que ce système engendre des souffrances dont vous n'avez pas idée. Encore une fois, si vous dépensez au moins 51% de votre être à soutenir ce système, vous êtes ce système et vous vivrez ce que ce système a engendré. En fait, les «énergies» qui ont manipulé les Nazis sont toujours en place de nos jours. Cependant, elles sont dans l'ombre et manipulent les consciences des futurs êtres humains.

L'Amour Inconditionnel, c'est être Juste même
Si cette Justesse vous attire des inimitiés.

Bien sûr, je n'ai pas la prétention de savoir différencier à tous les coups ce qui est plus juste de ce qui l'est moins. Là, on entre dans le discernement qui est l'une des qualités les plus difficiles, les plus subtiles à aiguiser. Et, si vous sous-entendez que si je prétends que quelque chose est juste, cela sous-entend que tout le reste n'est pas juste, vous n'y êtes pas. On ne parle pas de spiritualité sans accepter certains paradoxes. Si j'insiste tellement sur l'importance d'un minimum de connaissances, c'est parce que selon certaines périodes de tel ou tel cycle, tel ou tel comportement est juste ou ne l'est pas. Et maintenant, nous entrons dans un cycle où il est juste de se ré-harmoniser avec les lois du Père.

Ce dogme sur la définition de l'Amour Inconditionnel entraîne la croyance que ce qui est le plus important sur Terre Gaia, c'est que nous vivions dans la Paix. Le gouvernement mondial, ses industries de pollutions et de manipulations médiatiques ne demandent qu'une chose: qu'on leur foute la paix. Ce n'est pas la paix qui compte le plus. Le plus important, c'est la vérité qui amène irrémédiablement à la Justice et donc, à la Paix même s'il est souvent nécessaire de passer par des étapes qui ne sont pas dans la paix.

«Ne croyez pas que je sois venu apporter la paix sur la terre; je ne suis pas venu apporter la paix, mais l'épée. Car je suis venu mettre la division entre l'homme et son père, entre la fille et sa mère, entre la belle-fille et sa belle mère; et l'homme aura pour ennemis les gens de sa maison».

Mathieu. 10-34 Biblia.

Ça vous choque peut-être que je choisisse ici ce passage de la Bible. Déjà que je cite La Bible et, en plus, je choisis une partie qui pourrait être taxée d'extrémiste. Cela m'aurait aussi choqué il y a quelques mois. L'aspect mielleux du Nouvel Age qui sous-entend qu'il faut toujours être dans l'émotion de l'amour et surtout ne pas faire un effort maximum pour se changer soi-même et changer le monde extérieur est certes très rassurant, mais cela mène à la chute, au recyclage de l'Humanité. C'est pour cela que ces pasteurs Nouvel Age qui nous embrument la conscience dans une émotion que bcp prennent pour de l'amour sont **très** dangereux. Ils ont souvent un effet rassurant qui est proche de l'hypnotisme afin d'amener les moutons droit dans le gouffre.

René Bickel

Et, ne me prenez pas au mot en croyant que je dis que je suis pour la guerre! Je ne dis pas qu'il faut faire la guerre aux autres, à ceux qui ne pensent pas comme nous. D'ailleurs une certaine Paix est importante pour se développer spirituellement.Je dis juste que la paix qui existe actuellement dans les pays «démocratiques» repose sur les inégalités et les souffrances qui existent dans d'autres pays ou dans d'autres couches sociales. Le gouvernement invisible crée une paix d'apparence chez nous afin que nous consommions le plus possible et que nous légitimions leurs politiques génocidaires dans d'autres régions du monde. Nos démocraties hypocrites sont en guerre 24 h sur 24 h d'une manière silencieuse et détournée, une guerre qui tue et dont la violence est très vicieuse.

«La pauvreté est la pire des violences». Gandhi
La Spiritualité Vivante englobe aussi un engagement social et l'écologie.

Je tiens à préciser mes croyances actuelles sur ce que l'on appelle communément le Jugement Dernier. Je ne crois pas que lorsque nous sortirons de notre corps (mourir) ou que lorsque nous ascensionnerons, nous aurons affaire à des êtres extérieurs à nous-mêmes qui vont juger-jauger les choix que nous avons fait. Je crois bien que nous allons être jugés. Cependant, cela sera fait par l'être qui nous connaît le mieux: nous-même. Pour être plus précis, nous allons être jugés-jauger par notre esprit. Chacun de nous a un esprit et une âme. Notre esprit, c'est la partie la plus pure de nous-même, celle qui est incorruptible et immortelle.

Piège | Dogme 5 > **Tout est Juste sur Terre.**

Ne pas confondre tout est juste avec tout a un sens! L'un des sens des injustices qui se passent sur Terre-Gaïa est de réveiller en nous la volonté de rendre ce monde plus juste sans avoir la preuve qu'au bout du compte nous serons «récompensés» pour notre service à la justice. **Servir ce qui est Juste doit devenir un réflexe de chacune de nos cellules.** Comprends bien qu'il existe des êtres qui ne font pas partie de la rébellion et qui sont quand même sur Terre. Tu en fais peut-être partie! C'est peut-être pour cela que tu ne te sens pas concerné par le mot «déchus». En plus de venir servir la Hiérarchie des hiérarchies, ces êtres profitent de cette expérience pour développer leur foi absolue dans le pouvoir du Dieu Amour. Si je vous casse les oreilles en utilisant chaque fois le terme «les futurs humains», c'est parce que les corps que nous habitons ne sont pas encore humains. Pour moi, un être qui revendique le titre honorifique «humain», c'est une personne qui préfère mourir plutôt que de mettre la majorité de sa vie au service des injustices de ce monde. Et c'est aussi pour que l'espèce humaine mérite ce «grade» que nous nous incarnons ici. Être prêt à se mettre la majorité des gens à dos en osant la pensée juste, le verbe juste et le geste juste. Être prêt à ne pas être reconnu par le système, à être traîné dans la boue par ses pairs, insulté, dénigré par ceux que l'on voudrait qui nous aiment car on sait que l'on fait ça dans l'intérêt de toute l'espèce, dans l'intérêt de

LA VIE ET DONC DE L'EVOLUTION. Tendre de tout son être vers la justice, quelles qu'en soient les conséquences pour son propre confort.

♥ : «Je comprends pas trop à quoi ça sert»!
☯ : «Henry, à toi d'entrer en scène»!
♥ : «C'est qui Henry»?
☯ : «Tais-toi, ça commence»!

«(...) sache que dans la demeure céleste où tu vivais avant de naître tout n'était que silence et savoir. Il fallut un jour la quitter.
À l'heure juste, ton Père d'En Haut t'a dit:
- Va.
- Il a ouvert la porte. Tu as découvert devant toi des chemins innombrables, des monts, des plaines, des villes, des forêts. Tu t'es effrayé. Tu as gémi.
- Dans ce chaos furieux, comment vais-je survivre?
- Tu dois aller, a répondu ton Père, quelque chose te manque ici, qui est en bas.
- Il t'a serré sur sa poitrine. Tu as senti battre son coeur. Tu as pensé qu'il ne pouvait te chasser de sa bienheureuse maison. Tu lui as dit:
- Tout est ici Lumière et connaissance. Que me manque-t-il donc?
Ton Père a murmuré:
- La nuit, l'incertitude.
Tu ne connaissais pas le sens de ces mots. Tu as crié, tremblant:
- Qu'y a-t-il donc de si précieux dans le doute, dans les ténèbres?
- La Foi que rien ne prouve, a répondu ton Père, le désir pur, la confiance ignorante. Pour l'atteindre, mon fils, il te faut oublier nos savoirs infinis.
Il a souri. Il a murmuré.
- Chut!
Il a posé l'index au travers de ta bouche afin que désormais tu ne puisses plus dire ce que de toujours tu savais. Il t'a poussé dehors. Tu es venu au monde.
Enfant, regarde-toi. Entre le bas du nez et le milieu des lèvres est un sillon creusé. C'est là l'empreinte de son doigt».

Henry Gougaud.

Piège | Dogme 5 bis > Il n'y a pas de Hiérarchie Spirituelle dans le sens qu'il n'existe pas d'êtres plus évolués que les autres.

Cette croyance découle directement de la 5e. C'est pour cela que je l'ai mise en bis. Il existe des êtres plus évolués que les autres sur Terre Gaïa, c'est évident! Ceux qui ne le reconnaissent pas sont en général très mécontents d'eux-mêmes et surtout très orgueilleux. Orgueilleux car ils croient qu'ils peuvent s'en sortir sans leur aide. Je rajouterai, que sans ces êtres, nous ne sommes pas grand-chose. Une sous-croyance qui découle de tout cela, c'est que l'on peut s'en sortir tout seul. J'étais aussi dans cette fausse croyance lorsque je refusais de prier. Sans l'équipe, on est réduit à l'état de bétail énergétique pour la hiérarchie des déçus et le gouvernement mondial.

Comme ce qui est «en haut se retrouve en bas», c'est la même chose dans les mondes de l'invisible. On ne veut pas reconnaître qu'il existe une hiérarchie dans les mondes invisibles car c'est sur ce fait même que se base l'expérience de notre «Humanité». À la base, nous sommes tous des êtres qui ont décidé d'essayer de quitter l'univers du père, l'univers de la discipline de l'Amour, des Lois de l'Amour, des Lois de la Vie. Nous avons relâché notre volonté de suivre les lois Divines et c'est ce relâchement-même qui a provoqué notre chute. Accepter qu'il y ait une Hiérarchie Divine plus puissante et plus évoluéeeque nous est quelque chose de très difficile. Cela nous rappelle une grosse blessure; celle de la séparation avec la pleine lumière.

Piège | Dogme 6 > Quoi qu'il arrive, nous irons tous au paradis, nous rentrerons tous à la maison.

C'est vrai que nous rentrerons tous à la maison, seulement, avant cela nous récolterons ce que nous avons semé sur Terre comme expliqué auparavant dans ce texte. Ceux qui ont servi ce système à plus de 51% et qui n'ont pas échapé à la loi karmique en se ralliant avec la Hiérarchie des hiérarchies vivront toutes les souffrances que ce système a engendrées **avant** de rentrer à la maison. Ceux qui ont osé prendre des risques matériels, qui n'ont pas eu peur d'être rejetés car ils prônent une vie plus juste, ceux-là mêmes vivront des extases qui n'ont pas de commune mesure dans notre espace-temps. De plus, le «nous» irons tous au paradis est subtil. La partie juste de nous-même rentrera à la maison une fois «élaguée» de toutes ses parties d'ombre. S'il n'y a pas bcp de parties justes en nous, il n'y aura pas grand-chose de notre «personnalité» actuelle qui rentrera à la maison.

Ce dogme 6 est là pour endormir les gens, pour qu'ils ne travaillent pas sur eux-mêmes et pour qu'ils croient que le but de la vie, c'est d'être cool. Quant à notre humanité, c'est la même chose. Elle retournera dans le Juste de gré ou de force. Cela se passera dans la douceur et dans la tendresse ou dans la force et la violence. Et, s'il est nécessaire de réduire notre Humanité en cendres pour cela; en cendres, elle sera réduite. Et, le Phoenix renaîtra de ses cendres. Seulement, je ne crois pas qu'il va falloir en arriver là.

Piège | Dogme 7 > **Le but de la vie, c'est d'être bien, c'est d'être cool. Pas question de faire des efforts, de se battre contre quoi que ce soit.**

Archi-faux! Le but de la vie, c'est d'évoluer et évoluer rend très cool, ce qui fait qu'on se sent bien. Évoluer passe par des moments de guérison, donc, des moments qui peuvent être très dérangeants, très remuants et parfois très douloureux. Si on ose passer par là, des extases de bonheur à chaque fois plus grandes nous attendent dans cette vie-ci.

L'un des autres pièges les plus grossiers du Nouvel Age a rapport avec l'existence ou non de la dualité. Du point de vue du Tout, il n'y a pas de dualité. Cependant, dans les univers des déchus il y a un genre de combat et je peux vous dire (je parle par expérience) qu'il est juste d'appeler cela un combat.

Ce combat se fait ressentir uniquement lorsque le futur humain tente de s'évader ou lorsqu'il dérange ce système qui fait que toutes les 3 secondes un enfant meurt de faim. L'apprentis Guerrier tombe facilement dans le piège principal du Nouvel Age qui veut nous faire croire que «Tout est juste». Cette fausse croyance est là pour endormir les âmes, pour les empêcher de partager avec leur prochain, pour les empêcher de travailler sur elles-mêmes, bref pour les empêcher de rendre ce monde plus juste. Si vous sentez une petite irritation en lisant ceci, SVP, continuez de lire encore un peu. Si je vous traitais de violeur d'enfants, cela ne vous irriterait pas car c'est faux. Si vous êtes irrité par ce que je dis, c'est que cela touche quelque chose de vrai, une blessure qui a besoin de lumière pour guérir. La vérité guérit. Elle agit comme un désinfectant sur la blessure et, parfois, la cicatrisation peut passer par des phases douloureuses.

«Le bruit des pantoufles est bcp plus dangereux que le bruit des bottes»

Einstein.

Piège | Dogme 8 > **La Spiritualité et l'argent.**

Ce piège découle du dogme «Tout est juste sur Terre/Gaïa».

«Si tout a un sens sur Terre,
cela ne veut pas dire que tout est juste.
Le sens des injustices qui se passent sur Terre (et il y en a bcp)
est là pour nous pousser à faire des choix qui vont ou non
dans le sens de ramener cette humanité dans le Juste».
A apprende par coeur pour lundi matin...

Dans cet ordre des choses, ceux qui ont de l'argent l'ont mérité et ceux qui n'en n'ont pas n'ont qu'à s'en prendre à eux-mêmes et à leurs vies passées. Cela entraîne que les enseignants News Age pratiquent des prix exorbitants. Lorsque ce dogme est pris à la lettre, cela donne le système des castes comme en Inde. **Je refuse de croire qu'un être qui s'enrichit matériellement à outrance soit raccordé à des «Maîtres Ascensionnés» réellement connectés à ceux du Créateur/Créatrice Originel (le).**

Ce que l'on appelle communément «le Nouvel Age» nous vient principalement des pays Anglophones et surtout des Etats-Unis. L'Europe prend aujourd'hui le relais de cette mission si importante pour l'avenir de notre Humanité. Même si nous serons toujours reconnaissants aux Anglophones de tout de qu'ils nous ont appris et de tout ce qu'ils vont continuer à nous apprendre, il me semble essentiel de mettre ce mouvement «à la sauce européenne» et donc, de l'enrichir de nos différences. L'un des points importants à «transmuter» est l'aspect financier. Dans le Nouvel Age anglophone, sévit une croyance souvent «non-dite» qui voudrait nous faire croire qu'il est nécessaire d'avoir beaucoup d'argent pour bénéficier d'enseignements spirituels. Pourtant, comme il est très bien écrit dans la Bible, «Acquierts la vérité et ne la vends pas»! Je propose donc de passer du «Nouvel Age» à «l'Age Nouveau» et d'enrichir le premier du «pacte social» qui est l'une des plus grandes richesses de nos sociétés européennes. En effet, il n'y a qu'en Europe que l'on donne de l'argent à ceux qui ne travaillent pas même si on pourrait leur en donner encore plus. La médecine gratuite est une spécialité européenne même si j'aimerais qu'elle soit encore meilleure marché et surtout qu'elle reconnaisse et rembourse aussi les médecines douces et alternatives. Il est temps d'élargir la Spiritualité en y incluant l'aspect social de la vie. Il me semble important que le grand public sache à quel point les tarifs pratiqués par bcp d'Anglophones sont «excessifs». Je prends exprès l'exemple de quelqu'un que j'aime bcp: Deepak Chopra. J'aime bcp ses livres et ses K 7, je ne reviendrai pas là-dessus. Nous avons voulu le faire venir en Europe en 1997. Il nous a demandé pour une journée 35.000$ + ses frais. Je ne jette pas pour autant Deepak à la poubelle. Je continue d'aimer ses livres et ses K7. On a le droit de critiquer, n'est-ce-pas? Ou, est-ce interdit dans ce nouveau paradigme? Sachez que la majorité des Anglophones pratique des prix de ce genre. Cette critique est constructive car j'utilise l'énergie que cela crée en moi pour oser dire: faisons mieux! Osons une spiritualité sociale ouverte à tous où des critères humains vont remplacer les critères financiers. Faisons le cadeau aux «spiritualistes» anglophones de leur prouver qu'eux aussi peuvent faire confiance aux grands esprits du Tout pour leurs besoins matériels. Et, lorsque l'un d'eux me dit «Tu peux payer ce prix, visualise l'opulence»! Alors, je lui réplique: «Toi, pratique des prix abordables, pratique des tarifs plus bas et visualise l'opulence»!

Je suis très attristé de voir que de nombreux thérapeutes et enseignants français, belges et suisses reprennent aujourd'hui cette manière de voir les choses en pratiquant des prix «honteusement hauts». Je prétends que ces mêmes thérapeutes et enseignants sont aujourd'hui co-responsables du fait que la spiritualité hors religion franchisée a pris tellement de retard. De plus, ils ne semblent pas conscients que de plus en plus de personnes choisissent un style de vie en marge du «système fric», pratiquant par exemple les SEL (Système d'échanges Locaux) et ne vivent donc pas spécialement avec des milliers d'euros dans leurs poches. Leur travail est très important car un jour le système monétaire s'écroulera et l'avenir de l'Humanité dépendra alors de l'efficacité des SELS mis en place.

Je m'adresse à tous les thérapeutes et enseignants spirituels et les invite à se remettre en question. «Ayez confiance! Si vous osez donner, vous recevrez à votre tour! **Acceptez que vos tarifs exorbitants soient des signes de manque de foi dans le pouvoir illimité du Grand Esprit du Tout!** N'oubliez pas que *tout ce qui n'est pas donné est perdu*. Je ne demande pas non plus à tout le monde d'enseigner gratuitement, mais de tendre vers la gratuité et surtout de laisser une porte ouverte aux plus démunis. Et, je laisse consciemment ce «mais» bien que je sache qu'il annule en partie le début de la phrase. J'ai souvent essayé d'aborder ce sujet avec des thérapeutes ou enseignants français. C'est souvent difficile car beaucoup sont tombés dans le Piège d'Icare. À propos, d'après vous, combien d'euros demandait Jésus aux apôtres pour passer une semaine avec lui!?! Si vous saviez les animosités que notre assoc et moi-même sommes en train de nous attirer dans le milieu «spirite» français sur ce point de vue, c'est hallucinant! Combien de fois ne m'a-t-on pas dit que, le développement spirituel, c'était bien joli, mais qu'il fallait gagner sa vie et donc mettre ses beaux idéaux en poche afin d'être bien ancré dans la matière. Combien de fois ne leur ai-je pas répondu qu'il s'agissait bien du nœud du défi (pour ne pas dire du problème). Que la question est de savoir s'ils ont plus confiance dans les pouvoirs du dieu fric ou dans ceux du Dieu Créateur. Qu'avoir plus confiance dans le dieu fric est évidemment bien plus tentant. La tentation est plus forte car c'est plus facile. Et l'on sait bien où nous mème ce qui nous tente le plus. Ça mène à ce qui est tentant, à ce qui tend, à sa-tan. La voie la plus facile, c'est celle qui descend. Croyez-vous que le Dieu des Dieux n'a pas le pouvoir de vous offrir à manger et un toit pour dormir? Je sais que j'insiste lourdement sur cette histoire d'argent. Car, en vérité je vous le dis, c'est là que se trouve LA QUESTION... Voulez-vous continuer de vendre votre âme (votre ticket sur Gaïa/Terre, votre possibilité de servir de passerelle à la Justice de la Hiérarchie Divine) contre de l'argent ou **OSEZ** vous offrir votre âme à celui/celle qui vous a Tout donné gratuitement?

Bien sûr et paradoxalement, je re-connais que la meilleure manière de résister à la tentation, c'est d'y céder comme le disait Oscar Wilde. Nous sommes dans cet espace-temps pour justement expérimenter tout ce qui nous tente, pour expérimenter de faire des choix faciles, de renier notre volonté intérieure. Cela n'empêche pas que je vous supplie alors de faire vos choix consciemment. Si vous décidez de servir le dieu fric, alors ASSUMEZ. Ne vous mentez pas en disant que vous servez la Hiérarchie de la Lumière et assumez que vous servez le dieu fric. Et n'oubliez pas que si vous servez au moins à 51% ce système , vous êtes co-responsables d'un système qui fait que toutes les 3 secondes un enfant meurt de faim. **26 000 personnes par jour meurent de faim!** C'est bien à cela (et à bien d'autres horreurs) que mène la voie qui descend, le reniement de notre vraie volonté, le rejet de la LOI Divine, le fait de laisser le fric (freak en anglais signifie horreur) trop influencer nos choix de vie. Ouvrez les yeux sur les souffrances qu'il y a sur Terre! **Allumez votre Conscience! Sortez de ce piège du positivisme intégriste créé pour vous endormir!** Et, si le mot «déchus» vous dérange, ce n'est pas pour rien. C'est parce que c'est un mot qui vous blesse au plus profond de votre âme car il tape dans le mille, il dit vrai. Il s'agit avant tout d'une question d'orgueil car si nous (moi y compris) avons voulu un jour nous acquitter de la Volonté Divine et tâcher de nous en sortir sans son aide, le temps est arrivé d'accepter que nous nous sommes trompés. Ou tu es un déchu ou tu as été intercepté par les déchus dans ta venue sur Terre. Si tu as la force de caractère de reconnaître cela, tu peux juste être Humble, demander pardon pour toutes les injustices que tu as soutenues et accepter la main que te tend cette Hiérarchie de la Lumière dans cette période exceptionnelle de notre Humanité. Et, je vais dédramatiser en répétant que selon moi, c'est le Dieu Père/Mère qui a inspiré ceux qui ont choisi de faire/être l'expérience de ce qui tente, de la voie facile. Je crois qu'il l'a fait pour tester et renforcer notre foi. Cela n'empêche que l'heure est arrivée de rentrer à la Maison et que, si on ne le fait pas, la création va nous mettre à genoux pour nous convaincre de la Justesse de ce choix, quitte à nous faire souffrir. Elle va le faire car elle sait qu'il s'agit de notre intérêt le plus profond. Comme des enfants que leurs parents ramènent à l'intérieur de la maison avant une tempête. Ce qui nous ramène à la vraie définition de l'Amour Inconditionnel. Se mettre à re-écouter notre volonté intérieure peut éviter, à nous et à d'autres, bien des souffrances peut-être inutiles. Alors, au boulot! Il n'y a que nous qui puissions faire le travail pour transmuter la lumière réduite qui est à l'intérieur de nous.

Quant à l'ombre à l'extérieur de nos corps, c'est par la prière adressée à la Hiérarchie que l'on peut s'en protéger. Son aide peut être accrue en faisant des actes de foi, en utilisant notre vie pour faire tendre notre Humanité vers une plus grande justesse. Sachez aussi, en passant, que nous avons besoin de l'aide des Maîtres Ascensionnés pour Ascensionner avec nos corps physiques.

Piège | Dogme 9 > **Naître Beau/Belle & Riche.**

Regardez ce qui arrive à la plupart de ceux qui naissent physiquement trop beaux ou matériellement trop riches. En général, ils n'arrivent pas à deviner qu'ils ont choisi de naître beaux et/ou riches pour utiliser leurs atouts afin de rendre l'humanité meilleure, plus juste, plus tendre. La plupart de ces êtres ont un *assez bon karma* pour réussir à s'incarner dans une famille aisée ou dans un beau corps. Et, vous voyez le résultat! La plupart des gens nés riches matériellement ne pense qu'à s'enrichir encore plus et se fout en général complètement des générations futures (donc de tous les enfants, y compris des leur). Quant aux femmes très belles, ouvrez les yeux. Lorsqu'elles ne posent pas dans les magazines pour entretenir cette *Trinité Acquisition-Consommation-Compétition*, vous les retrouvez aux bras de la plupart des destructeurs de la planète. Bien sûr, il y a plein d'exceptions, encore heureux. Que les personnes qui se reconnaissent dans la description ci-dessus comprennent bien une chose. En venant sur Terre, la création vous a fait cadeau d'un outil pour servir la justice sur terre. En utilisant cet outil pour renforcer les injustices sur Terre, vous commettez une «erreur» énorme. Dans votre vie suivante, vous serez rétrogradé C-à-d. que vous alourdirez votre karma au cours de cette incarnation au lieu de l'alléger. En plus ce n'est plus demain la veille que l'on vous fera encore un tel cadeau. Bien sûr, cela sera le cas tant que vous resterez sous la coupe de la loi karmique des déçus. Il est encore temps de retourner votre veste et d'échapper à cette loi injuste et mortifère.

Piège | Dogme 10 > **Le Positivisme Intégriste.**

Je crois que vous avez compris! C'est un piège!

Piège | Dogme 11 > **Si ça ne se laisse pas faire, c'est que ça doit être comme ça...**

Faux ;. La voie qui monte nécessite des efforts, des connaissances et de la persévérance. Cela inclu quasi toujours des passages difficiles même si cela mène et passe par des phases d'extases.

Piège | Dogme 12 > **Le Prosélytisme**

Ça fait un an que j'ai appris ce mot. Alors, je me sens très intelligent de l'utiliser à la moindre occasion. Dans le domaine spirite, vouloir convaincre quelqu'un à tout prix provoque en général l'effet inverse. Il peut avoir une réaction de rejet pour longtemps. On croit l'aider et on l'enfonce. **Il est important de comprendre qu'inconsciemment, tout le monde sait très bien que la voie spirituelle est la priorité des priorités de l'existence. Renier cette voie est la source de la majorité des angoisses et des peurs des gens**. Leur âme et leur corps ont vécu tant de souffrances dans le passé (car ils ont osé se mettre au service de Dieu ou de ce qu'ils croyaient être Dieu), qu'ils peuvent devenir franchement agressifs. Inconsciemment, ils croient que retourner dans La voie va leur faire revivre ces souffrances. **Tant que l'on n'est pas prêt, cela ne sert à rien d'insister.** Maintenant, lorsqu'on me pose des questions, je me fais un devoir de dire ce que je pense quitte à déranger l'autre. Et, puis, si je veux vraiment donner un «conseil» à quelqu'un, je lui demande d'abord sa permission. De l'autre côté, je comprends les êtres qui tombent dans le piège du prosélytisme. Les extases et les bien être qu'offre la voie spirite sont tellement supérieurs aux «plaisirs» de la matière qu'il n'y a pas photo! Et, puis, je vous jure que voir les souffrances de tous ces êtres perdus fait qu'il est humain de vouloir convaincre les autres. Serge voudrait vous dire un petit mot là-dessus:

«Le prosélytisme n'est pas compatible avec la Voie initiatique.
On «accouche» l'âme alors qu'elle insiste.
On lui donne le pain spirituel parce qu'elle frappe et persévère».

Serge Marcotoune. La Voie Initiatique.

Piège | Dogme 13 > **L'Ascétisme Forcé.**

Se forcer d'une manière démesurée à vivre une vie d'ascète lorsque l'on n'est pas encore prêt.

«Le meilleur moyen de résister à la tentation, c'est d'y céder». Sans prendre ce conseil à la lettre, il s'agit de l'un des meilleurs préceptes que je connaisse quant à l'organisation de notre vie quotidienne. Au plus les énergies des plans Divins reprendront possession de vos corps, au plus une vie relativement ascétique viendra naturellement. Il ne sert à rien de «mettre la charrue avant les boeufs ». La reprise de «vos» corps par les plans Divins se fera suite à une demande insistante. Et, cette étape ne pourra se faire de manière efficace qu'avec la force de la miséricorde. Bien sûr, un maximum de discipline et de persévérance est **indispensable**. Essayez de purifier vos corps par votre respiration, vos ancrages, votre nourriture, vos relations, vos méditations, vos lectures, votre environnement et tutti quanti.

Petite parenthèse par rapport à la nourriture. Je n'en parle pas dans ce livre car je trouve que le chapitre dans ARMD est toujours d'actualité. Le Dr Hurtak nous dit que «ce qui sort de nos bouches est plus important que ce qui y entre». Cette vérité n'empêche pas que manger des nourritures à très basse fréquence comme les produits laitiers, le chocolat, l'alcool, le tabac chimique, le café ou les sucres monopolisera toujours une certaine quantité d'énergie pour les éliminer. Vous pourriez utiliser ces énergies à autre chose. Ces énergies pourraient aider quelqu'un. Je cite exprès ces 4 exemples car, en fait, à part le tabac, ce ne sont pas des aliments, mais des médicaments. À dose hoémopathique, ils peuvent être bénéfiques. C'est d'ailleurs le cas avec le tabac naturel pris exceptionnellement à dose homéopathique. Si vous les prenez d'une manière régulière, ils deviennent des poisons. Ces aliments et ces excitants ont été consciemment intégrés dans nos habitudes car ils facilitent notre manipulation par les forces de l'astral. Certaines «sectes manipulatrices» prônent d'ailleurs de manger bcp de sucre afin de pouvoir mieux manipuler leurs adeptes.

Revenons en aux autres «tentations» tout aussi agréables en surface. Si vraiment vous crevez d'envie de faire quelque chose, que cela vous obsède la vie, alors faites-le! Si vous ne le faites pas maintenant, lorsque vous serez plus haut en vibration, ces frustrations ressortiront encore plus fort et vous rendront complètement dingue. J'ai vécu cela avec le sexe. Sans avoir pour cela une vie de moine, je me suis tellement investi dans des occupations dites «spirituelles», ces dernières années, que j'avais laissé ma vie sexuelle sur le côté. Je refusais de faire l'amour avec quelqu'un si je ne l'aimais pas à fond la caisse. Il fallait que ce soit quelqu'un qui ait le même genre d'engagement spirituel que moi, quelqu'un qui désire donner sa vie à Dieu, etc. Lorsqu'une occasion se présentait, je disais non sous un prétexte mental. Puis, si les pulsions étaient trop fortes, j'allais m'en tirer une. (Il parle d'une branlette NDE).

Dans une très forte période d'ascension de mon énergie intérieure, j'ai été mis en contact avec quelqu'un qui avait bcp d'énergie sexuelle dans ses corps. Cela a réveillé en moi des désirs d'une puissance inouïe. Je suis devenu complètement obsédé. Rien que le fait de voir un pied ou une cuisse sur une pub me rendait dingue. Je me suis alors rappelé que certaines voix m'avaient dit qu'il était important que je n'oublie pas mon développement sexuel. Ma petite voix m'a alors conseillé de ne pas dire non lorsque j'avais envie de dire oui. Bien sûr, il est important de ne faire l'amour qu'avec des personnes connectées un minimum, ne fut-ce que dans leurs intentions. Une fois ce conseil mis en pratique, le sexe est redevenu quelque chose de norme-bien (l'opposé de normal, la norme du mal). J'en suis revenu au stade où cela ne m'intéresse absolument pas de faire l'amour sans bcp d'amour. Quant aux pubs, j'apprécie de regarder ainsi la beauté de la géométrie sacrée.

♥ : J'crois que t'y as été un peu trop fort là... Tu crois pas...

☯ : Quoi! Parce que je parle de branlette. Je suis comme je suis. Personnellement, j'trouve ça drôle. Tu sais, de toute façon, on ne peut pas se formater pour plaire à tout le monde alors autant être soi-même... D'ailleur la branlette n'a rien de mal. J'appelle ça faire l'amour avec les anges. Ce qui est important, c'est de rester présent. Si on part dans des imageries fantasmagoriques, que l'on imagine que l'on fait l'amour avec telle ou telle personne, on propulse une partie de notre Conscience dans l'astral. L'énergie canalisée par notre orgasme est alors récupérée par les déçus Allez, on continue...

Beaucoup d'êtres sont tellement jaloux lorsque d'autres font des expériences qu'ils ne s'autorisent pas eux-mêmes, qu'ils regardent ces gens de haut et peuvent aller jusqu'à leur faire la morale d'une manière agressive. On observe souvent cela avec les extrèmistes religieux ou chez certains intégristes de tel ou tel régime. À mes yeux, cela n'a pas de sens. Si l'ascète bave en regardant quelqu'un manger du chocolat, s'il a des sueurs froides de jalousie lorsqu'il est à côté d'un couple qui s'embrasse, franchement, y'a problemo. Un ascète réalisé est un être qui peut aller jusqu'à avoir du plaisir par procuration en voyant les autres faire une expérience dans la matière. Il sait que, quelque part, ils servent la création même si certains subiront des retours de manivelle et payeront cash leur laisser-aller. Raison de plus pour ne pas être agressif avec eux.

Piège | Dogme 14 > **Confondre le message et le messager...**

Voici un petit texte que nous avions donné aux participants d'une réunion de 3 jours sur le Thème de l'Ascension.
«Nous vous mettons en garde à propos de l'énergie ambiante qui circule dans ce genre de colloque. L'énergie est tellement forte que beaucoup tombent amoureux... Vous risquez, en effet, de croire (souvent inconsciemment) que la cause de cet état est une personne sur laquelle vous projetez votre attention.
Lorsque l'énergie amoureuse est en vous, il est important de rester conscient de cet état de chose. Cela est valable pour d'autres cas de figure. À chaque fois que vous êtes dans un état d'Amour réel grâce à une connexion intérieure, si vous commencez à croire que la cause, donc la source de votre amour, est un lieu, une personne ou un objet, vous vous déconnectez de la source de cet Amour. Il s'agit de l'un des plus grands pièges du parcours Spirituel et même de la vie. C'est de cette manière que certains deviennent accros à leur enseignant spirituel ou à leur thérapeute car ils confondent le message et le messager. Les personnes se mettent alors à croire que la source est le messager. Ce piège est, d'ailleurs, aussi valable pour les messagers. Si ceux qui l'écoutent tombe dans ce piège, cela va petit à petit influencer cet enseignant spirituel à croire lui-même qu'il est la source. C'est pour cela que tant d'enseignants spirituels déraillent... Ils ont cru qu'ils étaient plus que le messager, ils ont eux-mêmes été influencés par ce que Proust appelle «la projection de la pensée des autres», par l'image que les autres ont de lui. Dans l'astral, ce mirage de l'ego prend réellement forme et crée une forme pensée (une entité invisible avec une personnalité et une certaine autonomie) qui va devenir réelle ou plutôt substantielle. Elle arrêtera d'exister le jour où l'on arrêtera de penser à elle. À ce

moment, et seulement à ce moment, les énergies qui ont formé cette forme pensée retourneront à ceux et celles qui les ont projetées. Ces derniers seront enfin en paix.

Lorsque l'énergie amoureuse est en vous, il est important de rester conscient de cet état de chose. **Profitez de cet état et restez très vigilant!** Dans ces moments, on est extrêmement manipulable. Je n'ai pas dit non plus qu'il est nécessaire de fuir cet état.

Piège | Dogme 15 > Le Piège du Succès.

Lorsque l'on se lance dans LA voie, une connexion réelle peut nous amener rapidement à une certaine ivresse. Reste vigilant! Ne cours pas trop vite. On est tous d'accord pour dire que La Lumière c'est par là, seulement, sois Humble et dis-toi bien que «par là», il y a plein de pièges. De plus, ces pièges changent tout le temps de place. Impossible donc d'offrir un mode d'emploi qui soit efficace pour tout le monde. La connexion avec les mondes spirituels peut t'apporter bcp de succès, seulement reste ancré. Ces succès ne nous appartiennent pas bien que l'on puisse être fièr d'avoir permis au travail de se faire. Ils appartiennent à la Trinité, au Dieu des dieux et à la Hiérarchie des hiérarchies qui travaillent à travers tes corps. Les déçus de Dieu guettent chacun des pas de ceux qui commencent à s'éveiller. À la moindre faille, ils vont vous enivrer d'émotions agréables. Ressaisissez-vous! Rendez à César ce qui est à César (l'émotionnel) et à Dieu ce qui est à Dieu (les vrais pouvoirs). Paradoxalement, nos émotions sont précieuses, entre autres, car elles nous indiquent où il est prioritaire de travailler (Cf. ARMD P. 637).

*«Pour être un triomphateur, il faut avoir une forte personnalité. (...)
Et, la personnalité du chef, même le plus fort, le plus grand, doit s'incliner pour fusionner avec les forces cosmiques qui dirigent l'évolution humaine.
Si, dans le plan astral, particulièrement personnel, l'influence magique pousse un homme à se sentir une personnalité unique, supérieure, c'est une tentation et une épreuve. Nous n'avons cessé d'insister sur le fait que l'homme n'est pas tombé au moment de la Chute. Il fut tenté et trompé par les forces astrales. Les meilleures intentions peuvent l'inspirer et le plan astral lui sert aisément l'encens de ses premiers succès. Malheur à celui que cette ambiance ensorcelle.
Par contre, un triomphateur qui sent que ses succès sont au service d'une grande création sur le grand plan du Royaume de Dieu sur la terre, non seulement sera protégé, mais ses accomplissements seront stables et de longue durée».*

Serge Marcotoune. La Voie Initiatique.

Piège | Dogme 16 > Faire des soins énergétiques avec la volonté de guérir.

Ce point est très délicat à aborder. J'aimerai mettre ma tête sous terre et revenir au chapitre suivant. Depuis quelques temps, je suis une formation «d'équilibrage énergétique». Il s'agit d'une technique qui mélange l'ancrage, l'imposition des mains, la psychologie et… la Prière. Il s'agit du stage et de la technique de celle que je nomme Christiana dans d'autres parties du livre. Si vous désirez avoir ses coordonnées, envoyez-moi une enveloppe timbrée avec votre adresse et je transmettrai. J'insiste sur le fait que même si je fais la promotion de Christiana (qui n'est pas son vrai nom), il y a de nombreux points de son enseignement auquel je n'adhère pas. Par contre, je trouve qu'il s'agit de la technique la plus efficace que j'ai expérimentée jusqu'à présent. Les résultats de cette technique sont étonnants. Ce qui est le plus étonnant de tout, c'est que le truc réside dans le fait que celui qui pose ses mains doit impérativement mettre sa volonté de côté. Par la prière, on appelle l'esprit. La seule manière de laisser passer la volonté de l'esprit, c'est d'être neutre, sans intentions. D'ailleurs, Christ en grec signifie neutre. Ceci est très important car si quelqu'un a une maladie, il s'agit en fait d'une bonnadie comme je vous l'ai déjà dit. Il s'agit d'un message que lui envoient ses corps, son âme et son esprit. Pour certains, il est important de vivre cette bonnadie qui est littéralement le bien qui a quelque chose à lui dire. Toute bonnadie prend d'abord sa source dans nos corps énergétiques. Lorsqu'un thérapeute utilise une certaine technique et soigne une bonnadie-maladie sans vouloir trouver le message, les conséquences peuvent être très sérieuses. Le petit bobo peut devenir bcp plus grave et le mal être s'exprimer au travers de maladies comme le cancer ou quelque chose qui va faire que la personne risque de quitter son corps. Le seul but de tout thérapeute devrait être de remettre les êtres dans les bras de l'Esprit Saint car seul lui/elle sait ce qu'il il y a de mieux à faire. En résumé, on ne sert pas de passerelle à de l'énergie comme la majorité des techniques le font. On sert de passerelle à de l'énergie spirituelle, c.à d. qui provient des mondes de l'esprit. C'est très différent.

L'énergie et l'énergie spirituelle, ce n'est pas la même chose.
L'énergie spirituelle est habitée par une Conscience et une Volonté.
L'énergie universelle est relativement neutre et malléable.

L'esprit sait ce qu'il a à faire. Je disais que ce sujet est très délicat à traiter car bcp de techniques comme le Reïki travaillent avec l'énergie universelle et, donc, pas avec l'énergie spirituelle. BIEN sûr, certains «maîtres» de Reiki prient d'abord afin de se reconnecter à l'esprit et de lui laisser le dernier mot. Je reconnais que je suis très mal à l'aise face au méga business du Reïki et de l'EMS. Je ne donne pas le vrai nom de cette deuxième technique pour pas qu'on me fasse un procès. Je suis très choqué par les prix que pratique la majorité des thérapeutes. Je suis aussi trés fort dérangé par le titre de maître. J'estime que ce titre ne peut pas s'acheter et que ce sont les élèves qui décident un jour d'appeller un ensseignant un maître. Leur aspect «technique commerciale franchisée» me semble incompatible avec le nouveau paradigme. Bien sûr, toute technique peut avoir de bons côtés. Je ne les condamne pas pour autant. Par contre je me permet de critique la manière d'utiliser ces techniques. Selon mon humble avis, ces techniques peuvent être évolutives si :

1 > Elles sont accompagnées d'un suivi **psychologique** et **spirituel efficaces**.

2 > Elle sont accompagnées de techniques **d'ancrage efficace**.

3 > Les **prix** demandés sont **abordables** et laissent une porte ouverte aux plus démunis. Si ce dernier point n'est pas rempli, cela veut dire qu'il y a de fortes chances que l'enseignant soit tombé dans le piège d'Icare. Son ensseignement pourra quand même être de qualité, prècisons le! Le «maître» en question devra aussi avoir la prétention d'avoir fait un minimum de travail sur lui-même...

4 > Les fruits de ce travail permettent **d'éveiller la Conscience** suffisamment pour servir et s'impliquer d'une manière ou d'une autre dans la co-création d'un monde plus juste. Comprenez bien que travailler avec de l'énergie spirituelle éveille la Conscience. Lorsque notre conscience s'éveille, cela nous rend plus conscients des merveilles de notre vie et des innombrables possibilités qui s'offrent à nous. Cependant, nous devenons aussi conscients des souffrances et des injustices qui nous entourent. Lorsque notre Conscience s'éveille, nous reprenons conscience que nous faisons partie d'un Tout et donc nous reconnectons notre sensibilité avec le Tout. Lorsque notre sensibilité s'éveille, nous ressentons les souffrances de tous les êtres que l'on maltraite. Nous ressentons alors aussi les souffrances de la Terre qui étouffe, des enfants (petits et grands) que l'on exploite, des animaux et des plantes que l'on torture. Si nous ressentons vraiment tout cela, ce mal être que nous pouvons ressentir devient un moteur pour s'impliquer pour une Humanité plus juste. En nous impliquant nos souffrances disparaîtront.

À l'opposé, se gonfler d'énergie moins Consciente (issu de cet univers et surtout de l'astral) va augmenter notre niveau de bien-être. Cela va endormir notre Conscience et notre sensibilité au lieu de l'éveiller pour servir et s'impliquer d'une manière ou d'une autre dans la co-création d'un monde plus juste. Sauf si le travail est accompagné d'Ancrage, de Prières et d'un travail Spirituel et Psychologique efficace.

Ce qui décrédibilise bcp le mouvement nouvel age, ce sont les apprentis thérapeutes. Je suis vraiment scié d'observer cela. Certains êtres font quelques séminaires et ensuite ils s'installent thérapeutes. Excusez-moi, mais je trouve que c'est du pur délire. Je veux bien accepter qu'il y ait des êtres qui ont des dons de thérapeute depuis leur naissance, cependant cela reste rare. Être thérapeute demande une formation sérieuse et efficace. Lorsqu'un thérapeute pratique des techniques de manipulation de l'énergie, il est absolument nécessaire d'avoir fait aussi une formation psychologique et spirituelle pour arriver à gérer les différentes situations qui pourraient se produire.
Comprenez bien que je n'écris pas tout cela pour démolir le Reiki, l'EMF ou l'une de ces techniques. Bien au contraire, ma démarche va dans le sens de rendre leurs lettres de noblesse à ces techniques. Ces apprentis thérapeutes sont vraiment en train de démolir l'image de toutes ces techniques. Ils ternissent aussi l'image du nouvel age et au passage ils abîment bcp d'âmes qui leur font confiance.

Heureusement de plus en plus de «maîtres» reiki, EMS ou autres se remmetent en question.

Voilà le point de vue de SORIA sur le Reiki:

«Nous tenons à vous avertir que les anciennes méthodes de soins seront dépoussiérées des besoins égotistes de certains. Aussi, ne vous étonnez pas de constater que certains ouvriers de la Lumière se prétendant maîtres en achetant des initiations perdent leur pouvoir d'intervention. Un grand coup de balai sera donné au sein de l'énergie Reiki, qui actuellement, véhicule surtout un intérêt égotiste et financier. Par conséquent, si cette forme d'intervention et d'harmonisation vous attire, attention à votre rencontre avec un maître.

Au cours de l'année 2004, nous désactiverons beaucoup de «maîtres» actuels. Nous procéderons ainsi dans d'autres groupes d'énergie, mais notre principale intervention se rapportera à l'énergie Reiki. On n'achète pas un pouvoir sur autrui. D'accord, vous devez vivre et en cela, nous vous soutenons. Mais, les abus ne sont plus tolérés. Cette méthode énergétique importante devient un sac fourre-tout au service du besoin de paraître. Comme un nombre important d'hommes et de femmes s'éveille au service, leurs vieux rails du paraître se manifestent parallèlement à cette volonté de servir les autres. Avec l'activation de la géométrie sacrée du corps, ce phénomène de société humaine s'amplifie. Aussi, je vous invite à la prudence et à l'observation des attitudes du dit «maître»: est-il mû par un profond amour de l'autre?

Est-il à votre écoute ou arrive-t-il jusqu'à vous en manifestant une attitude laissant transparaître une supériorité? Un véritable maître demeure simple de coeur et d'esprit tout en ayant une notion profonde du service. Vous avez aussi remarqué combien cette période accorde de l'importance à l'argent! Cela aussi sert de référence dans le choix d'un maître. Vous ne devez jamais donner l'accès de votre géométrie sacrée à un être cherchant l'enrichissement sur le dos de ses frères et soeurs bien que, je le répète, nous soutenons tout esprit sérieux au service de la vie. Mais, si vous pensez qu'en déboursant des sommes considérables, vous devenez maîtres, vous vivez là une grande illusion. La période présente offre un terrain extraordinaire pour l'expulsion de tous vos travers. Plus que jamais, restez vigilants quant à vos choix et vos motivations. (...) Aujourd'hui, une multitude d'hommes et de femmes prétendent être des maîtres. En vérité, un maître se dit élève. La différence majeure se situe dans la manière de se présenter à la vie».

Suite dans ce livre que je vous conseille vivement...

«Fleurs d'Esprit». Soria. Éditions Arianne.

Le temps est contre nous. Ce qui était juste dans d'autres parties de l'humanité ne l'est plus maintenant car nous arrivons à une fin de cycle. De plus, le jour où vous trouverez le moyen de vraiment vous connecter avec les mondes spirites, il sera nécessaire de transmuter une partie de cette énergie que vous aurez accumulée par toutes ces techniques non reliées. Et, ce n'est pas tout! La majorité de ces techniques gonfle à fond l'ego des praticiens et des pratiquants. **Ces techniques les mettent dans l'illusion que ce sont eux qui font le boulot alors qu'en fait, ce sont des entités Invisibles.** Ce sont toujours d'autres entités qui vous envoient l'énergie. La conscience, c'est de connaître ces techniques pour arriver à appeler les énergies spirituelles. Parmis ces techniques il y a la prière et le verbe sacré. Je sais c'est dur car ces praticiens sont vraiment de bonne volonté et croient bien faire... Je suis désolé. La voie spirituelle est ardue, elle monte. Les voies faciles sont à prendre avec bcp de précaution. Maintenant, je comprendrais que tous les maîtres de Reïki et d'EMS veuillent me faire la peau. Au lieu de cela, je vous mets au défi de remettre en question votre manière de servir et de tester votre technique enrichie de ces conseils. Je rajouterai encore une chose. Tous les soi disant pouvoirs qu'on peut avoir avec de l'énergie pas suffisamment ont un prix. Il y a toujours un retour de manivelle, un prix à payer. **Les êtres affiliés à la hiérarchie des déçus ne font rien gratuitement.** Par contre, dans les mondes de l'esprit, c'est «donner pour donner, tout donner, c'est la seul façon d'aimer...»

♥ : Mais alors, pourquoi on se sent mieux?

C'est l'ego qui se sent mieux! Ce n'est pas parce qu'on se sent mieux que l'on se rapproche de l'esprit. **Il est essentiel de comprendre cela une bonne foi pour toutes.** Tu te sens mieux car les entités qui se nourrissent de ton énergie t'envoient des émotions agréables et manipulent ton mental afin que tu crois que tu es sur le chemin de l'évolution.

♥ : Et quel est leur intérêt?

Remplir leur garde manger... Faire confondre l'énergie universelle (issue de cet univers ou de l'astral) avec l'énergie spirituelle... Garder les âmes prisonnières... Gagner du temps afin qu'elles loupent le coche de l'ascension, prouver que les humains ne pensent qu'à être bien et se foutent de leurs propres enfants.

♥ : Là, je te trouve vraiment injuste! Les humains adorent les enfants.

La plupart d'entre eux aime les enfants comme les enfants aiment leur poupée. Pour jouer avec, pour leur pomper leur énergie vitale. Si on aime vraiment les enfants, on le prouve en mettant une partie de sa vie au service d'un monde meilleur. Moi, je prétends justement adorer tellement les enfants que je consacre ma vie à tâcher de leur offrir un meilleur futur. Et, pour le moment, je ne pourrai pas faire/être cela si «j'avais» des enfants. D'ailleurs, rien que le mot «avoir» des enfants est significatif. On ne possède pas les enfants, ils appartiennent à la Création. On ne fait que les élever et, encore, «participer à leur élévation» serait plus juste. Les gens feraient bien mieux d'accoucher d'eux-mêmes avant d'accoucher d'enfants d'une manière biologique. Seulement, ils mettent la charrue avant les boeufs. Ensuite, ils s'étonnent que leurs enfants héritent d'une partie de leur névrose et acceptent cette fatalité grâce à l'une des thérapies qui les brossent dans le sens du poil.

Je peux te dire que lorsque l'énergie spirituelle entre dans ton corps, c'est tout autre chose. C'est une énergie qui te remet en question, qui écrase ton ego afin que tu te rendes (comme un soldat qui se rend) à l'Amour. Et, même si on passe par des moments d'extase sans commune mesure, on passe aussi par des moments très durs voire douloureux physiquement. Cela n'a rien à voir avec des sensations

émotionnelles. Tu le vis vraiment dans tout ton corps physique. En fait et, malheureusement, c'est pratiquement pas traduisible avec des mots.
Comprenez bien que je n'ai aucun intérêt à dire cela. On risque de moins m'aimer, de moins venir à mes conférences et de moins lire mes livres. Je crois que vous comprenez pourquoi j'ai eu tant d'hésitations à écrire ce livre. Plus que jamais, je réalise à quel point la vérité fait mal. Je rajouterai, encore une fois, que la vérité peut faire mal en guérissant, comme c'est le cas avec le désinfectant sur les plaies.

♥ : Et, toi,comment tu sais tout ça?

On m'a forcé à ouvrir les yeux. Pourquoi tant d'êtres critiquent les religions et le Nouvel Age? Ils critiquent car ils voient les injustices de ce monde et le gouffre qui les sépare des doux rêveurs qui leur disent que tout est juste. Ils voient des êtres se rouler dans l'orgueil car des channels leur disent que dieu les aime et qu'ils sont des élus alors que DANS LES FAITS, DANS L'EMPREINTE QU'ILS LAISSENT DERRIERE EUX, ILS NE CHANGENT QUASI RIEN AU FAIT QUE le monde continue à être des plus injustes. De l'autre côté, ils ne se reconnaissent pas dans les visions classiques des religions car celles-ci se sont tout à fait éloignées de leur sens profond. Vas lire la Bible et tu verras que le chrétien type vit à l'opposé de ce qui est prôné dans la Bible. Et, je vais aller plus loin...

♥ : T'énerve pas comme ça, ça sert à rien...

J'm'en fous! Les Indiens d'Amazonie m'ont appris que c'était aussi juste de parfois s'énerver. Terre Gaïa, aussi, elle tremble et s'énerve de temps en temps. J'ai le droit de m'énerver! Y'a encore 10 enfants qui viennent de mourir de faim, 65 femmes qui sont en train de se faire violer et 156 hommes qui sont en train de se faire torturer. Eveiller sa conscience c'est aussi reprendre conscience de cette «réalité» et avoir la réponsse la plus juste possible. **C'est ça aussi être conscient! La Spiritualité, c'est aussi un engagement Social et Ecologique!** Toi, ouvre les yeux. Tu veux toujours que l'on croie qu'il n'y a qu'un grand coeur rouge dans tes yeux et que tout doit se faire dans la Paix sinon c'est faux. Et bien je te dis que NON. C'est toi qui refuses le feu de la création!

♥ : Tu te référais à la Bible tout à l'heure, n'est ce pas le message de Jésus?

Le message de Jésus c'est la justice avant tout. Et ne me dis pas que je suis Chrétien. Même si je suis de culture Judéo Chrétienne et que donc je fais souvent référence à des mots et personnages de la Bible, je crois en Dieu au-dessus des religions. Croire en une religion et croire en Dieu, c'est différent ou disons plutôt qu'il s'agit d'une étape différente de l'évolution.

On n'est pas ici pour être bien.
On est ici pour évoluer. Il y a urgence.
Evoluer amène irrémédiablement à être bien.

Voilà. Maintenant, je suis calmé... Je terminerai ce sujet en disant que de mon point de vue, les apprentis thérapeutes et ceux qui s'enrichissent à outrance sur le dos de leurs frères et soeurs qui cherchent Dieu, est la chose la moins juste que l'on puisse faire/être sur Terre. Dans la Bible, Jésus Christ est 144 fois plus dur que moi avec ce qu'il appelle les marchands du temple.

♥ : Je ne sais plus quoi dire.
T'inquiète pas c'est normal. C'est la Conscience qui vient et te sort de ton mental. J'en profite pour dire un mot sur la mode d'...

Piège | Dogme 17 > **Aller voir dans ses vies passées.**

Il s'agit d'un des plus grands pièges du Nouvel Age. C'est fou comme nous, les futurs humains, nous faisons tout pour ne pas travailler sur nous-mêmes, pour éviter de revenir sur des périodes douloureuses de notre existence. Tout est fait pour ne pas remettre sa vie en question et trouver 10000 excuses. Les déçus de Dieu savent cela et inventent monts et merveilles pour nous éloigner de nous-même. **S'il y a bien un truc qui est justement bien fait dans la vie, c'est que vous allez retrouver toutes les solutions de vos blocages accumulés dans vos vies passées dans cette vie-ci.** C'est à ce niveau-là que le travail psychologique a bcp d'importance. Bien sûr, un travail psychologique abordé avec la dimension spirituelle et énergétique de l'être sinon on a tendance à tourner en rond. Par exemple, en travaillant notre relation avec notre père biologique, nous travaillons aussi notre relation avec le Père de pères. Aller voir dans vos vies passées est un piège car cela va vous alourdir d'informations et d'émotions dont vous n'avez pas besoin. En plus, dans la majorité des cas, il ne s'agit que d'une partie de vous-même (ou plutôt de votre âme) qui a fait cette expérience.

Et, puis, last but not least, la plupart du temps, c'est carrément n'importe quoi. On va vous monter votre ego en vous faisant croire que vous étiez Jeanne d'Arc ou je ne sais quel héros glorieux. Cela dit, j'adore Jeanne d'Arc. Comprenez bien que beaucoup d'âmes sont imprégnées de l'incarnation de Jeanne d'Arc. Moi aussi j'aimerais être sa réincarnation. Cela ne veut pas dire pour autant que je suis Jeanne d'Arc. S'il est juste que vous vous souveniez de vos vies passées, ne vous inquiétez pas, cela viendra tout seul.

Comme dans tout, il existe des exceptions. Certains thérapeutes peuvent choisir dans des circonstances spéciales d'avoir recours à une régression (allez voir dans ses vies passées). Prenons l'exemple d'un homme qui avait souvent de puissantes douleurs au cou. En régressant, il s'est «souvenu-revécus» qu'il avait été pendu lors de sa dernière incarnation. Ce cas est particulier car c 'est en quelque sorte son corps physique qui a appelé à la régression. Je préciserai que si une régression semble se justifier, le thérapeute doit absolument gérer et travailler la charge émotionnelle qui ressortira de cette régression. Autant le dire tout de suite, la majorité des «régresseurs» ne le font pas. C'est 100 euros la régression et après on laisse le cobaye partir dans la nature avec cette charge émotionnelle qu'il va souvent traîner comme un boulet. Autant le dire sans détours, je remets en doute sérieusement toute régression qui n'est pas accompagnée d'un travail efficace de la charge émotionnelle. L'attitude des apprentis thérapeutes qui agissent de la sorte est vraiment inconsciente et peut mener à des souffrances inutiles. Comprenez que c'est toujours le même principe qui revient sous des formes différentes. On veut nous balader dans tous les coins de cet univers de la chute qui n'est pas éternelle alors que, le but, C'EST DE SE CASSER d'ICI. SE CASSER ET REVENIR SI ON LE DESIRE.

Voilà maintenant quelques petits conseils/proverbes en vrac au poids.

Conseil 1: Lorsque tu verras pour la première fois la lumière, dis-toi bien qu'il ne s'agit que d'une des faces d'un diamant aux mille facettes. Et, n'oublie pas que ce n'est pas spécialement la lumière la plus brillante qui est la plus juste et la plus enrichissante.

Conseil 2: Accumuler les connaissances théoriques sans les mettre en pratique conduit au déchirement entre l'âme et les différents corps, ce qui est TRÈS Dangereux. Si vous en faites partie, **arrêtez d'apprendre de nouvelles choses**. Faites une pause et METTEZ EN PRATIQUE vos connaissances théoriques.

Conseil 3: On peut tous passer par des périodes où l'on est obsédé par les signes; les numéros de plaque de voiture, le nombre d'aboiements d'un chien, le numéro d'une chambre d'hôtel. Comprenez bien que nous vivons dans un univers QUI N'EST PAS EN ACCORD AVEC LES LOIS DIVINES. Ce qui est Divin chez la majorité des humains, c'est la connexion avec notre soi supérieur. Cette petite voix qui est celle de votre esprit, donc de votre partie divine, EST INTERIEURE. En donnant une place trop importante aux signes extérieurs, vous reniez votre connexion intérieure, donc, vous reniez DIEU. Si vous écoutez trop le dieu qui vous envoie l'illusion du monde qui est devant vos yeux, vous vous connectez à un dieu intermédiaire, même si paradoxalement Dieu est partout. Il s'agit d'une question d'équilibre. Je ne dis pas qu'il faut renier les signes extérieurs non plus. Laissez les signes venir à vous et ne les cherchez pas. Au risque de vous déplaire, cela est aussi valable pour le fait de tirer à pile ou face ou de tirer des cartes du tarot. La preuve, c'est que si vous tirez plusieurs fois les cartes ou que vous jetez plusieurs fois votre pièce, vous aurez des résultats différents! Maintenant, il est aussi vrai que parfois le tirage des cartes ou même d'une pièce peut s'avérer être un signe venant des plans Divins. Cependant, ce n'est pas automatique. Je sais, c'est dur. Lorsque l'on m'a dit cela, je n'aimais subitement plus le gars qui me parlait. J'aime tellement mon jeu de tarot. Je continue parfois à tirer les cartes. Seulement, depuis que j'ai intégré ceci, je ne prends pas tout ce qu'elles disent à la lettre. Et, puis, je ne tire plus les cartes au zazard. Je les choisis patiemment. Et, même comme ça, je reste prudent.

«Jean sortit sa vieille Bible une nouvelle fois et chercha dans Le Livre de Mathieu au chapitre seize. (...) quatrième verset. (...) - Une génération mauvaise et adultère, elle réclame un signe... - Je faillis m'étrangler... (...) il arrive parfois qu'un pouvoir supérieur nous fasse parvenir des messages sous le couvert de «simultanéités». Le plus souvent, quand une coïncidence survient dans la vie d'une personne superstitieuse, elle y détecte bien davantage que ce qu'elle renferme véritablement. (...) En réalité –mauvaise- veut dire égarée. (...) Par la recherche active d'un signe extérieur pour le guider, il détourne son attention de l'Esprit. Son Dieu devient alors un faux Dieu, extérieur à lui tandis que le Dieu intérieur est ignoré et trahi. Il a donc commis l'adultère, et ce faisant, construit un mur d'obscurité entre sa personnalité et le Dieu intérieur. (...) Toute les réponses résident-elles en nous-même?
- Pas exactement. Cela signifierait que le monde extérieur n'a pas de sens, pas de raison d'exister. L'objectif du monde extérieur est de stimuler par l'expérience et celui du monde intérieur est de vérifier».

L'Immortel. J.J. DEWEY. Éditions Hélios.

Je rajouterai que l'inverse est peut-être vrai aussi!

Conseil 4: Ne prends pas tes maladresses pour des signes.
Conseil 5: Assume la responsabilité de tous tes actes et de toutes leurs conséquences.
Conseil 6: Regarde-toi droit dans les yeux dans une glace et demande-toi: Qu'est ce que tu veux que je fasse pour que tu m'aime?
Conseil 7: Manger bio chaque fois que c'est possible. Lorsque vous achetez -ou consommez un produit chimique (tout ce qui n'est pas BIO) vous corrompez une âme pour polluer la planète.

> CHAPITRE 4

OUTILS POUR GUERRIERS & ARTISANS DE LA LUMIÈRE

NOTICE : Il ne me reste plus que quelques jours pour terminer ce livre. Dans cette quatrième partie, je vais survoler des sujets qui nécessiteraient des tomes entiers. J'y reviendrai plus en profondeur dans le volume 2. Je vous en parle quand même un minimum au cas où il n'y aurait jamais de volume 2. Je suis conscient que je me répète sur certains sujets. Veuillez m'en excuser. Au moins, cela enfonce le clou..

Peut-être que si vous faites comme moi, vous vivrez toutes les choses extraordinaires qui se passent dans mon existence. C'est dans ce but, que je partage avec vous dans ce chapitre, ce qui constitue ma vie d'une manière pratique. Il est possible que cela ne fonctionne pas avec vous. Nous sommes tous tellement différents! À vous de voir...

Il est vrai que je prône bcp les efforts et la persévérance. Cela peut choquer et décevoir ceux qui désirent rester dans l'illusion qu'il suffit de se laisser aller pour évoluer. Cependant, je tiens à préciser que telle une fusée au décollage qui utilise la majorité de son carburant pour les premiers kilomètres, ce sont vraiment les premiers pas qui coûtent le plus.

«Chaque nouvelle phase débute, en effet, par un effort intense,
surtout dans le domaine astral. Mais quand on a franchi la barrière,
on se trouve comme dans un lac parfaitement calme dont les eaux nous portent».

S. Marcotoune. La Voie Initiatique.

On peut même se relâcher de temps en temps. Seulement, pas trop longtemps car sinon:

«Lorsque l'esprit impur est sorti d'un homme, il va par des lieux arides, cherchant du repos et il n'en trouve point. Alors, il dit: je retournerai dans ma maison d'où je suis sorti. Et quand il arrive, il la trouve vide, balayée et ornée.
Il s'en va et il prend avec lui sept autres esprits plus méchants que lui ; ils entrent dans la maison, s'y établissent et la dernière condition de cet homme est pire que la première».

Biblia- Mathieu. 12-43

1> Mon Petit Déjeuner

J'estime qu'une journée, c'est un peu comme toute sa vie en microcosme.
Il est nécessaire de retrouver dans sa journée les priorités que l'on a dans la vie.
Si tu te rues sur la bouffe au saut du lit, on voit où tu mets tes priorités.
Dès que j'ouvre les yeux, je commence par respirer consciemment, lentement et profondément. Surtout, je ne commence pas par me rappeler ce que j'ai décidé de faire aujourd'hui. Je me projette le plus possible dans la conscience de ce que je suis, c.à d. un être de lumière qui veut se mettre au service du Dieu des dieux. S'étirer est très important. Je saute alors de mon lit et, l'idéal, c'est de m'asseoir tranquille pour une petite méditation respiration. Je mets un carnet à mes côtés au cas où j'aurais des idées importantes que je veux noter. Une fois un peu plus réveillé, je fais des respirations plus conséquentes. Je me mets en position d'ancrage et respire profondément. Vingt minutes de respiration profonde me font le plus grand bien.
Ma première nourriture est donc l'oxygène qui sert à faire que mes émotions aient moins d'emprise sur moi.
Ensuite, je fais mes ancrages. Je me nourris alors de l'énergie de la Terre. Dans un troisième temps, je travaille le verbe sacré. À ce propos, qu'il soit clair que je ne dis pas qu'il est vital de faire les verbes sacrés. J'imagine qu'il doit y avoir d'autres moyens d'arriver à des résultats similaires. Seulement, à l'heure actuelle, je ne les connais pas. Vous pouvez accéder au verbe sacré en participant à l'une des journées organisées chaque mois par le groupe d'Arles de l'Académie des Sciences du Futur. Ces journées sont gratuites. Vous verrez que plus on va haut, moins c'est cher. Je travaille le verbe sacré via «la dialectique», les noms divins, le mantra semence et la prière Notre Père en hébreu car c'est plus puissant. Vous trouverez la Dialectique à la page 274 du livre «Les clefs d'Enoch» du Dr Hurtak. Je lis toute la liste de noms tous les matins à voix haute depuis plus de 1 an. Je sens que cela restructure tous mes corps. Quant au livre qui vous enseigne comment utiliser les 72 Noms Divins, il

n'est disponible que pour les élèves de l'Académie. Ne confondez pas avec d'autres livres d'Enoch. N'oubliez pas que les déçus du Dieu des dieux ont copié pratiquement tous les noms et que les marchés du temple sont bourrés d'imposteurs. Quant au mantra semence, il se trouve P 99. Chantez le sous toutes ses formes. Je vous conseille d'aller chercher vous-même ce livre à Arles en assistant à l'une des journées gratuites organisées un dimanche par mois par l'Académie des Sciences du Futur. Même si cet enseignement peut vous paraître très hermétique au début, cela vous travaillera de l'intérieur, lentement et sûrement. Je vous conseille aussi fortement d'aller assister au séminaire que le Dr Hurtak donne chaque année en Europe. En 2004, cela se passera en Autriche du 20 au 23 mai. Veuillez contacter exclusivement le groupe d'Arles pour tout ce qui concerne le travail du Dr Hurtak. Pour tout renseignement concernant le groupe d'Arles et/ou le Dr Hurtak, les coordonnées se trouvent à la fin du chapitre Outils.

Reprenons le petit-déjeuner.

Je viens de me nourrir d'énergie d'autres univers (à ne pas confondre avec l'énergie dont je me suis nourri avec l'ancrage). À partir de maintenant, faites bien la différence entre l'énergie et l'énergie vivante, consciente issue de la pleine lumière. (Ain Soff). L'autre énergie, c'est aussi de l'énergie, mais, c'est de l'énergie de la lumière réduite. C'EST TRÈS DIFFERENT.
Ensuite, je prie selon mes voeux du moment. Voici comment je verbalise le début de mes prières. La précision de l'adresse T-Mail (télépathique mail) est importante. «Je m'adresse à la Hiérarchie des hiérarchies; Celle qui tend de toutes ses volontés à respecter les lois du Père des pères, de l'Ain Soph, La Pleine Lumière».
Après, je tâche d'apprendre en lisant des livres spirituels connectés pour me nourrir spirituellement. Ensuite, si et uniquement si, mon corps le réclame, je prends un petit-déjeuner avec uniquement des fruits en quantité illimitée. Une heure après(temps nécessaire pour digérer les fruits), si mon corps le réclame, je prends un vrai petit-déjeuner. Et, encore une fois, pour la nourriture, je vous renvoie au chapitre de ARMD P.172. Voilà, ça, c'est pour moi un chouette début de journée.

2> L'Auto-Critique

L'auto-critique est vraiment la base de l'évolution. Entraînez-vous le plus souvent possible à vous demander ce que vous aimez chez vous et ce que vous n'aimez pas chez vous. Pas besoin de vous culpabiliser pour autant. Lorsque vous trouvez que vous avez été injuste avec quelqu'un, contactez-le et verbalisez vos regrets. Ne tombez pas dans le piège de ne pas avoir de regrets. Les regrets peuvent être un excellent carburant pour booster votre volonté de ne plus faire les mêmes choix. On peut avoir des regrets sans pour cela se morfondre dedans.

3> Demander Pardon

Je sais, cela choque. On ne comprend pas toujours pourquoi. Je vous ai expliqué le parcours qui a fait que j'ai demandé pardon dans le chapitre sur la genèse de ce livre. Je n'ai qu'un point à rajouter pour le moment. Demander pardon, c'est en quelque sorte faire un pacte avec la Hiérarchie des hiérarchies, celle qui tend de toute sa volonté à respecter les lois du Père des pères. Faire ce pacte est très important car il annulera le pacte que tous les déçus ont fait avec Lucifer en se liant à sa rébellion. Le moment est venu de choisir ton camp. Tu ne peux pas servir deux dieux à la fois.

4> Demander au Père qu'il reprenne notre volonté.

Cette étape est essentielle. Et ne croyez pas que cela va se faire du jour au lendemain. C'est pourquoi, au plus tôt vous le demandez, au plus tôt le travail pourra commencer. Comme pour le point suivant, je vous renvoie au chapitre sur la genèse de ce livre. Ces deux premiers outils ont quelque chose en commun. Tant que vous ne passerez pas par là, une certaine partie de la transmutation de vos corps ne pourra pas se faire. Cependant, il me semble qu'il ne sert à rien de le faire si cela ne vient pas de vous. Ces demandes doivent être sincères et profondes pour être efficaces. Maintenant, je ne crois pas que cela puisse faire de mal si elles sont superficielles et temporaires. Cela me semble bcp mieux que rien.

5> Respirer !

L'oxygène brûle le souffre qui est en nous. Le souffre renforce nos souffrances et surtout nos peurs de souffrir. Chaque fois que tu y penses, respires profondément!

6> L'Ancrage.

Dans Matrice 2, lorsque Néo s'envole, il fléchit les jambes et s'ancre tellement que le sol ondule sous ses pieds.

L'ancrage, c'est la clef des clefs. Si j'ai un seul conseil à vous donner, c'est

de vous ancrer afin de reprendre pleinement possession de vos corps. Si vous voulez augmenter la fréquence et l'intensité de l'énergie qui passe par vos corps, il est essentiel de vous ancrer dans vos corps. Rappelez-vous, l'exemple du boa constrictor et de la fiche électrique avec sa prise de terre (P.64).
Mon amie Christiana m'a enseigné une manière de s'ancrer qui fonctionne très bien chez moi. Je me permets de partager avec vous ce qu'elle m'a appris.

L'un des gds secrets de la voie, c'est qu'il est nécessaire d'ouvrir ses 3 premiers chakras avant de vraiment pouvoir développer ses chakras supérieurs. Avant de faire les ancrages, c'était l'un de mes problèmes. Combien de fois des gens ne sont pas venus me voir pour tester l'ouverture de mes chakras? Presque tous étaient fascinés par le rayonnement de mes chakras supérieurs. Par contre, lorsqu'ils mesuraient mes chakras inférieurs, ils se demandaient si leur machine n'avait pas un problème. «Êtes-vous sûr d'avoir des chakras inférieurs»? Ils étaient à peine entre-ouverts. Depuis que je travaille l'ancrage, des énergies de très haute vibration peuvent passer. Et, comme par le hazard de mon ami Balthazar, je mets bcp plus en pratique mes connaissances qu'avant. Je descends dans mon corps physique. Je suis de plus en plus moi-même. Je n'ai plus, ou disons moins, le besoin de séduire. Ma voix devient d'ailleurs de plus en plus grave. J'ai, d'ailleurs réalisé qu'il s'agit d'un excellent moyen pour jauger l'ancrage de certaines personnes. Soyez vigilants lorsque vous avez affaire à une personne qui a une voix très haut perchée. Bien qu'elle puisse avoir de très nombreuses qualités, elle a généralement un grand défi d'ancrage. Vous n'êtes pas convaincus! Alors, je vais pousser le bouchon bcp plus loin en faisant sonner les trompettes des grandes occasions.

Avez-vous déjà entendu parler de la quête du Graal ? Celle-là même des Chevaliers de la Table Ronde et du roi Arthur. Les chevaliers de la Table Ronde sont partis aux quatre coins de l'Angleterre pour retrouver le mythique Graal. S'ils le trouvaient, ils bénéficiaient du pouvoir absolu pour sauver l'Angleterre des forces des ténèbres.

♥ : Dis, excuse- moi de te déranger en pleine envolée. Tu ne vas quand même pas nous dire que tu as trouvé Le Graal? Ca fait un peu bcp, tu sais...

Et bien oui, pourquoi pas, au point où l'on en est... Maintenant qu'on a fait sonner les trompettes, faut assumer.

Mon Maxi dico m'apprend que «le Graal est le vase qui aurait servi au cours de la Cène et qui aurait recueilli le sang de Jésus (Christ) sur la croix. Au Moyen-Âge, il s'agissait du symbole du salut spirituel». Je rajouterai aussi que des êtres comme l'Archange Mikaël sont souvent représentés «protégés de leur manteau rouge». L'une des significations de ce manteau rouge, c'est de démontrer que cette personne est protégée par l'ancrage.
Alors voilà! On peut actionner les trompettes car je vais vous dire pourquoi ils n'ont jamais trouvé le Graal. Comme dans la plupart des quêtes, il s'agit d'un symbole. L'activation des 3 premiers chakras est symbolisée par le signe suivant:

Il s'agit de la première phase du travail spirituel afin d'avoir une base solide. Ensuite, vous pouvez repartir de haut en bas et travailler tous vos chakras. Cela donne ceci.

Veuillez m'éxcusez pour ce dessin pattes de mouche complétment schivelavabo (de travers en brxuxellois) fait dans l'urgence. Les trais sont censsé être horizontaux et la coupe droite. Les 3 premiers chakras porte ainsi les 5 chakras suivant et la coupe (vos corps) est prêtete a recevoir le sang du Christ (symbole de l'ancrage). Et si ça vous choque que je vous parle d'un 8i chakra, je vous renvoit à la lecture de mon livre DPP P. 132. Pour la petite histoire, sachez que c'est Drunvalo qui m'a enseigné le coup du Graal.

Voici donc la technique que m'a enseignée mon amie Christina. Mettez-vous d'abord dans cette position (dessin page suivante).
L'idée est d'avoir le menton baissé, le dos droit et de commencer le mouvement de vous asseoir. Lorsque vous vous asseyez, vous «cassez» le bassin. Et STOP! Vous vous arrêtez comme cela. C'est très inconfortable. Et c'est le but. Il s'agit d'une position que les mémoires de vos corps ne connaissent pas. Personnellement, je tente de le

Evelyne Toussaint.

faire au moins 10/20 minutes par jour et comme je me mets dans cette position pour faire la dialectique, les Noms Divins et les permutations, cela me fait encore 20 minutes en plus. Je le fais aussi dans la journée à chaque occasion. Les files à la poste ou les attentes des rendez-vous sont de super possibilités.

Alignez vos chakras et visualisez votre ligne de Hara qui passe par tous vos chakras et relie le Ciel à la Terre. Visualisez des petites racines rouges qui partent de vos pieds et traversent toute l'écorce terrestre jusqu'au soleil central qui se trouve au centre de la Terre. Plongez vos racines dans la lave, dans le rouge. En respirant, visualisez ce rouge qui remonte au travers de vos racines et qui remplit petit à petit votre corps. Vous pouvez avoir des réactions très fortes lors de ces ancrages. **Allez-y molo au début.** Bien sûr, je vous conseille de faire un stage d'énergie avec Christiana pour apprendre la technique correctement. Même si c'est vraiment quelque chose qui peut s'avérer très dur au début. Vous verrez qu'après, c'est vraiment fabuleux. On sent l'énergie en nous. Comme le dit Christiana, on se sent pétiller comme une coupe de Champagne.

«Il porte le manteau rouge contre les forces de l'astral».

Serge Marcotoune.

7> Prière.

Dans mon livre «Les dernières Pièces du Puzzle - La Mission Spirituelle de la France et de l'Europe ou Objectif 2012», j'ai fait la plus grande gaffe de ma vie. Bien que je vous conseille toujours de lire ce livre, je me suis bien planté sur la prière. J'en ai déjà bcp parlé dans «la genèse de ce livre», donc je ne vais pas trop insister. J'y disais que pratiquer la prière faisait qu'ensuite l'être était «pris» et bon pour «errer». L'idée était bonne, seulement, je m'étais trompé de sens dans mon analyse du mot. La prière est faite pour ceux qui sont «pris» et qui «ère». Les futurs êtres humains sont prisonniers et sont donc condamnés à errer de vie en vie. La prière est un outil essentiel de la libération. On ne peut pas s'en sortir tout seul. Les forces qui nous retiennent prisonniers sont bcp trop fortes. N'oubliez pas qu'à la base, c'étaient quand même des Elohims. La Prière est peut-être l'instrument le plus puissant qui soit à notre disposition. Par la prière, on reconnait que nous ne sommes pas grand-chose sans la Hiérarchie. Part contre, nous avons bcp de valeurs à leurs yeux. Vous pouvez prier tout bas et avant toute chose. Avant de manger, avant de faire l'Amour et aussi pendant. Certaines prières comme le Pater Noster sont hyper puissantes. Priez aussi avec votre coeur. Evitez les prières faites machinalement bien que ce soit mieux que rien. Par contre, les répéter à la manière des mantras peut aussi être très puissant. Mettez-y de la vie!

La prière «Notre Père qui êtes aux cieux...» est l'un des plus beaux cadeaux que nous ait fait Jésus Christ. Il s'agit d'un véritable code mathématique qui nous permet de nous raccorder au dehors de la matrice. Il est important de ne pas dire à la fin «Mais protégez-nous du mal» et de dire «Et protège-nous du mal». Le «mais» annule en partie la force de la prière. Je sais je l'ai déjà dit!

«*Les forces démoniaques, dans leur puissant égrégore, dans leurs pratiques experimentées, dépassent démesurément les forces de l'homme le plus éclairé. Si, dans ses luttes intérieures – compréhension de soi-même, de ses faiblesses etc.- on laisse l'homme livré à ses propres efforts, c'est qu'il se trouve dans son domaine où il est apte à obtenir seul une victoire définitive. Mais, quand il s'agit des égrégores du Mal, l'intervention de puissances illuminées s'impose*».
Serge Marcotoune. La Voie Initiatique. - Je laisse ce passage bien qu'il vas sans dire que je sourit lorsqu'on utilise des mots comme démoniaque.
«*Tu es La Lumière du jour. Tu es mon Ultime recours. Et je t'appelle au secours. Perdu dans la nuit qui m'entoure*». - Michel Berger. Lumière du Jour.

Voici la prière Pater noster en Hébreux et en Français. J'ai failli ne pas mettre la version hébraïque pour ne pas déchaîner les passions. J'ai cherché l'équivalent en Arabe et je n'ai pas trouvé. Alors en dernière minute, je me suis dit tans pis. Je ne vais pas laisser ce genre d'idées et de peurs censurer le livre. J'espère que les lecteurs comprendront que ce n'est pas parce que je mets ici une prière en Hébreu que je prends partie pour le camp Israélien face au camp Arabe. Je ne sous-entends pas non plus que je prends le parti des Palestiniens. Une partie du prochain volume de ce livre sera consacrée au conflit dans le Moyen-Orient. Je suis pour les Palestiniens et pour les Israéliens autant le dire tout de suite. Je prends position pour la Paix et la Négociation. J'insiste sur le fait que je présent qu'il y a certaines manipulations dans la v° française. Je l'utilise cependant à ma manière en changeant certains trucs. Je ne sais pas si j'ai tort ou raison,. A vous de sentir ce qui est juste pour vous... La prononciation peut ne pas être évidente. Le Dr Hurtak préconise de la lire avec son propre accent. Je l'ai recopié du livre du Dr Hurtak les 72 Noms Divins,.sans en avoir demandé l'autorisation. J'espère qu'il ne m'en voudra pas. Par ailleurs je vous conseille vivement ce livre qui est une vraie mine d'or. Je ne veux pas mettre le signe copyrights comme la loi des hommes m'y oblige car j'estime que cette prière appartient à l'Humanité.

AVINU SHEBA-SHAMAYYIM
Notre Père Qui Es aux cieux
YITKADASH SHEMAYCHA
Que Ton Nom Soit Sanctifié (consacré)
TAVO MALKUTAYCHA
Que Ton Règne Arrive
YE-ASSEH RETZONCHA
Que Ta Volonté soit faite
K'MO BA-SHAMAYYIM KAIN BA-ARETZ
Sur la Terre comme au Ciel
ET LECHEM HUKAYNU TEN-LONU HA-YOM
Donne-nous aujourd'hui notre pain quotidien (matériel et spirituel)
U-SLACH LONU ET HOVOTHEYNU
Pardonne-nous nos offenses (d'après moi référence aux dettes karmiques)
KA-ASHER SOLACHNU GAM ANACHNU L'HA-YAVAYNU
Comme nous pardonnons à ceux qui nous ont offensé.
VIH-AL TIVI-AVNU LI-Y'DAY NISA-YON
Et ne nous laisse pas succomber à la tentation.
(Parfois je dis: et rends-moi fort face à la tentation)
KEE IM HAL-TZAYNU MIN HARRAH
Et délivre-nous du mal
AMEN, AMEN, AMEN, et AMEN
Que ta volonté soit faite, Que ta volonté soit faite, Que ta volonté soit faite...

«Quand nous prions, nous nous adressons à Dieu, nous pensons au Père qui administre, au Fils qui délivre et au Saint Esprit qui révèle et recycle» . Dr. Hurtak.
En fait, le Pater Noster résume toute notre histoire de la Chute et de l'Ascension.

8> Méditation (inclus temps de silence et de contemplation)

Dans ma grande Humblerie, je vous conseille le chapitre sur la médiation dans ARMD «À la recherche du message des Dauphins».

8bis> Enseignements (partage)

«Le sang de celui qui ne partage pas ce qu'il a appris se coagule».
Dialogue avec l'Ange. Editions Aubier. Extrait cité de mémoire.

9> Musique

Ecoutez des chants sacrés et si possible chantez en même temps. Chez moi le résultat est immédiat. La musique sacrée utilise les Noms divins, les verbes semences et d'autres langages sacrés. Via l'Académie des Sciences du Futur, vous pouvez commander des CD et K7 vraiment très puissants. Mes préférés sont «Celestial Awakenings», «Father» et «Sanctus».

«La Musique va tuer l'ennemi ultime».

Hurtak.

Pour le reste, je vous renvoie au résumé du travail du Dr Hurtak dans lequel il parle de la musique plus en profondeur.

10> Point d'attache

Le seul point d'attache permis à celui et celle qui désirent vraiment l'Initiation, c'est le point d'attache à la Hiérarchie des hiérarchies, celle qui tend de toute sa volonté à respecter les lois du Père des pères, du Dieu des dieux. Ce point d'attache à La Hiérarchie ou à l'un de ses dérivés directs peut assurer une stabilité à l'âme vu que ces points d'attaches sont éternels. Une âme aura bcp de difficultés à vivre l'Initiation si elle a des points d'attaches affectifs ou matériels terrestres. Ces points d'attaches lui offriront une stabilité on ne peut plus fragile vu qu'ils ne sont pas éternels. N'oubliez pas que ce qui est Divin est éternel! Bien sûr, nous avons tous et toutes une attache naturelle aux mondes Divins grâce à notre connexion avec notre soi-supérieur. Je vous rappelle que notre soi supérieur est la seule partie de nous-même qui n'a pas chuté. C'est pour ces raisons qu'il est important que chacun d'entre nous travaille ses systèmes de dépendance. De quoi êtes-vous dépendant sur Terre Gaïa? De qui, de quelle nourriture, de quelles habitudes, de quel lieu, de quel pays? Le principe est simple à comprendre. L'oiseau ne peut pas s'envoler si sa patte est attachée à quelque chose qui le relie au sol. C'est la même chose pour les humains. L'oiseau a aussi besoin d'un sol ferme pour bien décoller et pour atterrir. Il s'agit de son point d'appui.

«La Liberté est indépendante des choses extérieures. Celui qui a besoin de l'aide d'autrui, de l'aide des choses ou de l'appui d'une condition est l'esclave de son attache. La parfaite Liberté n'est donnée à aucun homme sur terre parce que le véritable sens de la vie mortelle se situe dans le rapport et la dépendance de l'autre».

Sri Sathya Sai Baba.

Evelyne Toussaint

12> Marcher sur le chemin de sa mission avec détachement

Ou j'apprends à remplir ma mission avec détachement... ou j'arrête, ou mon corps physique m'expulsera... Mon calme est ma plus grande richesse. Lorsque l'on canalise des énergies aussi puissantes, on ne peut pas être stressé sinon on se fait du mal... Hâte-toi lentement! Un bon truc pour désamorcer cela dès l'enclenchement du phénomène, c'est de ne pas trop rester dans son mental lorsqu'on vibre haut. Propulsez votre conscience dans le moment présent.

La clef, c'est de se laisser traverser par ces énergies. Si on s'identifie à elles, on les retient dans nos corps et on disjoncte car nos corps ne peuvent tout simplement pas garder en eux des énergies aussi puissantes qui sont faites pour circuler fluidement. D'où l'utilisation du mot *transcender* dans le concept de méditation transcendantale. C'est pour cela que pour vraiment servir, il est nécessaire de comprendre que nous sommes des passerelles à ces énergies divines. Nous pouvons être fiers de laisser passer ces énergies et à la fois nous devons être humble car comme le dit Van Gogh: «C'est ma main qui peint, mais la source est ailleurs»! Il et donc très important de ne pas s'accaparer les «succès» que peut apporter le service au Divin. Si malgré tout on s'identifie à ces énergies, si on croit que c'est «nous» seul qui avons le «mérite de cette victoire», on devient prétentieux, rigide, fermé car en ne «rendant pas aux plans Divins ce qui appartient aux plans divins» on se coupe de la source Divine. C'est ce qui arrive à bcp d'êtres qui expérimentent leurs premiers «succès» dans la voie spirituelle.

13> Le couple

Pendant longtemps, j'ai condamné le mariage et le fait que l'on ne puisse pas «faire l'amour» en dehors des liens sacrés du mariage. Ces deux dogmes étaient pour moi le comble du ridicule. Ne sursautez pas tout de suite en croyant que je soutiens aujourd'hui ces deux concepts dans le sens où on les prend traditionnellement. Encore une fois, on a détourné les concepts évolutifs pour en faire des concepts mortifères. De mon avis, le mariage devant Dieu à un sens si le choix commun qui unit les futurs mariés est de servir la justice Divine sur Terre. On rend sacré ce lien en le faisant sous l'autorité de la Trinité. On est alors lié par la foi, par la volonté de servir le Dieu des Dieux, donc, de servir la vraie Justice. Notre point d'attache est la Hiérarchie Divine et l'on ne désire aucune autre attache. **Dans cet état d'ésprit, pour choisir son partenaire, on se base sur les fruits qui passent par son futur partenaire.** J'insiste très fort là-dessus. Les belles paroles ne comptent pas. Seuls les résultats (les fruits) comptent. Je vous ai déjà parlé 4 X de ce concept des 51%, je ne vais donc pas trop taper sur le clou. Pour arriver à ce stade, il est souvent nécessaire pour les deux protagonistes d'atteindre une certaine maturité et une certaine autonomie avant de se marier. Dans ce cas, le couple (marié ou pas) peut être un allié dans la voie des Artisans et Guerriers de la Lumière. Leur complémentarité et leur direction commune deviennent alors très précieuses.

Dans nos sociétés occidentales, on assiste à tout autre chose. Ce n'est pas la foi dans le Dieu des Dieux (donc l'Amour, donc la Justice) qui lie la majorité des couples. Leur lien commun est souvent la peur. Peur de se retrouver seul. Peur de manque matériel, etc. En fait, beaucoup de couples se mettent ensemble pour se rassurer. Ce que beaucoup d'êtres aiment dans le couple, c'est le sentiment émotionnel de sécurité. Les émotions sont les liens qui unissent la majorité des couples. Comme nous l'avons vu, nos émotions sont principalement manipulées par les entités astrales. Comme nous l'avons vu en détail dans ARMD, nos émotions proviennent de programmations antérieures.

«L'union parfaite entre deux âmes doit être inspirée par l'image des -noces mystiques de l'androgyne - Pour réaliser cette image, il faut que les relations entre l'homme et la femme aient avant tout un point d'attache supérieur. On ne pourra jamais arriver à des liens profonds et solides, à l'amour androgyne sans une ambiance spirituelle et un amour dans tout l'ensemble des plans. (...) L'amour n'est pas seulement un moyen de procréation d'un point de vue profane bien qu'initiatiquement il y ait plus de mérite à aider une âme à s'incarner qu'à créer une famille. Nous ne diminuons pas la valeur de la famille, mais il s'agit là d'aider les âmes à suivre leur migration. (...) - L'amour est plus fort que la mort - affirme l'initiation. Elle déclare que des êtres unis dans un but spirituel et sous les auspices des forces divines peuvent rester unis malgré la mort et accomplir leurs prochaines migrations ensemble. (...) Les forces astrales destructrices agissent spontanément contre ces unions. Elles prennent leur point de départ dans les petites choses de la vie pour briser l'union et rejeter l'homme et la femme loin l'un de l'autre afin que de nouveau ils se cherchent à travers les siècles. (...) Nous rappelons qu'il est très dangereux pour l'homme seul, sans une expérience hautement mûrie, de mener une opération astrale. Il doit créer un collectif (...). Mais, il est vrai que le couple androgyne représente l'unité parfaite organique dans les trois plans et un puissant instrument magique».

Serge Marcotoune. La Voie Initiatique.

> Parcours Facultatif.

Reprise du parcours direct P. 131

Voici un exemple. Zoé s'est fait violer à l'âge de 14 ans par son beau-père. Comprenez bien que les enfants sont des ambassadeurs du Dieu des dieux sur Terre. Ils viennent à nous pour nous aider. Ils viennent tout nus et sans armes... Lorsqu'un pays maltraite les ambassadeurs d'un autre pays, c'est considéré par les lois internationales comme un acte de guerre. Les ambassadeurs devraient jouir d'une impunité. Sachez que la manière dont les enfants sont traités sur Terre Gaïa, est l'un des arguments des déçus pour décrédibiliser l'espèce humaine.

Les ambassadeurs des univers Divins sont souvent abusés sexuellement dans leur tendre enfance. Ces enfants savent rarement qui ils sont, mais les forces de l'entropie qui s'en rendent compte font tout pour casser la mission de ces êtres dès leur plus jeune âge via les abus sexuels.

La première expérience que Zoé a vécue de la relation sexuelle s'est incrustée en elle. Elle a aujourd'hui 25 ans. Comme la plupart des enfants abusés sexuellement, elle a toujours voulu croire que ce viol ne l'a pas atteinte. Pour le prouver, elle sort avec des mecs souvent très âgés, qui ne la respectent pas, des êtres qui lui font inconsciemment «penser» à son beau-père. Cela la nourrit et la **sécurise** émotionnellement parlant. Lorsqu'elle rencontre un mec qui la respecte, elle l'aime un peu, mais ne peut vraiment «l'aimer» car il ne répond pas à sa programmation émotionnelle. **Ca peut paraître débile, mais les êtres préfèrent souvent (relativement inconsciemment) un enfer qu'ils connaissent à une évolution vers un meilleur être qu'ils ne connaissent pas.** Le travail à faire est de plonger dans ses émotions. Ceci fait bien sûr très peur aux humains. Pourtant, si l'on veut guérir cette blessure que l'on a enfouie au plus profond de soi, il est nécessaire de la mettre en lumière. En remontant dans notre passé, on va pouvoir retrouver le moment douloureux où l'on a créé une croyance limitative qui conditionne nos émotions. Dans ce cas-ci, cela pourrait être que Zoé s'est inculqué la croyance qu'il est normal de sortir avec des hommes qui ne la respectent pas. Cela la sécurise. Cela lui enlève ses peurs. Les lien qui vas l'unir avec un partnaire de ce genre n'est donc pas l'amour, mais la peur. Ce n'est pas le Père Amour (ABBA) qui les a liés, c'est le Père des déçus, à savoir satan J'utilise ici le mot satan car on est naturellement tenté de se laisser mener par le bout du nez en donnant à nos émotions le rôle de guide. C'est plus facile et c'est très tentant. («Ca Tente=Satan»). Cependant, cela va beaucoup plus loin. Maintenant, je voudrai tenter de vous faire comprendre le mécanisme spirituello-psychologique qui va faire que toute cette réaction en chaîne pousse l'être en question à servir satan, à servir la loi du moindre effort, donc l'entropie qui mène à bcp de souffrances.

Reprenons le cas de Zoé. Bien qu'elle soit de nature à vouloir vivre dans un monde de Paix, de Vértitées et de Justice, (une vraie princesse hippie et ce n'est pas péjoratif dans ma bouche) elle n'arrive pas à mettre en pratique ses belles idées. Comme elle refuse de reconnaître que son viol était injuste, elle refuse de reconnaître l'existence d'une force injuste sur notre Terre Gaïa. Elle préfère dormir dans le piège du Nouvel Age qui nous dit que tout est juste. Je ne sais pas si vous comprenez à quel point tout cela est lié? Zoé a donc décidé de travailler dans un hôtel pour milliardaires, ce qui est bien loin de ses aspirations profondes. Elle refuse de revenir sur son viol, sur les souffrances qu'elle a endurées. Comprenez bien que le violeur était habité par une énergie satanique lorsqu'ils ont commis cet acte. Dans le domaine spirituel, c'est donc bien satan qui les a violés. Si elle veut se libérer, elle doit revivre cela, donc, en quelque sorte à nouveau affronter Satan. Un enfant sur deux ont subi des abus sexuels. Ils sont si nombreux car les abus sexuels sont l'une des fers de lance de l'armée luciférienne. En effet, en s'attaquant aux êtres dès leur enfance, les déçus espèrent ainsi pourrir une bonne partie de leur vie. Ils savent qu'il y aura de fortes chances pour que cela forme des couples basés sur la peur et non sur l'amour confiance-foi.

Je peux vous donner des exemples comme cela à l'infini. Voici deux autres cas de figure qui illustrent jusqu'où les gens peuvent se voiler la conscience avec leur mental. En d'autres mots, jusqu'où un être peut se donner une fausse image de son conjoint.Combien de fois n'ai-je pas entendu une femme malheureuse parler en ces termes: «Tu sais au fond de lui-même, il n'est pas comme ça. Il a vraiment de bonnes intentions et il veut vraiment changer». Et c'est là que je viens vous empêcher de tourner en rond. Tout le monde a un bon fond. Tout le monde aimerait devenir quelqu'un de meilleur. Cela n'empêche que ce qui compte, ce ne sont pas les belles paroles, ce sont les choix que l'on fait et les répercussions de ces choix. Je n'oublierai jamais cette jeune femme extraordinaire qui me disait que son copain était à fond dans cette mouvance, qu'il était au service de l'amour etc. Son copain était effectivement d'un contact très sympathique, rempli d'émotions d'Amour. Et le plus grand rêve de cette personne était de... Devenir pilote de bombardier. No Comments.

Une autre jeune femme vit avec un homme qui travaille pour l'une des banques les plus injustes de la planète. Ils n'ont aucune excuse car ils savent très bien tous les deux que cette banque est au service du gouvernement mondial invisible dont ils connaissent l'existence. Dans leur quotidien, le papa et la maman sont adorables. Ils sont remplis d'émotion d'Amour. Ils se considèrent tous les deux comme des Chrétiens et veulent servir la Justice sur cette Terre. La femme me contacte car elle va très mal. Bien que souriante en façade, elle se ronge tellement intérieurement qu'elle a fini par attraper une maladie assez grave. Lorsque nous nous voyons et que je lui dis que la source principale de leur mal être, c'est qu'ils vivent en opposition par rapport à leurs idéaux. Elle me répond que je ne suis pas dans l'Amour et que je les juge. Elle est d'accord sur le principe que cette banque est vraiment un des piliers du gouvernement mondial seulement ils me disent qu'il faut bien avoir les pieds sur terre et qu'ils le font au nom de leur enfant.

«Tu comprends, il faut bien penser à lui. On a des responsabilités, nous»! Je vous donne cet exemple car il est très classique. Combien de couples ne font-ils pas des concessions à leur «morale» au soi- disant nom de leurs enfants. Je prétends que croire qu'ils agissent pour leurs enfants est faux. L'argent que l'homme ramène à la maison est taché du sang des enfants du monde. En agissant de la sorte, ils sont les soldats de ceux qui veulent détruire la planète. Ce geste est **contre** les intérêts de leurs enfants. Ils le font tout simplement par faiblesse car ils ont plus confiance dans le dieu argent que dans le Dieu des dieux... Cette excuse des enfants revient tout le temps. Pourtant, ce dont les enfants ont urgemment besoin, ce sont de parents qui pensent aussi au présent et au futur de tous les enfants du monde. A quoi bon «faire des enfants» si c'est pour les nourrir avec l'argent gagné en servant ceux qui détruisent le monde de ces mêmes enfants? De plus, si l'un des conjoints sert ce système assassin, ces mêmes enfants ne risquent pas d'avoir une éducation très évoluée spirituellement. **En fait, il peut s'agir d'un piège pour coincer des âmes sur Terre**. L'âme choisit ses parents car ils ont de *bonnes* intentions. Une fois incarné, elle réalise que c'est tout le contraire. Ses parents vivent en disharmonie avec leur idéaux. Maintenant, je vais vous dire un truc qui risque de plaire à très peu de gens: énormément de parents font des enfants pour eux-mêmes. La première des raisons est assez honorable. Plus ou moins consciemment, ils abandonnent l'idée de vivre la vie dont ils ont toujours rêvé (leur légende personnelle). Ils se disent qu'ils vont «faire des enfants» afin que ces derniers aient les opportunités qu'ils n'ont pas eues. La deuxième raison est beaucoup plus dure à accepter. Beaucoup de parents «ont des enfants» afin de les utiliser comme une source d'énergie vitale. Comme cela est très bien expliqué dans le livre de James Redfield «La Prophétie des Andes», la majorité des femmes et des hommes de cette planète n'arrive pas à être autonome par rapport à l'énergie vitale dont ils ont besoin. Ils utilisent alors des subterfuges pour capter l'énergie des autres. Certains le font en se plaignant tout le temps, d'autres en parlant tout le temps, et beaucoup le font en... dominant les autres. Pomper de l'énergie aux autres est l'une des causes des causes de la majorité des conflits. Le sujet du conflit est souvent un prétexte.

Ma maman chérie (psycho-thérapeute) a coutume de dire «qu'on ne choisit pas ses conjoints. C'est la vie et les conditionnements émotionels du passé qui décident. La majorité des gens sortent avec des êtres qui leur rappellent leur papa, leur maman ou un être qui les a marqués... émotionnellement parlant. J'appelle cela une relation psychanalitique. Ce fait est renforcé par la religion de la psychanalyse traditionnelle qui véhicule une croyance très dangereuse et très involutionnelle: elle considère que l'on ne change pas. La psychanalyse t'apprend à t'accepter comme tu es! Bien sûr, il est important de s'accepter tel que l'on est. Cela n'empêche qu'une fois que l'on s'est accepté comme on est, il y a ensuite moyen de changer bcp de facettes de cette personnalité. La croyance limitante on ne change pas fait beaucoup de dégâts dans toute une génération. Effectivement, je ne connais personne qui ait fait une psychanalyse traditionnelle et qui ait vraiment changé. Ses défenseurs disent que cela leur fait du bien. Certains d'entre eux confondent peut-être le bien-être avec le plaisir de ressentir des émotions. C'est l'histoire du serpent qui se mord la queue ou plutôt l'histoire du serpent qui se suce la queue. Bien loin de moi toute allusion sexuelle. J'aime ce parallélisme car il me fait penser au bébé qui suce tout ce qui lui tombe sous la main car cela lui fait revivre les émotions qu'il avait lorsqu'il suçait le sein ou le biberon.

Je rencontre surtout des couples dans lesquels la femme est plus évoluée spirituellement que l'homme. Je veux croire que cela a eu sa raison d'être. En effet, on peut dire que de cette manière les femmes tirent les hommes vers le haut.
Je crois que cela cache aussi le fait que les femmes ont tellement souffert des injustices des hommes que cela les rassure d'être avec un être moins évolué spirituellement. Je prétends que dans ce nouveau paradigme, les choses vont changer. Les femmes vont commencer à choisir des hommes «en les jaugeant à leurs fruits et à leurs choix». Il me semble qu'il est plus que temps de revenir à l'Amour Courtois. Elles ne tomberont plus dans le piège de sortir avec des hommes sécurisants. Elles vont comprendre que sortir avec un homme qui sert le système de destruction en place aujourd'hui, c'est faire quelque chose contre tous les enfants du monde, donc contre leurs propres enfants. **C'est vrai que je suis très nostalgique du Moyen-Âge et de l'Amour courtois.** J'en parle bcp dans ARMD. À cette époque, les belles envoyaient leurs prétendants sur les routes pour servir le Christ et défendre les faibles. C'est cet Amour qui nourrissait les longues journées de chevauchées solitaires et les longues nuits froides. Vous me direz qu'il s'agissait un peu d'une carotte pour faire avancer les hommes. Je préciserai qu'il s'agissait d'une carotte consciente. Les belles de l'époque comprenaient que la création leur avait fait don d'une attirance aussi forte afin de l'utiliser au service de la justice.

14> La Leçon du crocodile> Parcours Direct.

Voici un conte très à la mode dans certaines régions de l'Australie. Contrairement aux rumeurs populaires, ce ne sont pas les attaques de requins qui sont les plus craintes aux pays des kangourous. Les crocodiles des eaux salées ont ce privilège. Ils vivent dans des rivières d'eau salée non loin de la mer. Des régions entières sont interdites aux touristes tant les précautions à prendre pour les éviter sont hors du commun. En voici l'un d'entre eux qui concerne nos habitudes. J'en ai fait l'une de mes armes les plus efficaces lorsque j'ai envie que les polices de l'astral me lâchent un peu.

«Si tu vas un jour voir le coucher du soleil sur le bord de la rivière,
ne reviens pas le lendemain.
- Mais pourquoi demande le touriste?
Le premier jour, le crocodile te remarque.
Le deuxième jour, il constate ton habitude (l'habit qui tue)
Le troisième jour, lorsque tu es en train de regarder paisiblement le soleil se coucher,
le crocodile se trouve dans le buisson derrière toi»!

J'ai bcp hésité à partager cet outil dans ce livre. J'ai un peu peur que cela ne renforce chez vous la peur. Pourtant, il n'y a pas de raison. Je reconnais que j'utilise bcp moins cet outil depuis que j'ai recours à la prière. J'ai décidé malgré tout de le faire connaître car il peut vous être très utile malgré la prière. La raison en est la suivante. La prière peut vous protéger de tout sauf de vous-même. La prière peut empêcher certaines forces de vous atteindre. Cependant, si c'est vous qui allez vers ces forces, comment voulez-vous que l'on vous en protège? Comprenez bien que l'un des trucs de la hiérarchie de la lumière restreinte pour influencer vos corps énergétiques, ce sont les contacts physiques et la proximité d'aura avec autrui. Lorsque vous touchez des dizaines de personnes par jour, vous ne pouvez pas vous apercevoir de l'influence énorme que cela a sur votre être. Par contre, lorsque vous vous isolez pendant un certain temps dans la nature qui est neutre énergétiquement, vous allez être bcp plus sensible à l'influence des autres contacts.
Regarder le film «Truman Show» est un excellent entraînement pour les Artisans et Guerriers de la Lumière. Vous y comprendrez à quel point les gardiens de la hiérarchie des déçus nous surveillent afin de tous nous manipuler en nous faisant croire que nous sommes libres. Ils jouent sur nos peurs qu'ils ont parfois eux-mêmes

créées artificiellement par des manipulations mentales et émotionnelles. Cependant, ils ont besoin d'un minimum de temps pour s'organiser. C'est pour cela que lorsque tu fais quelque chose d'improvisé, tu peux sentir en toi une certaine liberté qui est bcp plus réelle que tu ne le crois. Dans ce même film, c'est lorsqu'il est spontané qu'il arrive à s'échapper pour la première fois de ses geôliers invisibles. Et lorsqu'il arrive à surmonter sa peur de l'eau pour laquelle il a été programmé, il arrive à s'échapper pour de bon... en bateau, là où il ne l'avait pas prévu.

Revenons-en au piège du crocodile. Si vous savez que vous avez rendez-vous avec X dans 5 jours, vos geôliers ont tout le temps d'influencer ces êtres avec leurs énergies d'involution. Cela se passe généralement à leur insu. Ils sentiront quelques petites choses d'inhabituel sans plus. Et ces «petits quelque chose» vont influencer vos corps énergétiques au premier contact. Et ce, d'une manière encore plus efficace si vous embrassez votre contact sur la bouche avec la langue et encore plus si vous faites l'amour avec cette personne...
Par contre, lorsque vous décidez de votre programme à la dernière minute, vous échappez à un certain contrôle. La différence se situe dans la manière dont fonctionne la Hiérarchie et les hiérarchies. La Hiérarchie a accès à des fréquences bcp plus rapides que les sous-hiérarchies. N'oubliez pas qu'elle est connectée directement aux mondes spirituels. La Hiérarchie peut donc vous envoyer des messages et des énergies d'une manière instantanée. Alors, pour bien tester tout cela, n'hésitez pas à être spontané, à vous permettre de changer d'avis à la dernière minute. Les imprévus et les expériences que l'on n'a jamais faites, c'est la voie royale vers l'évolution.

♥ : Peux-tu me dire pourquoi je ne devrais pas avoir peur de tout ce que tu me dis?

Car le contact avec d'autres êtres peut être aussi très évolutionnel. Je ne vous engage pas à vivre sous une bulle, bien au contraire. L'idée est d'être conscient de ce qui se passe et ainsi de pouvoir équilibrer influences extérieures et influences intérieures. De plus, les chevaliers du Christ n'hésitent pas à mélanger leur énergie à celle des autres. Ce système fonctionne dans les deux sens. Une fois que vous pratiquez l'ancrage, les respirations et la prière, vous pouvez ainsi transmuter ces énergies de lumière restreinte en les élevant vers des énergies spirituelles. Ceci sera encore plus efficace si vous utilisez la dialectique dont l'un des bienfaits est de restructurer toutes les parties du corps physique. Si vous observez les coutumes des pays asiatiques, les gens se saluent en baissant la tête au lieu de s'embrasser ou de se serrer la main. Croyez-vous que ce soit par hasard? Le fait qu'ils ne passent pas leur journée à serrer des mains et à faire des bisous à toutes les personnes qu'ils rencontrent est un des facteurs qui leur donnent des personnalités plus pacifistes. La raison c'est que leur personnalité intérieure doit moins se battre que celles des Occidentaux pour se faire de la place. Les Occidentaux sont bcp plus influencés par des énergies extérieures. Les asiatiques sont d'ailleurs aussi généralement bcp moins influencés par leurs émotions pour (entre autre) la même raison. Je crois qu'il est important d'être conscients de tout cela.

15> Bouge de là !

Lorsque l'on monte très haut en énergie et que l'on se trouve dans l'endroit où l'on a grandi, on a tendance à être rattrapé par nos anciens réflexes comportementaux de manière très excessive. Il me semble que c'est pour cette raison que «Nul n'est prophète dans son pays»... Ceci est un point très important. Je crois que c'est pour cette raison que les prophètes sont souvent des nomades... On peut aussi expliquer en partie ce phénomène par le syndrome du crocodile.
Ainsi les Amérindiens bougent leur Teepees maximum tous les 28 jours. C'est comme une revitalisation énergétique.

15> Conseils

1/**Balance ta télé par la fenêtre**. Si c'est vraiment impossible, alors tâche de ne pas la regarder en face. D'après «Undercover», les écrans à canon à électrons envoient un faisceau tout droit dans notre troisième oeil et ensuite vers notre glande pinéale!!!
2/ **Il est important de ne pas avoir peur de l'énergie du Père des pères.** Il s'agit de la partie du Père qui est en nous et que nous avons perdue. En fait, on ne sait plus dans quelle poche on l'a mise, c'est tout. La présence du Père est chaude et rassurante. Selon mon expérience actuelle, il s'agit du socle le plus sécurisant et le plus solide qui soit vu que ses bases reposent sur les lois qui gardent la structure de la vie en place.
3/ **Boire de l'eau. La qualité de l'eau que vous buvez est très importante. Evitez l'eau du robinet car le chlore demande énormément d'énergie afin d'être éliminé. Filtrez donc votre eau même pour la cuisson ou pour les boissons chaudes Chauffer l'eau chlorée rend le chlore encore plus nocif. Si vous voulez comprendre pourquoi, rendez-vous dans ARMD P 111.**

4/ **Devenir les plus autonomes possibles** de ce système économique qui finira un jour par s'écrouler. Créer des communautés de vies. Vivez-y!
5/ **Si tu ne manges pas de viandes ni de poissons, il est vital que tu prennes de la silice. Le carbone qui est à l'intérieur de nos corps absorbe la lumière. Il est en train de se métaboliser en silice qui reflète la lumière.**
6/ **Harmoniser** ses voix intérieure et extérieure.
7/ **Lorsqu'on a une pensée**, c'est comme lorsque tu décides de faire quelque chose. Demande-toi pourquoi tu fais telle ou telle chose ou pense à tel ou tel sujet. Demande-toi si ce choix est le plus évolutif. Ton cerveau est neutre. Utilise ta volonté pour penser à ce qui te semble le plus important.
«Le cerveau est neutre. (...) Votre tête est donc un ordinateur personnel, mais celui-ci est manipulé par des entités ne souhaitant pas du tout voir agir votre liberté d'action et de penser». S. Marcotoune.
8/ Tu n'as pas besoin de **téléphone portable** car tes fonctions télépathiques sont maintenant accessibles.

16> Le travail du Dr Hurtak et de l'Académie des Sciences du Futur - Parcours spécialisé.

Reprise du parcours direct P. 163.

Bien que je me mêle peut-être de ce qui ne me regarde pas, une partie de moi-même a envie de vous conseiller de terminer d'abord ce livre avant de lire les 28 pages suivantes sur le travail du Dr Hurtak. Et puis une autre petite voix me dit que ce n'est pas mes oignons. À toi de sentir... Il y a certains points qui sont en opposition avec ce que je vous ai dit. J'en suis conscient et j'assume les différences. Partager ce livre avec d'autres qui ont des points de vue différents me semble être une marque de respect et d'ouverture.

Qu'il soit clair que je ne dis pas que je suis d'accord sur tout, ni même d'ailleurs que je comprends tout... Il est possible que dans mon prochain livre je remette en question mon interêt pour le travail de l'Académie. Comme avec tout ce que je vous ai dit, ne prenez jamais rien pour de l'argent comptant. Gardez votre sens critique. J'ai saisi l'occasion au vol de partager avec vous ces infos car le travail de l'Académie des Sciences du Futur est assez difficile d'accès. Il m'a semblé que c'était juste de partager tout cela avec vous. Si cela vous fait vibrer, il vous sera ainsi possible d'aller plus loin.

Ce texte est une synthèse, faite par un membre du groupe d'Arles, lors d'un séminaire du docteur Hurtak. Je n'y ai apporté aucune modification. Ce texte n'est donc pas directement du Dr Hurtak et il ne peut qu'avoir été influencé par la personne qui l'a écrit. Ce texte n'engage donc que la personne qui a synthétisé ce séminaire. Je la remercie au passage, car elle désire rester anonyme.
C'est parti...

1. La chute et le combat cosmique:

a) la chute:

La race Adamique, à l'origine, était en possession de cette intercommunication illimitée dans le sens qu'elle pouvait se rendre dans différents royaumes angéliques, même jusqu'à l'Univers Père. L'Homme Adamique était venu sur le septième rayon de Lumière (c'est-à-dire le septième niveau énergétique) pour transformer les zones imparfaites et les ramener vers la Lumière.

Un tiers des princes déchus ne voulurent pas reconnaître la grâce souveraine de l'Adam Kadmon qui est la manifestation de Lumière. Ils ne voulaient pas partager leur pouvoir et décidèrent de maintenir la race très loin de la Source Divine. Ils manipulèrent la forme embryonnaire d'intelligence, ils modifièrent à ce moment là le code génétique de l'ADN ARN et nous séparèrent de l'Image et Similitude, ce qui créa d'une part une confusion au niveau de notre identité et d'autre part un barrage d'accès vers notre véritable destinée spirituelle. Barrage qui persiste toujours aujourd'hui. Une nouvelle race, mi homme, mi animal, fut créée, destinée à exécuter les tâches et les corvées sur cette planète. Les cycles karmiques furent instaurés et les êtres évoluèrent selon des cycles bien déterminés et contrôlés par les anges déchus. Cette intervention créa le dualisme, la notion de bien et de mal, de mort et nous emprisonna dans une forme d'énergie statique, basse et inerte avec toutes les facettes que nous connaissons encore aujourd'hui.

Quelques uns des maîtres déchus devinrent des dieux en s'attribuant la force du serpent et maintiennent la race humaine dans l'ignorance. Le serpent représente l'anti-univers dévorant qui maintient les planisphères prisonniers. Les connaissances spirituelles et scientifiques furent coupées du Trésor Divin, et devinrent même opposées l'une à l'autre dans une connaissance falsifiée, artificielle et non-authentique. La dualité est instaurée dans toutes les facettes de la Vie. Toutes les religions de cette planète sont sous le contrôle de ces hiérarchies déchues.

Cependant, au moment de l'interférence des seigneurs déchus qui a donné lieu à la chute, le Plan Divin est toujours resté en place même si la création physique s'est séparée de *l'Ain Soph,* la Lumière Eternelle. A ce moment là, nous nous sommes coupés de la Famille Divine qui a requis un Plan Divin de Restauration. Il a eu lieu entre autre avec la venue du troisième fils d'Adam et Eve, Seth, qui représente la regradation du code génétique et la restauration de la révélation c'est-à-dire la reprogrammation du corps cellule par cellule, molécule par molécule, forme de pensée par forme de pensée. Malgré cette interférence, nous avons le Nom de YHWH, inscrit, codé à l'intérieur de chaque fonction biochimique de notre corps et plus particulièrement dans l'ADN - ARN, donneuse de vie. Seth a donc représenté la restauration de cette semence adamique qui s'accorde à ce processus d'information supérieure.

La deuxième intervention de la reprogrammation a eu lieu à travers Jésus Christ qui a amené la réalité du corps de lumière qui donne la possibilité et la faculté d'entrer dans la Super-Nature, la lumière – Christ pénétrant la chair et par la Lumière Divine pénétrant le Super – Soi, de sorte que les deux corps physiques et spirituels parachevés s'unifient en présence du Père, c'est-à-dire qu'il a démontré que l'ascension physique est possible dans cette dimension de réalité et peut être expérimentée par tout le monde. Ainsi, nous comprenons ici le travail du Christ qui est venu restaurer ce que nous avions perdu et nous redonner la possibilité, par son expérience et son incarnation, de retrouver cette Lumière Infinie ainsi que le chemin. Le Christ a représenté le deuxième Adam Kadmon, celui qui nous permet la remontée.

Nous sommes en quarantaine depuis la chute et seul l'éveil de la conscience, la mutation, nous permettra de rejoindre les mondes supérieurs. Mais, nous avons un plan supérieur de lumière encodé ou codé dans chacune des cellules de notre corps et nous avons la possibilité de nous rendre dans les royaumes angéliques et même jusqu'à l'Univers Père. Quand les seigneurs déchus ont tenté de couper cette forme de communication, les Noms Sacrés ont été encodés dans les Ecritures Sacrées pour ne pas perdre cette communication Divine pour ceux qui cherchent véritablement à faire cette connexion.

b) Le combat cosmique et planétaire

Les forces de l'ombre nous maintiennent depuis la Chute sous leur emprise, nous ficellent émotionnellement et mentalement. L'homme a démontré qu'il a perdu le contrôle de sa planète, il représente un danger pour lui même mais aussi pour les environnements planétaires proches en poursuivant l'usage destructeur de l'énergie atomique. Ce gouvernement ne pourra pas fonctionner éternellement car il est basé sur la compétition, l'acquisition et la consommation c'est-à-dire un matérialisme illusoire, utopique et il est impossible pour chacun d'être millionnaire. Ces énergies négatives vont essayer d'interférer dans notre programme génétique et notre libre-arbitre afin de nous empêcher d'entrer dans notre Corps de Lumière et d'accéder ainsi à notre héritage divin, celui qui nous relie aux Maîtres.

Le Professeur Hurtak dit qu'il y a une guerre galactique et une opération de nettoyage qui sont en voie d'achèvement de par l'univers. Plus la Hiérarchie descend, plus le nettoyage se fait en profondeur. Les Seigneurs de Lumière nettoient les zones de tests (notre planète) et d'autres systèmes inférieurs. L'Ordre de Michaël est en train de purifier toutes les sphères d'intelligence à commencer par les rangs les plus élevés de la création, y compris de nombreuses fraternités de l'espace qui ont fait usage d'une technologie de mort. Pour cette raison, ces fraternités sont déplacées hors du centre de la galaxie et renvoyées plusieurs dimensions d'évolution en arrière. Ceci explique l'existence d'intelligences grotesques occupant maintenant l'atmosphère de planètes telle que la nôtre car ces intelligences ont été recyclées aux confins de l'espace afin d'être humiliées dans la voie douloureuse du renouveau collectif. Un grand nombre de ces formes grotesques, de même que leurs maîtres déchus à l'apparence Adamique sont en train d'être placées dans les régions qui seront laissées vides par des planètes telles que la Terre lorsque cette dernière atteindra, dans son processus d'avancement, une plus haute fréquence orbitale.

La Fraternité de Lumière est en train de changer la densité électromagnétique de telle manière que l'électrification de la matière prépare l'Homme à revêtir son Corps Super Soi et le gouvernement futur sera dirigé par les Fils de l'Homme qui se seront dégagés de l'obscurantisme qui entoure aujourd'hui les dirigeants mondiaux.

Il est nécessaire et impératif de comprendre que tout se joue ici et maintenant. Si nous voulons que la Hiérarchie Supérieure puisse gagner le combat sur Terre, nous devons travailler avec eux et nous savons que le travail consiste à la déprogrammation de nos zones d'ombre, de nos parties égotiques. Nous devons devenir les témoins vivants de l'Enseignement du Christ, Nazi Chalom, le Prince de la Paix, et surtout le manifester au quotidien, continuellement, sans relâche sinon, de toute façon, cela ne sera pas perdu pour tout le monde. Nous ne devons pas juger, nous ne devons pas avoir peur (ne pas avoir peur de ses peurs), nous ne devons pas utiliser les mêmes armes qu'eux car nous créons à nouveau une barrière du bien et du mal. Elle a été programmée car de nouveau la notion de dualisme cautionne ce genre d'intelligence déchue. Soyons vigilants, soyons aux aguets de nous-mêmes, la tentation est si forte, mesquine, puissante, alléchante et si subtile.

En d'autres termes, si nous prêtons l'oreille au langage de la science limitée, obséquieuse, au serpent galactique des cieux inférieurs, il nous sera impossible d'aller de l'avant et de nous lier à d'autres galaxies. Nous resterons emprisonnés, confinés, dans notre système immédiat avec la conviction qu'il représente le point final de la création. Nous serons dans un programme de mort galactique et les hiérarchies déchues maintiendront notre monde en esclavage à l'intérieur de champs magnétiques fixes. Ce choix est important car notre conscience est déséquilibrée. Nous pouvons être détruits par des problèmes raciaux, ethniques, des guerres ou pire encore, nous persisterons à contempler notre nombril. Nous avons la très grande chance d'avoir des outils tels que la Musique, les Noms sacrés et l'Enseignement Enochien pour nous aider à sortir de ces méandres mentaux et impurs.

Bien que les Seigneurs de Lumière descendirent ici-bas, dans différentes régions du monde en tant qu'un peuple de Lumière de la Grande Fraternité Blanche, l'homme sur cette planète est resté incapable de déchiffrer les écritures et comme résultat, il n'a pas réussi à s'affranchir des sciences inférieures de la destruction ni à atteindre des sciences de lumière plus évoluées. Ignorant de la conscience supérieure de l'Ecriture Sacrée, l'homme a tourné le dos aux écritures que les Seigneurs de lumière avaient apportées avec eux et les seigneurs déchus ont empêché la divulgation des formes les plus pures du fruit de la science, de la médecine et de la conscience de vie, ils ont violé et neutralisé l'usage de l'énergie de Dieu, ce qui explique pourquoi nous sommes dans cet état aujourd'hui. Tout a été dévié à des fins de pouvoir. La fin de la guerre des Fils de Lumière contre les fils de l'obscurité sera marquée par l'avènement d'un Nouvel Age pour la totalité de l'humanité qui aura survécu aux grands changements et à toutes les vicissitudes de cette planète.

2. La notion d'évolution:

Le Docteur Hurtak précise qu'il n'y a rien de naturel, que tout fait partie d'un plan divin et que l'âme doit évoluer selon certains programmes bien définis et selon un objectif supérieur et subtil. Pour Enoch, l'évolution signifie l'avancement du pouvoir de la conscience et la conscience de surmonter les limitations physiques et tous les états conscients qui tenteraient d'inhiber l'expression Totale de l'Amour pour Dieu dans tous les royaumes d'intelligence. En conclusion, l'évolution est donc une évolution spirituelle au cours de laquelle notre véhicule spirituel se dirige vers le soi divin en accord l'un avec l'autre. L'évolution spirituelle coordonne l'illumination de notre conscience, nous signifiant ainsi le but de la vie à travers les fruits de l'Amour et de la Sagesse. Si ce n'était qu'une simple évolution matérielle, il n'y aurait aucun besoin d'une intervention divine, la biochimie des mondes inférieurs serait suffisante à couvrir nos propres besoins alors que nous voyons bien que nous avons un besoin d'autre chose parce que nous sommes une partie vivante de la Vie.

Une fois que l'homme a accompli son intégration évolutive dans l'Adam Kadmon, il peut hériter de n'importe quel domaine de Lumière servant le Père. Il est devenu une intelligence qui ne sera plus tributaire de la chair et du sang. Cependant, pour avoir accès aux nombreux et différents plans de la hiérarchie du père, l'homme doit d'abord faire usage de ce véhicule lumineux pour servir son prochain.

3. Le Langage Sacré, la Musique Sacrée

Ils nous ont été donnés pour la purification du corps et l'épuration de l'âme, ils nous aident par rapport à notre corps émotionnel et équilibre notre mental. En travaillant et en utilisant ces outils, nous nous libérons et nous nous ouvrons à d'autres états de conscience et développons notre potentiel de compréhension. Les Noms Sacrés contiennent la Sagesse Divine, l'Amour Divin et L'intention Divine. Quand nous utilisons le Langage Sacré ou la Musique Sacrée en méditation, nous créons une spirale, un cercle vibratoire (en alignant les sixième, septième et huitième chakras) qui nous permet de recevoir de l'énergie et d'en envoyer et nous faisons également vibrer des tons et des couleurs qui activent les cellules de notre corps. Nous créons une pyramide de lumière au dessus de notre tête qui se rattache à la lignée de Melchisédeck et qui se connecte à notre Arbre Supérieur de Vie. N'oublions pas que les noms Divins, la musique des sphères créent une zone de protection autour de notre corps, augmente notre conscience par la pensée positive afin que nous puissions traverser la vallée de la mort et de la peur et être réunis avec nos Frères de Lumière.

A l'intérieur de notre corps, il existe une structure musicale et quand nous prenons le Nom Divin et que nous le plaçons dans des géométries énergétisées, nous activons les clefs énergétiques de notre corps, les champs magnétiques. Nous avons des portails morpho-génétiques à l'intérieur de nos cellules, qui sont super imprimées avec la lumière qui date **d'avant la chute**, et quand nous utilisons les

Noms Sacrés, nous réactivons ces germes de lumière. L'âme est composée de structures géométriques visibles et invisibles codées avec la couleur et le son et donc, quand on les utilise, on nourrit ces zones. Donc, les Noms Sacrés fonctionnent commme un lien spirituel si nous savons les utiliser dans la pureté de l'Esprit. Ils peuvent également éveiller notre potentiel intérieur spirituel, nous permettre de retrouver notre identité spirituelle et de communiquer avec nos frères et sœurs de Lumière et avec certains ordres angéliques tels que les **Elohim** qui transmettent les messages du Père par des sons et des couleurs afin d'inspirer les arts, les méditations et les enseignements transformationnels. Les Noms Divins créent également le véhicule de lumière (la Merkabah) nous permettant de voyager à travers les vibrations de l'esprit en faisant monter nos énergies vers le haut, cellule par cellule, molécule par molécule et ainsi le véhicule de la Merkabah s'exprime à travers nous dans sa myriade de formes et de couleurs.

Enfin, les Noms Sacrés et la Musique Sacrées permettent aussi au Professeur Hurtak de démontrer la véracité et l'authenticité des Clés car en utilisant le langage sacré sous la pyramide ou dans le Sphinx, plusieurs équipes de scientifiques ont découvert d'autres réalités archéologiques et géologiques. A l'intérieur de la pyramide, il y a un système vibratoire musical qui montre comment l'énergie est capturée et redistribuée par pulsations. En utilisant les sons, on peut voir comment les échos rebondissent sur les structures et les parois et ainsi, on peut voir où se trouvent les zones creuses. La musique est essentielle pour l'activation du véhicule intérieur spirituel et l'homme ainsi retrouvera peu à peu toutes ses mémoires.

Vous avez pu remarquer que chaque Nom Sacré est également représenté en lettres de feu.

4. Les lettres de feu:

A propos des lettres de feu, elles activent notre mental afin de nous reconnecter et nous permettre ensuite de participer aux plans multiples de la Parole de Dieu. Chaque lettre a une marque lumineuse ou une flamme de lumière sur les lettres, ce qui s'appelle dans la tradition hébraïque une marque de YOD qui envoie un spectre d'énergie. En Hébreu, le YOD est considéré comme le point infini, c'est la seule lettre qui ne touche pas la terre et qui reste suspendue au milieu de l'air. En fait, il s'agit d'une étincelle de lumière, c'est une projection de lumière qui se projette à travers le temps et l'espace.

De plus, le YOD porte la vibration du 10 qui représente la complétude ou la complétion de l'Arbre de Vie. Les lettres de feu des écritures hébraïques et tibétaines ont les vibrations les plus hautes et les plus puissantes. Vous savez que les langages émanent des radiations dans le corps. Le tibétain a une pénétration verticale dans l'organisme, les langages égyptien et chinois ont une pénétration horizontale et le langage hébreu agit diagonalement, donc à lui seul, il rassemble les vibrations verticale et horizontale, c'est donc un langage de feu, de manifestation divine.

Les lettres de feu tibétaine servent à façonner les niveaux de conscience entre les cieux et la terre. Il est dit dans la Clé 2.1.5, p 316 verset 73 «Au Tibet, les Ecritures Sacrées de l'énergie de Phowa et d'Odsal fournissent les modèles de résonance fondamentaux de l'évolution de la race humaine, et fondamentaux quant à la compréhension de la manière dont les incorporations des énergies de conscience peuvent se matérialiser à partir d'autres évolutions». Il nous est également dit dans la Clé 1.1.0, p 97, verset 1 «Que si nous interconnectons les langages égyptien, hébreu, sanscrit, tibétain, chinois, nous serions mentalement interconnectés avec des civilisations représentatives de «l'Evolution Supérieure». En fait, les lettres de feu hébraïques, notamment, les sons sacrés énergétiques et les formes pensées de Lumière quand elles sont utilisées, permettent d'établir la connexion avec les intelligences des Pléiades et d'Orion de manière à ouvrir la matrice de l'Esprit à la Lumière Eternelle. **Enoch précise dans cette Clé que si les 5 langages étaient utilisés simultanément,** ils activeraient dans le cerveau la communication pictographique de la Fraternité d'une part, et d'autre part, ils créeraient un sas mental et énergétiseraient le Corps Lumière Super-Soi.

5. La Jérusalem Divine:

La Jérusalem Divine ou Céleste signifie l'ensemble des peuples qui ne reste pas attaché à une tradition ou à une prophétie particulière, ce n'est pas un groupe physique ou ethnique, c'est une question de niveau vibratoire. L'Israël Divin est l'ensemble de tous ceux qui sont unis dans les dimensions de l'Esprit du Père. Israël: is de Isis, Râ du Dieu soleil Ra, El de tous les Seigneurs de Lumière tel que Michaël et tous les autres. Lorsque nous aurons changé de dimension, donc, réalisé le saut quantique, nous aurons réalisé la Nouvelle Jérusalem. La Jérusalem Divine, sera l'ensemble de ceux qui, unis dans les dimensions de l'Esprit du Père, auront complètement changé. Nous serons capables de quitter notre royaume matériel et d'atteindre n'importe quel royaume de Lumière. La Jérusalem Divine est l'ouverture vers un Dieu Vivant qui vit dans la totalité des dimensions et même dans des dimensions où les formes pensées d'autres dieux ne peuvent pas séjourner car Il est le Dieu de tous les Dieux.

Si nous ne savons pas faire les choix nécessaires, nous ne serons pas de ceux qui atteindront le véritable Israël et notre énergie matière continuera de se réincarner dans le même schéma de réalité chimique.

Dans la Clé 2.10. il nous est dit que le véritable Israël est également connu comme les Enfants de Lumière. C'est un peuple qui a un seul dessein divin allant de pair avec Dieu jusqu'à la Victoire et, avec cette lumière, il transforme le côté matériel de la création en harmonie avec le Père et il fait cela en démontrant les vérités spirituelles supérieures proclamées à tous les peuples. Ils sont le restant de la semence sur notre planète car ils constituent le restant de la Race Supérieure d'Adam Kadmon envoyée sur cette Terre. Cette race a été amenée sur Terre pour développer une intelligence supérieure et développer des canaux de liaison avec les nouveaux ordres d'évolution. Depuis lors, les Fils de lumière et la Grande Fraternité Blanche ont soutenu le Véritable Israël tout au long des générations de l'homme. En d'autres termes, cela semble dire qu'au fil de notre évolution, certains sages ou initiés qui sont en contact avec la Grande Fraternité Blanche servent de canaux de liaison, de communication avec ces mondes supérieurs, avec la Conscience Supérieure. Ils nous aident, à travers le temps dans notre évolution ce qui permemet, malgré tout, le maintien du lien avec la Race Supérieure. Ce sont des témoins, des gardiens, des transmetteurs et des enseignants. Il nous est bien dit au cours de cette Clé 2.1.0, p 26, verset 7 «Sous la guidance des Fils de Lumière, le Véritable Israël apporta les Ecritures de Lumière à la Communauté de Qmran, le Véritable Israël apporta les Ecritures de Lumière à la Communauté d'Alexandrie, le Véritable Israël apporta les Ecritures de Lumière au Bassin de Takla – Makan au Tibet, le Véritable Israël apporta les Ecritures de Lumière à la Communauté Nag Hammadi et le Véritable Israël apporta les Ecritures de Lumière au Grand Lac Salé».

6. La Lumière Ain Soph:

La lumière sans limite, la lumière qui «voit» et qui connaît le Nartoomid, la lumière Eternelle, illimitée. L'homme éveillé dans le temps présent de sa zone temporelle de conscience peut programmer et se reprogrammer instantanément par le pouvoir de l'Ain Soph. L'esprit de l'homme dégagé hors de sa dimension spatiale, c'est-à-dire tridimensionnelle, va vers une sanctification supérieure de Lumière où il peut s'unir avec un nouveau seuil énergétique pour sa transfiguration.

Dans le domaine particulier de la communication télémentale, la «lumière» qui active la glande pinéale est l'Ain Soph et non pas la lumière solaire ordinaire qui est destructrice pour les mécanismes mémoire nécessaires pour travailler avec l'intelligence ultra-spectrale.

7. Le Rôle de la pyramide

Les pyramides sont des pierres vivantes car elles sont un instrument vibratoire, une matrice connectée avec les lignes (les grilles) de notre planète comme les cellules pyramidales qui se trouvent dans le cerveau, qui surveillent et envoient de l'information. De plus, elles ont été construites selon une carte du ciel bien précise, c'est ainsi que l'on trouve les conduits de la Grande Pyramide tournés dans des directions précises, l'un pointant vers la constellation d'Orion et l'autre vers Alpha Draconis (symbole de l'entropie négative dévorante qui maintient les planisphères enchaînés), positions que l'on retrouve d'ailleurs tous les 26000 ans lors d'une rotation complète ce qui démontre bien que c'est une horloge cosmique. L'intérieur de la Grande Pyramide renferme de nombreux codes ayant trait aux relations entre l'homme et la planète, le système solaire et la galaxie dans son ensemble et elle est donc connectée à Orion, région de programmation positive de notre univers.

C'est un temple vibratoire connecté au Temple du Tout Puissant; la pyramide est l'héritière des structures mathématiques qui expliqueront comment les pyramides sont des modèles astrophysiques physiques du temps espace connectant notre évolution avec l'évolution supérieure c'est à dire qu'elles servent de points focaux pour énergétiser les idées qui rendent l'espèce capable d'évoluer au stade suivant de la technologie de lumière. Elles sont construites en formation de grilles et sont connectées à des chronomiteurs qui mesurent en unités de 1000 ans les taux vibratoires de conscience d'une planète donnée. Ces taux vibratoires déterminent quand les mondes de conscience sont prêts à accepter des guides physiques extra-terrestres qui engagent la croissance spirituelle. Elles possèdent donc les codes de la connaissance d'une programmation supérieure.

La Grande Pyramide a été construite alors qu'un véhicule Merkabah de Lumière ayant la forme d'une pyramide stationnait dans le bassin de Gizeh et procurait les champs d'énergie nécessaires à diriger et à mouvoir les lignes de force et le matériau physique de construction. (Clé1.0.4, verset 21, p 37).

Vous savez que la pierre de faîte originale, véritable, de la Grande Pyramide est manquante. Or, comme la pyramide est un modèle de notre corps, il nous manque à nous également notre pierre de faîte, c'est-à-dire notre Super-Soi Trinitisé. Quand nous réusissons à activer notre arbre de vie intérieur, c'est-à-dire manifester la connaissance Christique, le Super-Soi, nous pouvons produire une petite pierre de faîte qui permettra ainsi aux Seigneurs de la Lumière de se manifester et nous pourrons alors utiliser notre Mekabah car nous aurons acquis suffisamment de lumière. L'incarnation du Christ a permis de nous démontrer qu'il avait réalisé sa pierre de faîte, sa Merkabah.

La pyramide d'Egypte est un portail conduisant aux étoiles et à travers lequel les intelligences stellaires viennent pour servir la création humaine. Toute la connaissance spirituelle et mathématique est modelée dans la Grande Pyramide car les Seigneurs de Lumière ont codé l'information nécessaire pour permettre à l'évolution de l'homme de trouver son ultime liaison. Elle est également le point de convergence de toutes les régions majeures de courbure temporelle de par le monde. C'est donc, à ce point précis, que convergent sur terre, toutes les grilles géomagnétiques afin de recevoir la pierre de faîte.

Il existe également un lien entre la pyramide et le travail de l'Office du Christ. Enoch nous dit que l'homme commencera à dénouer les mystères de la Grande Pyramide en fonction de l'enseignement biblique et il concevra qu'il existe au sein de cette Pyramide un champ d'énergie différent à l'intérieur duquel les fonctions biochimiques de Moïse et de Jésus peuvent être décelées car elles sont les plus hautes manifestations incarnées de Jéhovah pour notre cycle présent. Il se trouve donc une pierre d'angle appelée l'Eben Shettiyah qui représente l'autel pour Jéhovah dans lequel sont renfermés les codes de la Sagesse du Plan Divin, de la délivrance. Moïse et Jésus ont été initiés dans la Grande Pyramide, en des temps différents, dans la chambre du fils et ils connaissaient probablement les vibrations correctes du son utilisé ou à utiliser dans chacune des chambres pour activer la pierre de faîte de lumière.

La pyramide d'Egypte est reliée à Israël par une grille énergétique. L'Egypte a une pyramide en pierre, Israël détient le symbole de la pyramide spirituelle dans les écritures de la Torah Or et par le travail du Christ qui est venu nous démontrer comment le corps de chair peut être transfiguré par Amour envers le Père et notre prochain, et comment on peut ascensionner.

8. Les temples sacrés et lieux sacrés

Tous les temples sacrés de par le monde (construits selon des modèles bien précis) sont positionnés sur des emplacements liés aux grilles énergétiques. Les hommes n'ont fait que manifester, en dur dans la troisième dimension, ce qui était présent dans une autre dimension.

De plus, tous les lieux sacrés sont des endroits où Melchisédek a régné et ou de grands patriarches tels que Abraham, Moïse, Elie, David et Jésus y ont incarné la prêtrise de Melchisédek que nous verrons plus tard. Tous ces lieux sont généralement chargés de vérités spirituelles et de documents. Ces lieux sacrés sont des portails du temps où race humaine et intelligences supérieures se sont rencontrées. Les Temples où les Manuscrits Sacrés sont la signature matérielle de ces rencontres avec les Seigneurs de Lumière. Tous ces sites sont reliés entre eux par des géométries pyramidales ou triangulaires et la Grande Pyramide de Gizeh en est le point central. Rien n'est laissé au hasard, tout est minutieusement calculé. Ils furent créés par une même conscience.

Parmi les sites connus: Stonehenge, Tihuanaco, Woodhenge (Grande-Bretagne), sur le plateau de Golam, à l'Est de la mère de Galilée, le Sphinx pyramide, Qumran, bassin de Taklan Màkan au Tibet, le bassin de Tarim, Chichen Itza, Palenqué. Ils sont donc le fruit, le résultat d'une intervention supérieure et démontrent les horloges du temps dans lesquels sont inscrits des codes sacrés. Ils indiquent à quel moment les Seigneurs de Lumière descendent des cieux du chiolocosme pour assurer l'interaction avec les peuples de la Terre. Dans les écrits de Nag Hammadi (lieu se trouvant en Egypte), on parle du Maître Enoch qui annonce la venue des hiérarchies et le temps du changement planétaire. Ces sites sont des points de contact avec les univers plus élevés qui montrent notre part dans le chiolocosme et l'action réciproque collective des milles univers. Ces endroits étaient utilisés par les Seigneurs de Lumière pour coder et initier les races du monde. Si nous prenons l'exemple du Sphinx pyramide, il a été placé au milieu de la terre comme modèle vivant de la destinée de l'homme qui est dans un corps évolutionnaire supérieur. Il sert également de marchepied, de seuil pour atteindre d'autres systèmes solaires de conscience dépassant notre cadre.

9. Melchisédech et l'Ordre de Melchisédech

Melchisédech veut dire d'une part le Roi (Mélek) et d'autre part le juste (Zédek).

Melchisédech en fonction du programme du Père décode selon l'évolution de la vie les horloges temporelles (c'est à dire les points et grilles énergétiques de la Terre et des autres mondes). Il équipe les âmes d'une conscience lumière afin qu'elles puissent entrer sous le contrôle de la Hiérarchie et non pas sous le contrôle des seigneurs déchus qui ne veulent pas donner de lumière aux cieux inférieurs qui sont en leur pouvoir. La conscience lumière étant la lumière qui sert à créer le corps spirituel de lumière.

L'Ordre de Mélchisédek ou Fraternité de Melchisédek, placé après l'Ordre du Fils de Dieu, sont les Fils de Lumière qui gouvernent les mondes planétaires qui ont reçu la semence Adamique et qui effectuent la reprogrammation de conscience permettant de se connecter à des niveaux supérieurs et d'établir la souveraineté spirituelle de YHWH.

Cet Ordre se concentre sur l'avancement de la conscience et la reprogrammation de la Lumière et il aide des centres énergétiques tels que Israël ou le Tibet qui ont des incarnations prophétiques afin de préserver leurs écritures sacrées.

Dans l'histoire de la planète et l'incarnation de cet Ordre, il y a eu des petits groupes formés de patriarches, de prêtres scientifiques et érudits qui ont été fidèles à la Parole de Dieu. Que se soit Melchisédek par Abraham, Moïse, Elie, David, et Jésus, ils ont préparé et aidé l'humanité à grandir, à évoluer. Dans l'épître des Hébreux, dans le Nouveau Testament, il nous est dit que Jésus était un prêtre de l'Ordre de Melchisédek car la programmation du réveil de l'humanité sur cette planète, c'est-à-dire amener la connaissance correcte et d'annoncer le retour des Maîtres, faisait partie des attributions de l'Ordre de Melchisédek.

De plus, l'Ordre de Melchisédek aidera l'esprit humain, au moment du saut quantique et de la reprogrammation, à utiliser la trinité des septième, huitième et neuvième chakra, donc, ses cinq corps de lumière.

10. Les grilles énergétiques:

La Terre possède douze vortex reliés entre eux (planche 15, p 315, Clé 2.1.5) dont le plus grand se situe en Egypte au niveau de la Grande Pyramide et ils sont tous placés sur des points stratégiques des grilles cosmiques représentant un vaste réseau structurel et immortel en opération entre les Cieux et la Terre.

La Terre est contrôlée par de grands courants d'énergie géomagnétique qui sont tous connectés à la Pyramide d'Egypte qui fait également partie d'une grille – énergie unique qui établit la connexion avec Israël. Tous ces sites sacrés forment un réseau qui influence, entoure et agit sur l'évolution de l'homme. La Fraternité de Lumière utilise ces douze réseaux vortex pour pénétrer dans la biosphère de la Terre et y construire de grandes civilisations qui aident la conscience de l'homme à comprendre son origine Divine et l'Evolution Supérieure effectue des transmissions d'informations à ceux des membres de la race humaine sensibilisés à ces harmoniques géométriques.

Pour que les grilles soient efficaces, elles doivent tenir compte des aspects géophysiques, mentaux et spirituels car ce sont de véritables champs magnétiques qui permettent de faire passer de l'information et de faire de la communication télémentale instantanément puisque elles recouvrent toute la planète. L'information peut se projeter en l'espace d'une fraction de seconde. Il peut y avoir des grilles principales mais qui sont reliées les unes aux autres avec des arcs. Tout est structuré même dans notre univers local. La Grande Fraternité Blanche gouverne les Peuples de Dieu par les douze zones de sas temporel de lumière qui activent les grilles ou les arcs pour travailler dans une dimension supérieure de Lumière.

Contrôler ces grilles, c'est contrôler la conscience de cette planète, donc agir sur les émotions, le ressenti, c'est laisser passer les informations que l'on désire.

Plus l'homme comprendra le fonctionnement des grilles, plus il comprendra l'importance de la pyramide comme modèle central, et plus il acquierrera une connaissance différente et ira vers une Véritable Connaissance qui lui indiquera le chemin de son évolution et lui fera comprendre les mondes supérieurs. Depuis 1976, les grilles ont commencé à être déplacées dans un nouveau programme géophysique.

11. La Trinité:

Le Professeur Hurtak commence toujours son exposé par une prière trinitaire car la Trinité attire les énergies de l'invisible.

La réalité physique extérieure sur notre planète est l'homme, la femme et l'enfant. Cependant, s'il n'y avait pas une puissance de Lumière, la famille serait subjuguée par la prédilection de la chair. Sur d'autres planètes, trois frères de Lumières et trois sœurs de Lumière sont unis en trois Seigneurs de Lumière. Dans d'autres dimensions de conscience, le rassemblement des Fraternités de Lumière à travers trois Seigneurs de Lumière opère en une unité.

Importance de la Trinité qui se retrouve partout, (les intelligences non physiques apparaissent en faisant une géométrie en forme de trois), preuves de l'Intelligence Divine. Les Seigneurs de Lumière sont sous un aspect trinitisé et manifestent le Travail de la Trinité Père, Fils et Shekel. Jésus est apparu sur le mont de la Transfiguration aux côtés de Moïse et d'ELIE pour bien démontrer qu'il ne travaillait pas seul. Moïse donna à l'homme la Torah Or, le modèle du Royaume de Dieu sur terre et la loi. Elie démontre le véhicule de lumière (Merkabah) qui relie notre univers physique à d'autres univers et Jésus a démontré comment le corps charnel peut-être transfiguré pour que la conscience de l'homme et les Super-Soi puissent s'unir et former le Corps Christ de Vie Eternelle. C'était trois corps différents mais une seule et même énergie.

Quand nous prions, nous nous adressons à Dieu, nous pensons au Père qui administre, au Fils qui délivre et au Saint Esprit qui révèle et recycle.

12. Importance de l'équilibre des trois corps

Pour qu'un individu soit en parfait équilibre, il faut que ses trois corps (corps physique, corps émotionnel et corps spirituel) soient en équilibre. Et il est bien évident que tant que nous sommes à la botte de nos émotions de toutes sortes (colère, désir, ressentiment, jugement, peur, etc...), **nous restons emprisonnés non seulement dans un système personnel et infernal, mais nous favorisons, alimentons, cautionnons uniquement et principalement le corps émotionnel et donc, en conséquence, une certaine énergie qui se nourrit principalement de cette partie névrotique de nous.** De plus, nous alimentons consciemment ou inconsciemment la névrose collective gérée par les Seigneurs Déchus. Le corps n'est qu'une tunique de peau, un habit que nous revêtons au moment de notre incarnation et qui nous permet d'évoluer dans notre programme. Nous existons physiquement uniquement dans le contexte actuel de notre univers local, dans notre mental, notre rationalité.

Nous devons avoir les pieds sur terre avec de bonnes racines et la tête ouverte vers les étoiles, le ciel. Mais, nous devons nous habituer aussi à ce que la spiritualité fasse partie entière et intégrante de nous, elle est indispensable à notre équilibre. Nous pouvons choisir de nourrir nos corps spirituels par la connaissance, l'amour et la sagesse et, en y parvenant, nous réveillons nos corps spirituels endormis ce qui nous permet de nous reconnecter à la Source, de retrouver en même temps le lien perdu et par la même occasion de nous ouvrir d'autres voies. Le corps émotionnel qui est l'une des composantes de **l'individu n'est jamais créé par le Divin et c'est seulement quand nous commençons à travailler sur l'humilité, l'amour, la tolérance, la générosité, que cette énergie revient dans le spirituel.**

L'apprentissage de la connaissance n'est pas inné chez l'homme, c'est un travail, une expérience qu'il doit faire d'autant plus qu'il est placé dans un univers local bien déterminé. Les désirs, les émotions, les lois sont des outils nécessaires et impératifs pour notre évolution, c'est un mal nécessaire afin qu'un jour, il puisse devenir l'homme cosmique capable de participer aux autres formes de créations cosmiques. Dans la Clé 1.0.9,p 94, verset 102, il nous est dit «et afin que l'homme puisse participer à cette évolution supérieure et que son image soit recréée en tant qu'Adam Kadmon, il doit tout d'abord traverser la Nuit de la Destruction, la Nuit du Désespoir». Ce qui semble bien dire que l'homme n'a pas le choix pour retrouver l'Image Essentielle et qu'il doit traverser des zones de turbulence, de désespoir et des zones de toutes sortes afin de n'en garder que l'essentiel. Nous devons donc descendre dans nos ténèbres intérieures, dans nos profondeurs pour pouvoir remonter et n'en garder que la perle, ce n'est que dans l'impasse que nous trouvons l'issue. Tant que nous restons en surface, nous sommes des jouets manipulés par notre corps émotionnel.

Nous savons bien les uns et les autres que le monde est à l'image de ce que nous sommes. Nous savons bien, par expérience, que si nous changeons de manière de faire, de penser, d'agir, de ressentir, le monde extérieur peut complètement changer, l'énergie peut être totalement différente. Il faut, donc, contrôler notre mental rationnel. Nos pensées d'aujourd'hui font notre monde de demain, nous en avons tous fait l'expérience. Nous ne devons plus travailler sur une illusion matérielle, nous devons sortir de nos limitations inférieures, de nos chakras inférieurs. Nous devons choisir le programme sur lequel nous allons nous brancher, à savoir le programme de formes pensées ou celui qui est supérieur. Il est impératif, sans tarder, ici et maintenant, de devenir les acteurs et les artisans de notre avenir spirituel. Si l'on en reste à un niveau mental, de réflexion, on ne pourra pas expérimenter ni manifester la Lumière et c'est une nouvelle forme de manipulation. Plus nous travaillerons avec la Lumière, plus elle viendra à nous et plus nous la reflèterons.

Nous devons absolument nous déprogrammer, changer la cassette de notre mental et nous aligner dans notre essence profonde. L'exercice de l'intellect, du sentiment et de la volonté peut faire un philosophe mais pas un mystique.

13. Le saut quantique:

L'humanité aujourd'hui dans la troisième et quatrième dimensions va sauter dans la cinquième dimension. Ce changement va affecter tous les niveaux d'intelligence, c'est-à-dire que nous allons pouvoir entrer collectivement dans un autre système de création et nous mouvoir dans la multiplicité des mondes de la Maison du Père. Les 64 domaines scientifiques vont également muter et permettront ainsi à l'humanité d'augmenter sa compréhension et d'élever sa conscience. Le changement de la densité électromagnétique de l'atmosphère terrestre incitera certaines espèces à devenir plus violentes et d'autres espèces à se rapprocher du Christ tandis que l'homme sera aspiré vers une spirale ascendante de lumière ou annihilé par l'effondrement de la vieille fréquence électromagnétique.

La terre est dans un cycle alpha – oméga et elle passera dans une transition appelée chevauchement spatio-temporel c'est-à-dire que nous pénètrerons dans une zone magnétique nulle appelée le Point d'Energie Zéro (PEZ),c'est-à-dire que la terre sera bombardée d'une autre fréquence électromagnétique, différente de celle du moment, et qui permettra aux Seigneurs de Lumière de ré-encoder l'humanité selon un plan bien précis et de façonner les couplages nécessaires pour hériter du Royaume Lumière avant de pouvoir bénéficier d'une complète orientation dans une autre dimension. Sous l'effet du codage de lumière, lors du chevauchement spatio-temporel, le corps physique et le corps Super-Soi fusionnent de telle manière que la forme physique est alors capable d'apparaître simultanément à deux endroits et même plus et ce nouveau programme suppose que la génétique de l'homme fonctionne sur une longueur d'onde plus élevée. C'est pour cette raison que la Fraternité de Lumière accélère le système des biorythmes humains pour l'insérer dans un spectre de matière énergie moins dense préparant ainsi l'homme à revêtir son corps Super-Soi et à passer dans la cinquième dimension. Pendant la superposition spatio-temporelle, il y aura le passage d'un univers énergie à l'intérieur d'un autre tandis que notre esprit planétaire franchira le seuil de densité électromagnétique actuel et qu'il s'élèvera vers la prochaine orbite électromagnétique de l'Esprit Universel.

Si ce changement d'évolution au sein des grilles magnétiques ne se produisait pas, la conscience ne ferait que de se réincarner dans la même station planétaire de vie et dans la même coquille que ce qu'elle avait précédemment. Sans cette promotion, la conscience répeterait tout simplement les mêmes modèles de formes pensées qui lui feraient acquérir le même type de corps physique pour continuer en répétant le même assignement. En d'autres termes, cela veut dire que si le changement ne pouvait pas se réaliser, y compris au niveau des grilles magnétiques puisqu'elles servent comme nous l'avons vu précédemment de distribution de formes pensées, nous resterions emprisonnés dans notre mode de pensée tridimensionnel et nous ne pourrions pas avoir accès au stade suivant d'évolution, ce qui serait une certaine forme d'emprisonnement et de stagnation.

Mais si nous réussissons, en ce point, en tant que fils de l'Homme, nous deviendrons les Fils de Lumière et transplanterons notre conscience – lumière dans d'autres régions de notre univers local. A un niveau plus individuel, l'homme s'ouvrira à sa dimension cosmique de lumière et notre conscience lumière pourra se transplanter, se poser dans d'autres régions de notre univers local, et tout comme au temps de l'Adam Kadmon, nous communiquerons de nouveau avec notre source de lumière parente.

Au moment de la culmination du chevauchement, il y aura des changements géophysiques, politiques et astronomiques et ces changements seront universels, pas seulement sur notre planète.

Tout dépendra de notre état de conscience. Il nous est dit dans la Clé 1.1.4,p 135, verset 47 «Lors de cette transformation, l'Homme doit sacrifier son Je de l'individualité ou JE SUIS collectif pour s'élever vers les Royaumes de Dieu et se soumettre en dédiant sa vie avant tout et au-dessus de tout au service du Père».

Il y a trois niveaux d'ascension, premièrement, ceux qui n'arriveront pas à faire cette graduation, c'est-à-dire cet examen, ils seront recyclés, reprocessés afin de recommencer un développement, un programme qui leur est propre, car rien n'est perdu, tout est recréé. D'autres pourront continuer avec leur corps physique à l'intérieur d'une enveloppe de lumière différente et ceux-là seront enlevés dans des engins spatiaux qui se trouveront dans l'espace mais pour la plupart, ils seront enlevés de la Terre car celle-ci traversera des changements qui ne seront pas propices à la vie. Et enfin, sur le niveau le plus élevé de l'ascension, il y aura ceux qui traverseront la cinquième dimension et cinquième réalisation et ils seront amenés vers des niveaux d'intelligences qui leur permettront de continuer à travailler dans les domaines appropriés aux harmonies de leurs âmes.

Tout ceci se fera protéger par le Pilier de Lumière et donc sous le contrôle direct de la Fraternité de Lumière qui préviendra de la désintégration de l'unité de conscience pendant la transition et c'est elle qui nous reprogrammera pour nous diriger dans une longueur d'onde de lumière plus élevée. Il en résultera une réorganisation complète du système de vie sur Terre tandis que la création humaine commencera à opérer une nouvelle force créative magnétique et électromagnétique. Ce passage fait partie du Plan Divin du Père qui a été établi pour contrebalancer la violation par la terre et par l'homme de la loi cosmique de Lumière et d'Amour.

En transcendant sa dimension de conscience, l'homme comprendra que le temps et l'espace n'existent pas en réalité et une fois que l'homme a évolué dans la dimension de conscience suivante, il peut, comme Jacob s'élever dans l'échelle galactique et atteindre d'autres champs de temps et d'espace.

14. Les cinq Corps:

- le corps électromagnétique qui n'est en fait que la forme matérielle grossière et dense que nous connaissons, qui est dans un état d'inconscience de l'Esprit Vivant. Cette forme physique n'est qu'une simple manifestation d'une forme multidimensionnelle.

- le corps Epicinétique: qui est le corps sensibilisé à recevoir la musique des sphères qui permet la participation directe avec les Frères de Lumière, corps de haute intensité, haute vibration. Alignement des 4,7 et 8 chakras avec l'ouverture de la région du cœur et la région de la couronne qui s'alignent ensuite avec le Moi Supérieur, ou la région du huitième chakra qui est connectée à la Supra-conscience. Le corps Epicinétique à travers son langage musical stimule les sens supérieurs, évoquent des sentiments profonds et de grandes émotions et énergétise le mental et le corps dans des processus de grande créativité. Le corps Epicinétique commence notre expérience de l'énergie de vie supérieure au delà du corps physique car il est capable de travailler non seulement avec la musique mais même à sa fréquence vibratoire la plus élevée.

Le corps Epicinétique travaille avec une énergie vibratoire supérieure nous permettant littéralement de traverser les murs qui nous entourent. Si nous sommes sur la fréquence juste, nous pouvons changer la forme physique en une forme d'énergie avancée et revenir ensuite dans une forme physique, ceci étant, le corps vibratoire et la conscience voyagent avec nous.

- Le Corps Eka: qui permet de fonctionner avec de nombreuses relativités multiples (nombreuses manifestations simultanées) et qui permet le déplacement, c'est à dire qu'il peut fonctionner à travers des manifestations et fréquences multiples avec des royaumes et zones temporelles parallèles, coordonnant d'autres corps électromagnétiques et Epicinétiques simultanément.

- le corps Gématria: qui crée au moyen de la Connaissance Divine, la relation mathématique entre le mental à l'intérieur du corps et le mental dans le monde supérieur pour qu'ils soient en parfaite harmonie et coordination, et grâce à cela, la bioluminescence, ce qu'on appelle l'aura chez les saints, rayonne autour du corps. En d'autres termes, l'intelligence du mental supérieur connectée à la Connaissance Divine.

- Le corps Zohar: il est la manifestation la plus pure de l'Ain Soph, est le corps le plus élevé des Cinq Corps à acquérir. Il apparaît comme un éclair de lumière, une puissante Lumière ardente qui permet à l'initié de s'avancer dans cette lumière, de pénétrer dans un environnement de Lumière Vivante et dans certains cas parmi les mondes supérieurs de Lumière .

C'est la réalisation de la plénitude de l'activation complète du Corps de Lumière à l'intérieur de nous. Notre conscience et même notre corps physique peuvent ascensionner et nous pouvons apprendre à fonctionner en tant qu'émanation directe du Trône. Pareillement, nous pouvons être avec le Christ ou l'Esprit Divin ou avec n'importe lequel des Guides ou Maîtres Divins; nous pouvons faire partie de leur Arbre de Vie, tout en vivant et travaillant dans la Lumière sur la planète Terre.

Ceux qui ont accompli la réalisation de soi nécessaire pour travailler avec la totalité des 5 corps ont la capacité de coexister simultanément dans plusieurs corps ou dans tous, à travers le mystère de l'incarnation collective. Cette extension est faite à travers «Merkabah».

14. Merkabah:

Merkabah vient de la dimension ultra terrestre et elle est connue car elle amène la Parole de Dieu, la Musique Sacrée. Elle ne vient pas pour nous détruire mais pour nous apporter la joie. La Merkabah doit être connectée avec l'ouverture des 7 chakras ou des 7 yeux pour nous donner l'omnidirectionnalité de la vision et de la compréhension. Elle doit être également connectée avec la Divine Hiérarchie car c'est le véhicule de la Hiérarchie. Merkabah révèle l'expérience du Corps de Lumière qui descend des mondes supérieurs (c'est-à-dire que Merkabah ne peut pas se faire sans l'expérience) et ordonne à la force-vie de l'homme de s'éveiller et d'être intégrée avec l'intelligence Divine. Merkabah permet au corps du Super-Soi d'entourer, tel un dôme, le corps physique, et non vice versa, lorsque vous êtes prêts à avancer dans la fonction d'évolution suivante.

Lorsque nous avons réalisé la totalité des Cinq Corps, c'est à dire quand notre âme atteint les niveaux les plus élevés de perception de conscience et d'harmonisation avec le Père, que nous ne sommes plus dans la dualité, la séparation, le cloisonnement, l'égoïsme, mais dans l'infinité, dans le tout, le Don, l'Amour et donc, nous activons la Merkabah, nous pouvons opérer, nous déplacer simultanément avec plusieurs Véhicules Bijoux. Nous pouvons être à plusieurs endroits, à la fois, vivants. Nous sommes dans la Vie, dans le Tout.Le Véhicule Merkabah travaille avec le Nartoomid, la Lumière Eternelle, et le Shekinah, la Présence du Père, aucun homme ne pourrait entrer en la présence du Père sans Merkabah.

Quand nous arrivons à l'activation complète du Corps de Lumière à l'intérieur de nous, nous nous éveillons à sa similitude vibratoire où nous nous reconnaissons non pas comme simple chair et sang physiques mais aussi comme le Corps de Lumière devant le Trône de Dieu avec un sang transformé en code supérieur de Lumière pour expérimenter tous les mondes supérieurs de Lumière. Ce qui veut simplement dire que nous avons complètement muté nos cellules dans la programmation Divine. Lorsque nous opèrons avec la totalité des Cinq Corps, nous n'opérons pas seulement avec un véhicule mais simultanément avec tous les Véhicules Bijoux (Mekabah). Notre conscience, et même notre corps, peuvent ascensionner comme Enoch et Elie et nous pouvons apprendre à fonctionner en tant qu'émanations directes du Trône.

Lorsque nous serons équilibrés et libérés de la négativité de l'anti-univers, lorsque nous expérimenterons la conscience-lumière du Corps de Gématria, nous serons alors prêts à recevoir nous-mêmes la présence de l'Esprit Saint et être en communion à travers Merkabah avec les Seigneurs de Lumière.

15. Image et Similitude:

Le Professeur Hurtak met souvent l'accent sur l'Image et Similitude car nous vivons, aujourd'hui, dans un monde où il y a de nombreuses races extra-terrestres qui cohabitent sur la planète Terre et certains auront la prétention de dire qu'ils sont nos pères – créateurs. Beaucoup de ces faux maîtres veulent être adorés pour eux-mêmes et nous montrent qu'ils n'ont rien maîtrisé, surtout pas les Enseignements de base de la Fraternité, de l'Office du Christ. Ce gouvernement mondial déchu n'est basé que sur la compétition, l'acquisition, la consommation c'est à dire un matérialisme qui ne peut pas fonctionner car il est entropique, illusoire et destructeur. Le travail de ces entités déchues est de nous transmettre l'idée que nous n'avons pas de Sur Soi et que nous ne pouvons pas accéder à la conscience et à la connaissance. Ils nous limitent ainsi à la tri-dimensionnalité et donc à leur pouvoir.

L'Image et Similitude est le seul modèle de la force de vie que l'homme est à même d'utiliser pour travailler avec les Conseils de Lumière. L'homme, du fait de son incarnation, possède la capacité de s'élever dans l'Image du Maître, tout comme Jésus, reçu, à la vue de tous, le pouvoir Christ lui conférant sa Véritable Identité Supérieure.

Dans le glossaire, il nous est dit, p 590, «L'image divine est le modèle sélectionné par le Père pour exprimer sa Face. Dans les mondes aux niveaux supérieurs du Suprême et de l'Absolu, Son Image est immuable, alors que dans les mondes inférieurs de création Elohistiques, elle est soumise à l'expérimentation. Similitude est une réalisation progressive de l'Image, une tentative d'assimilation, de réalisation, de l'esprit divin. La Similitude est nécessaire pour protéger l'image au travers des différents seuils de Lumière». En d'autres termes, l'Image est le modèle choisi par le Père pour s'exprimer et dans les mondes supérieurs cette image ne bouge pas, elle est acquise, elle est, alors que dans les mondes inférieurs, elle peut être sujette à des changements en fonction de l'évolution de la race qui expérimente et elle peut correspondre à la conscience du moment. Similitude dans le sens de réalisation, d'assimilation, de l'Image, comme si l'Image devenait à un moment Similitude.**Donc je pense que le Professeur Hurtak** insiste bien sur Image et Similitude pour bien nous relier, nous reconnecter au Père. C'est une façon de nous dire que nous sommes à son Image et donc d'éviter toutes les tentatives néfastes qui proviennent de certaines formes déchues qui voudraient que nous ignorions d'où nous venons et vers quoi nous devons aller. L'Image devient un lien, un moyen de reconnexion. Quant à la Similitude, elle équivaut à un deuxième temps, à l'incarnation, la réalisation et c'est peut être le travail sur les Cinq Corps et donc, la Merkabah et au-delà.

16. La Hiérarchie:

La Hiérarchie est une multitude de commandements Hiérarchiques, à commencer par le Père en action au sein de la Trinité des Trinités avec les Seigneurs Architectes du Monde de la Demeure Maîtresse, qui expriment les forces irrésistibles de l'Amour Eternel. Les Hiérarchies évoluent parmi les programmes de l'autorité Divine exprimés par le Haut Commandement de Métatron, Michel et Uriel opérant avec les Déités absolues de Gabriel, Raphaël, Ariel et les formes créatrices du Saint Esprit Shekinah. Ils accomplissent la volonté de YHWH/ Yavhé/ Jehovah en manifestant Sa Joie et son émerveillement pour Sa semence Divine dans les Myriades d'univers sans commencement ni fin.

Puis, la Hiérarchie des «Etres Complets de Lumière» qui sont des entités de Lumière qui existent en corps d'énergie pure et qui circulent au travers des univers et quanta corpuscules mécanisés de Lumière dans le but de perpétuer la Création. Ce sont les:

- **les B'nai Elohim:** ils interviennent dans notre système local pour augmenter le potentiel spirituel en vue d'une nouvelle création dans une prochaine étape. Ils donnent également des instructions précises pour d'éventuelles constructions de temples qui doivent être construits selon des normes divines puisqu'ils inter-agissent sur l'évolution de la vie.

- **les Elohim:** ils créent les programmes qui engendrent et font évoluer l'Adam Kadmon selon un Plan donné et ils ont la capacité de créer des régions galactiques entières, directement à travers la radiation lumière de YHWH.

- **Les Malachim:** ils rétablissent la Loi dans les régions inférieures afin que l'homme arrive à comprendre la raison pour laquelle il a été déchu avant le programme actuel dans son univers tridimensionnel.

- **Les Ishim:** ils aident l'homme à transcender de la troisième à la cinquième dimension.

- **Les Selim:** ils font usage des formes sphériques musicales en formant un mandala musical pour inspirer l'art, les enseignements et les activités transformationnelles des dimension de création.

- **Les Hasmalim**: qui aident à faire la liaison des mondes spirituels avec les mondes de la forme physique et à montrer à travers les grilles de manifestations lumière que ces mondes sont inséparables.

- **Les Séraphins:** qui ouvrent les yeux de l'homme à son travail avec le gouvernement d'Evolution Supérieure. Ils protègent la sagesse Hocmah.

- **Les Erelims:** qui sont les ajusteurs de conscience qui peuvent sauver, orienter l'intelligence physique interdimensionnelle qui serait matérialisée dans une zone temporelle fausse ou dans une dimension de lumière erronée.

- **Les Ophanim:** sélectionnent avec grand soin, dans chaque société planétaire, les individus possédant la capacité de prophétiser et d'apporter la compréhension en ce qui concerne la création supérieure. Ils s'assurent donc que les enseignements supérieurs ne tombent pas entre les mains des pouvoirs inférieurs déchus ou les fraternités en rébellion qui refusent de servir la Hiérarchie Céleste du Père.

- **Les Chérubins:** ont un rôle de gardiens, de conservateurs des documents célestes. Ils sont capables de faire leur apparition sur le plan terrestre afin de diriger les affaires des humains et ils veillent à ce que les formes pensées des Maîtres et des Maîtres Ascensionnés soient en accord avec le Plan Divin lorsque il s'agit de rendre parfait le nombre d'âmes destinées à participer à un Plan Créateur.

- **Les Hyos Ha Kodeish:** dont chaque Maître Ascensionné est issu, peuvent se manifester dans toute forme qui leur convienne pour aider les incarnés physiques à accomplir leur dessein tel qu'il est dicté par les objectifs du Super-Soi.

- **Les Vingt Quatre Aînés:** ils siègent en la présence du Père en échangeant périodiquement avec d'autres Maîtres Ascensionnés leurs attributions et leur gloire. Ils sont capables d'amener à maturité spirituelle des myriades d'êtres, de vivre dans de nombreuses expressions éternelles. Ils peuvent faire leur apparition simultanée dans une infinité de formes. Chaque Aîné possède la capacité de créer une multiplicité de civilisation servant une des manifestation du Père et ils ont la vision de tous les 72 visages du Père.

Une fois que l'Homme a accompli son intégration évolutive dans l'Adam Kadmon, il peut hériter de n'importe quel monde de lumière servant le Père. Il est devenu une intelligence qui ne sera plus tributaire de la chair et du sang. L'Homme qui acceptera la Loi Supérieure continuera d'avancer dans les nombreux Ordres des Hiérarchies qui sont:

- **le Conseil des Neuf** qui gouverne notre univers local depuis que le Verbe du Père s'y est exprimé. Ce sera le Conseil des Neufs qui placera dans les nouveaux domaines, les «âmes physiques» qui se sont perfectionnées sur le plan terrestre. Les âmes qui ont atteint le plus haut point d'avancement sur la Terre feront partie de la Nouvelle Création.

Le conseil des Neuf est représenté symboliquement à Gizeh, il y a 9 pyramides en syntonie avec la pyramide de Chéops, cette dernière contenant les codes de la pierre de Fondation, l'Eben Shettiyah.

- **le Conseil des douze** en charge des nouveaux programmes de création pour notre univers local et les univers environnants c'est à dire qu'il ont étudié des chartes qui sont les arrangements des manifestations d'une physique nouvelle.

- **Le Conseil des Vingt Quatre**: conseil dirigeant les civilisations spirituelles dans les univers Fils. Ne pas confondre avec les Vingt Quatre Aînés ou Anciens.

- **Le Conseil des Cent Quarante Quatre** qui fonctionne comme Inspecteur des Hiérarchies spirituelles dans les univers dont notre Univers Père fait partie. C'est le tribunal des Maîtres Ascensionnés administrant les programmes de l'Ancien des Temps, l'Intelligence Infinie opérant par ordre de YHWH, le Dieu Créateur.

- **Les Maîtres Ascensionnés** qui sont des Maîtres ayant servi les cieux inférieurs pendant plusieurs incarnations en enseignant la Loi Cosmique de l'Univers et qui sont retournés en la présence du Père d'où ils reçoivent des nouvelles tâches d'enseignement pour une grande variété de mondes, en raison de leur grand amour.

Ces Conseils de Lumière opèrent aussi avec la Hiérarchie Supérieure des HYOS HA KOIDESH servant les mondes kuchavim (univers spirituel) qui sont constamment évolués.

Vous avez également les Fraternités de Lumière qui sont 70 en opération dans notre univers. Elles sont toutes aptes à comprendre n'importe quel type de langage spirituel ou n'importe quel type de connaissance.

- **La Grande Fraternité Blanche** fait partie d'une fédération de 70 fraternités Adamiques d'évolution supérieure dont la grande responsabilité consiste à administrer la Loi Cosmique de YHWH. Elle emploie des formes de vie physique pour superviser et inspecter les mondes planétaires inférieurs. Cependant, elle est soumise aux programmes d'une sagesse venant d'un niveau d'intelligence qui lui est supérieur et porte le nom de B'nai Or, les «fils de Lumière». De plus, au moment du changement d'évolution, la Grande Fraternité Blanche active les champs de cristal de la terre tout en préservant une certaine harmonie.

- **La fraternité de Melchisédek** qui se concentre sur l'avancement de la conscience et de la reprogrammation de la Lumière au long du cycle-vie des planètes.

Melchisédek est le Receveur de la Lumière de YHWH. Par l'entremise de Métatron, il purifie tous les cieux inférieurs et transfère leur lumière dans le Trésor de Lumière.

- **La Fraternité ou Ordre d'Enoch** qui travaille aux enseignements scientifiques et aux clés nécessaires à l'évolution de la graine stellaire ainsi qu'à la construction des pyramides et des grilles pyramidales de Lumière sur les planètes. Donc, le travail d'Enoch est plus axé sur la connaissance.

- **L'Ordre de Michaël** qui protège les différents univers par l'entreprise des Ophanim de la station intermédiaire afin que les intelligences, en transplantant et restructurant génétiquement les espèces soumises à la Loi Cosmique, ne le fassent pas au Hasard.

Actuellement, L'Ordre de Michaël est en train de purifier toutes les sphères d'intelligence, à commencer par les rangs les plus élevés de la création y compris de nombreuses fraternités de l'espace qui ont fait usage d'une technologie meurtrière. Donc le Seigneurs Michaël lutte contre les incorporations déchues de lumière, dans le serpent galactique qui représente l'Anti-univers dévorant. L'Ordre de Michaël est capable d'exercer la justice équitablement d'autant plus qu'il gouverne toutes les chartes administratives relatives aux actions ayant lieu dans tous les niveaux des univers. Michaël détient les clés de ces nouveaux cieux qui seront l'héritage promis à ceux que Dieu aura choisi. Il est le protecteur des programmes Suprêmes, ultimes.

- **Métatron, El Shaddaï**, qui signifie Seigneur Dieu Tout Puissant. C'est Celui qui forge de nouvelles sphères de pouvoir, de protection et de Divine Création. Celui qui œuvre afin d'élargir le Pacte et de relier les mondes du visible et de l'invisible. Il est Celui qui est le plus près du Trône et manifeste l'office de la Lumière Supraluminale, le travail de la Révélation. Dans son expérience, c'est grâce au corps de lumière de Métatron que le professeur Hurtak a pu aller en présence du Père.

Métatron, c'est également la science sacrée, celle qui relie la science à la spiritualité et qui permettra de découvrir les alternatives énergétiques dans les temps futurs. Quand nous avons fait les stages avec le Docteur Sabbah, j'ai pu réaliser et comprendre comment la science venait rejoindre la Spiritualité car malgré les notions médicales et scientifiques qui nous était données, l'influx majeur et principal venait de la spiritualité; on y retrouvait cette résonance. C'était des informations, souvent liées à un travail nécessaire lié à la spiritualité et j'ai compris que ça s'infiltrait dans ces domaines, doucement mais sûrement.

Métatron est le créateur des programmes de la lumière extérieure, des univers extérieurs qui ont été créés du vide et de l'absence de forme, c'est-à-dire qu'ils instille la Lumière Vivante de YHWH dans les régions obscures de façon à ce qu'elles puissent éventuellement accéder aux domaines spirituels. Cette science sacrée de Métatron n'a pas besoin de réseaux artificiels pour communiquer. Et nous comprenons alors beaucoup mieux la signification et l'importance du Langage Sacré, de la Musique Sacrée qui lorsque nous les utilisons font vibrer tout un champ magnétique qui nous connecte aux Seigneurs de lumière. Nous n'avons pas besoin de tuyaux, de satellites, de moyens sophistiqués et matériels, la communication est instantanée, directe, sans aucun artifice. Le lien se fait d'une manière naturelle, réelle et authentique, uniquement par vibration à partir du moment où l'être humain travaille avec ses chakras supérieurs. Ce sont uniquement des modes de communication vibratoire.

Donc, ces trois fraternités de Michel, Enoch et Melchisédek gouvernent les 70 fraternités de notre univers en y déléguant des millions d'émissaires pour réparer et faire évoluer les mondes inférieurs. L'influence exercée par ces trois Fraternités prépare le juste serviteur à travailler directement sous la conduite du Haut Commandement dirigé par Michel, Gabriel, Remiel, Uriel, Yophiel et Phanuel dont les forces combinées servent à résoudre les problèmes majeurs et à intervenir lorsque les issues d'une nouvelle direction spirituelle pour les mondes inférieurs sont discutées, Melchisédek est responsable de l'organisation des mondes tandis que Métatron, Michel et Uriel sont ceux qui régularisent l'écoulement de la Lumière nécessaire à l'expansion d'âme. Dans la Clé 3.1.9, verset 24, p 549 il nous est dit «Métatron et Uriel ont émis la Lumière pure et sans mélange. Quant à Michel, il supervise la Lumière qui vient à vous. Et Melchisédek reçoit votre Lumière et vous donne la «conscience de lumière» qui doit servir à créer votre corps spirituel de Lumière».

Toute cette organisation cosmique aide les êtres à évoluer, tout en surveillant, respectant et servant la Loi Cosmique du Père. Les Fraternités de Lumière s'exposeront toujours au danger, elles seront toujours là pour aider, elles célébreront toujours le sacrement.

17. Univers Père, Univers Fils, Univers Shekinah

L'univers Père consiste en de nombreux univers dont chacun possède un Dieu Créateur générateur des manifestations des formes pensées Divines.

L'univers Fils rassemble les manifestations collectives des mondes de matière brute qui ont été purifiés pour les offrir au Père.

L'univers Shekinah est le substrat (forme ou partie essentielle) corporel qui permet la transmutation de ce monde dans les mondes supérieurs à partir d'éléments très complexes. En d'autres termes, c'est l'univers intérieur où est opérée la transformation de la matière structurale d'intelligence.

18. Orion, son importance: késil

Orion est une porte d'entrée aux émissions de pure énergie. Nous savons que dans la Grande Pyramide de Gizeh, un de ses canaux est dirigé vers la ceinture d'Orion, Mintaka, Alnilam et Alnitak qui sont des seuils de contrôle ou régions de programmation positive utilisées par les Seigneurs Elohim de Lumière pour relier les nombreuses galaxies à l'univers Père. En d'autres termes, cela veut dire que les Seigneurs de Lumière, par l'intermédiaire du Conseil des Neuf, coordonnent et synchronisent à travers le champ énergétique d'Orion toutes les pyramides des galaxies de notre Univers Fils qui utilisent des programmes du Père Eternel.

Dans la Clé 1.0.6, p 54, verset 12, deuxième partie «Enoch nous dit clairement que la race Adamique, en tant que Famille de Dieu, est venue depuis Orion et les

Pléiades dans la forme physique. Les Pléiades sont donc à la fois le véritable berceau (sol de semence) et le Trône (les codes) servant de support à la conscience de lumière préexistante».

De plus, quand nous utilisons les langages clés, nous nous connectons directement au Centre Contrôle d'Orion Késil. Dans la Clé 3.0.1, il nous est également dit que Orion Késil est notre centre de contrôle stellaire car c'est dans Orion que réside la Lumière Vivante d'où sont consciemment et constamment diffusées les émanations de la Hiérarchie Spirituelle dans les champs gravitationnels des mondes planétaires inférieurs. En d'autres termes, cela veut dire que Orion Késil envoie des informations ou de la Lumière Vivante Supérieure de la Hiérarchie Spirituelle et que ce centre sert de canal

19. Les Pléiades, leur importance.

Le groupe des Pléiades est l'un des centres clés pour la programmation de la Lumière. Ce n'est pas un seuil de contrôle séparé mais une mesure de toutes les horloges temporelles – clés, de tous les temples astrophysiques de mesure. Sur la Terre, ces horloges temporelles sont localisées sur des grilles magnétiques et se focalisent sur la Grande Pyramide. Les Pléiades peuvent également être considérées comme la semence organique des Pneumatikokoï (ceux qui travaillent avec les Seigneurs de Lumière), les peuples spirituels de la Race Christ.

A propos de Kimah, les Pléiades, il nous est dit dans la Clé 1.0.8, p 78, verset 32. La solution clé consiste à comprendre comment le mouvement terrestre et le mouvement solaire sont liés ensemble durant la période d'un grand cycle de précession des équinoxes, le cycle de 26000 années qui fait la connexion avec kimah, le berceau à partir duquel nos cycles temporels embryonnaires sont calculés par l'Evolution Supérieure. Donc, cette précession des équinoxes équivaut à la longueur de temps que prend notre système solaire pour accomplir une révolution complète autour des Pléiades, notre plus grand soleil – parent, sur une période de 25827.5 années». Or, la longueur totale de la somme des deux diagonales de bases de la Grande Pyramide est de 25827,5 pouces soit la précession des équinoxes, au rythme d'un pouce par an.

Petite précision par rapport à la précession des équinoxes; la terre effectue une révolution complète autour de son axe toutes les vingt quatre heures et vue de l'espace elle tourne dans le sens inverse des aiguilles d'une montre. En tournant quotidiennement autour de son axe, elle décrit également une orbite autour du soleil toujours dans le sens contraire des aiguilles d'une montre selon une trajectoire légèrement elliptique. La planète file dans l'éther à la vitesse de 29,6 kilomètres par seconde. La précession est causée par un mouvement très lent de la terre, une sorte d'oscillation de celle-ci autour de son axe dont le cycle complet dure 26000 ans. Donc, apparemment, durant 26000 ans, nous sommes en connexion avec les Pléiades. Or, les Seigneurs de Lumière ont bâti les pyramides selon une carte du ciel bien précise puisque l'un des conduits pointe vers la Constellation d'Orion et l'autre vers L'Alpha Draconis.

20. La Maison aux Nombreuses Demeures:

Le plan de Dieu est sans fin. Même au sein de notre univers local, la vie continue à se recréer elle même. L'homme est condamné à la perfection et lorsque nous parvenons à cette réalisation, nous comprenons le pourquoi de «la Maison du Père aux Nombreuses Demeures». Chaque univers est composé de myriades d'univers ou de Maisons; chaque Maison constitue à elle seule un arbre de vie.

Le mantra HAKDAMOT HEKALOTH signifie l'entrée de la Maison du Père aux Nombreuses Demeures.

Voici les différentes adresses où vous pouvez contacter
l'Académie des Science du Futurs:

En France: Connaissances et Sciences du Futur
33 rue de la République - 13200 - Arles
Mail: Enoch.groupeArles@wanadoo.fr
En Allemagne: C/O PO Box 28 - 88140 Wasserburg
Aux USA: PO Box FE - Los gatos - CA 95031

> CHAPITRE 5

MES CONCLUSIONS

Je crois que l'on a oublié que la Spiritualité rime aussi avec Justice, Partage, et Entreaide. Il y a deux grandes voies dans le développement spirituel. Ceux qui s'engagent pour être bien, et ceux qui s'engagent pour co-créer un monde meilleur. La différence réside dans nos choix. On peut pratiquer plein de techniques dites «spirituelles», être dans une émotion d'Amour et même dégager une émotion d'Amour et ne pas servir l'Amour. L'Amour c'est la pensée Juste, la Parole Juste et le geste Juste. Être Spirituel, c'est avant tout mettre la plus grande partie de sa vie au service d'un monde plus Juste, donc mettre sa vie au service du Dieu Amour. A ce niveau-là, il y a un aussi un choix à faire. En venant sur Terre nous avons d'une manière ou d'une autre renié le Dieu Amour, pour reconnaître le Dieu de la mort (et de la réincarnation), à savoir satan/Lucifer. Il est donc nécessaire de renier ce Dieu de la mort et de reconnaître le Dieu des dieux de l'Amour, celui que l'on ne nomme pas. Ce Dieu est Amour et respecte notre libre choix, cela fait partie de ses Lois. Reconnaître ce Dieu Amour, c'est donner mandat à sa Hiérarchie (anges, archanges, archaïs qui sont d'ailleurs notre famille de Lumière) pour qu'ils nous aident à éveiller notre Conscience et à servir la Justice. En leur donnant ce mandat, notre famille de Lumière peut faire un travail en profondeur sur nos différents corps ainsi que sur notre ADN afin de réharmoniser nos corps avec les Lois de la vie. Les lois de la vie existent. Ce sont les lois de l'Amour.

Sur Terre, nous n'aimons pas trop les lois, car les lois des hommes sont faites pour réduire la liberté des êtres. Les Lois dont je vous parle n'ont rien à voir avec les lois des Hommes. Ces Lois sont là pour rendre les hommes et les femmes de cette planète les plus libres possible et surtout pour que leurs mémoires soient immortelles. L'une de ses Lois nous dit que si l'oiseau n'ouvre pas ses ailes, il ne s'envole pas. Il ne s'agit pas d'une loi juste ou injuste. C'est comme ça et c'est tout. Ces lois sont faites pour que les êtres soient les plus Amour, les plus autonomes et les plus efficaces possible. En affirmant le fait que l'on regrette d'avoir quitté sa Famille de Lumière et que l'on veut la retrouver, on commence le travail de réalignement avec les lois de l'Amour et de la vie éternelle. En faisant cela, on commence à se libérer de la prison karmique (issue de la loi du karma).C'est pour cela qu'il n'y a pas de vraie Liberté en dehors des Loi de l'Amour.

Pour arriver à rendre ce monde plus juste, il est essentiel que chacun travaille à son évolution intérieure et se mette d'une manière ou d'une autre à participer à co-créer un monde plus juste. Pour vérifier si votre méthode est efficace, je vous conseille de vous retirer à chaque pleine lune et à chaque nouvelle lune. Faites le point. Sur quoi avez-vous évolué depuis le cycle de lune précédent? Si chaque humain faisait les mêmes choix que moi, dans quel état serait notre planète? Est-ce ce que je sers l'humanité ou est-ce que je me sers de l'Humanité? Quelles sont les actions dont je suis content? Sur quoi ai-je changé d'avis? Si entre deux cycles, vous n'avez pas l'impression d'avoir évolué: changez de tactique... Déterminez pour le mois suivant quelles vont être vos priorités. Osez regarder les parties que vous aimez le moins en vous et demandez-vous ce que vous aimeriez qu'elles deviennent. Chacun des petits choix que vous faites dans la journée sert l'évolution (Dieu de la vie et de l'Eternité) ou l'involution (Dieu de la mort et de la réincarnation). Même si personne ne voit ce que vous faites et semble donc ne pas être influencé par la justesse de vos choix, un phénomène appelé la loi du 101è singe (CF ARMD P. 681) fait que les actions de chaque être sur la planète influencent indirectement tous les autres. On peut dire que l'une des failles de la Matrice, c'est justement qu'il s'agit d'une matrice. Une matrice comparable à celle que l'on utilise pour presser les compacts disc. Dans ce cas, la matrice se copie elle-même tout le temps. Donc, tout élément que l'on change à l'intérieur de cette matrice est automatiquement copié par le reste des éléments collés à la matrice.

«J'ai une curieuse impression d'une espèce de trame avec des fils, qui unit tous les évènements, et si l'on a le pouvoir sur une de ces trames, il y a tout un champ de circonstances qui, en apparence, n'ont rien à voir ensemble mais qui sont liées là... C'est comme cela que l'on peut changer les circonstances. Si l'on avait le pouvoir de remplacer une de ces trames, on pourrait changer toutes les choses avec cela».
La Mère.

Qu'il y ait une ascension ou pas, qu'il y ait une vie après la mort ou pas, pas besoin de croire en Dieu pour réaliser que notre Humanité a urgemment besoin d'évolution. Si l'on veut que nos enfants aient un futur viable, si on les aime vraiment, alors il est urgent d'évoluer. Il y a urgence d'évolution car nous ne vivons pas une période «normale» de l'histoire de l'humanité. Nous vivons un moment exceptionnel qui selon mes calculs ne se produit que tous les 30 milliards d'années. L'Humanité est en train d'accoucher d'elle-même. Une situation exceptionnelle demande un comportement exceptionnel.

Tout cela nous ramène à l'importance de nos choix. Nous sommes arrivés à un moment de l'humanité où l'on nous demande de choisir. Choisir de mettre la majorité de son être au service d'un monde plus juste ou laisser la majorité de son être servir ce système en place sur Terre Gaïa. Le choix d'un partenaire amoureux fait aussi partie de ces choix. En d'autres mots, voulons nous prendre la spirale montante ou la spirale descendante de l'évolution humaine. Ce qui compte c'est d'être honnête avec soi-même et de choisir. Le non-choix est la pire des solutions autant vous le dire tout de suite, car si on ne choisit pas, on limite les enseignements que l'on pourra retirer de l'expérience.

Vous savez, du fond du coeur, je ne crois pas qu'il soit possible d'être vraiment heureux si on ne contribue pas un minimum à une meilleure humanité. Bien sûr, vous me demanderez peut-être ce que c'est qu'être heureux. Le bonheur est relatif à l'état d'avant. Pour un être qui vient d'une civilisation plus avancée, être sur Terre est une souffrance. Pour bcp d'humains sur Terre, le bonheur c'est l'absence de souffrance.

Prendre position face aux choix de nos gouvernements et des multinationales qui les dirigent est la base même de la survie de notre humanité. «Ceux qui laissent faire sont autant responsable que ceux qui font en leurs noms». Les démocraties sont en DANGER. De mon point de vue, la France de Vichy est sur le retour. La France est Occupée. Le moment est venu de choisir son camp, résistants ou collabos. Ceci est aussi valable pour la Suisse et la Belgique. La France et la Suisse ont maintenant des dirigeants très à droite car ces deux pays n'ont pas fait leur auto critique face notamment aux parties sombres de leur histoire. Je vous ai expliqué ce phénomène dans les DPP. Si tu nies la partie sombre qui est en toi, si tu ne la mets pas à la lumière en assumant, cette partie moins lumineuse va prendre de plus en plus de pouvoir. Cela est valable autant pour les individus que pour les pays et les groupes.

Peut-être que l'expression «choisir son camp» est un peu dualiste. Je pourrais dire: donner la prioritée à des choix qui offrent un présent et un futur viable pour tous les enfants de la planète ou choisir de donner la majorité de son temps, de son énergie et de son argent à ceux qui s'appellent eux-mêmes les «adultes». Ceux qui ne sont pas assez conscients pour réaliser que l'écologie et le social sont deux prioritées à l'heure actuelle. Ceux qui n'ont pas assez de volonté pour allez à contre courant de la logique d'autodestrcution de ce sytème, la norme mal.

Il n'y a pas de mauvais choix. Cependant ce choix influencera ta vie pour très longtemps. Dans le langage humain, je dirais «plusieurs vies». Personnellement je garde espoir. Je me dis que tout le monde va s'éveiller. Cependant je ne suis pas dupe et je suis aussi conscient que nous allons être obligés de passer par bcp d'étapes très violentes pour que certains s'éveillent. Quoi qu'il arrive aie confiance. Si tu fais un effort pour être vrai, si tu fais un effort pour être plus juste, si tu fais un effort pour évoluer et donc aider tous les enfants du monde, tu peux être sûr que tous les univers comploteront pour t'aider

Je comprends que l'on critique ma démarche en soulignant que je donne trop d'importance aux forces involutionnelles. D'abord, ce n'est pas le cas dans mes deux livres précédents. J'ai une vision très optimiste de l'existence. Sachez que je suis quelqu'un de très positif dans la vie. Je trouve qu'il y a toujours moyen de tirer un enseignement de toute situation. Je trouve qu'il est important de surtout donner son attention à ce qui nous plait dans notre vie et sur la planète. Il est important de cette manière de contrebalancer le négativisme ambiant.

Par contre, il me parait juste de ne pas tomber dans l'extrême inverse. Ensuite, je le fais car le mouvement Nouvel Age a été trop loin dans la négation de l'existence de ces différentes forces. Pourtant, il est très important de comprendre l'influence de ces forces d'involution afin de ne pas juger-condamner nos semblables. Pour ne pas condamner, il est essentiel de comprendre. Les connaissances n'arrivent pas innées chez les futurs humains. Aucun Humain n'est coupable de quoi que ce soit. Et si un être vous révolte vraiment, dites-vous ceci: peut-être qu'il s'agit d'un être très évolué, qui est venu ici il y a très longtemps pour aider l'humanité. De vie en vie, il s'est fait pendre, torturer, brûler car il a osé défier la Hiérarchie des déçus comme ce fut le cas avec les Cathares. Son âme a peut-être déjà bcp donné et elle ne veut plus se confronter à ces forces involutionnelles. Je crois que c'est le cas pour bcp d'âmes. Bcp d'êtres dans le Nouvel Âge refusent catégoriquement de reconnaître l'existence et l'influence des déçus. En fait ils font un blocage total car dans d'autres vies, ils ont trop souffert de les avoir affrontés. De plus, à leur époque, les armées de Michael n'avaient pas encore repris possession de cet univers comme c'est le cas maintenant. Je ne sais pas si vous captez cette idée, car elle est vraiment vitale si l'on veut comprendre d'où vient cette peur de reconnaître l'existence de la Lumière réduite. Et souvent, les êtres qui refusent d'accepter qu'il y ait des choses injustes sur Terre sont ceux qui refusent d'accepter qu'il y ait en eux aussi de la Lumière réduite. N'oubliez jamais que la force principale des déçus, du gouvernement invisible et des entités sataniques de l'astral, c'est de faire croire qu'ils n'existent pas. Et quitte à me répéter, si Michael tolère encore quelques déçus dans cette zone, c'est juste pour nous donner le choix de prendre la spirale descendante et d'aller expérimenter une lumière encore plus réduite que celle que nous connaissons.

Je n'arrive pas à terminer ce livre. Voici 7 derniers commentaires.

1/ Si vous avez fait des manipulations énergétiques ou trucs de magie sans demander au Dieu des dieux que ce que vous faites se réalise, sauf si c'est en opposition avec le plan Divin, ne dramatisez pas non plus. Demandez pardon, dites que vous regrettez, et faites-le à partir de maintenant.

2/ Si le mot Lumière réduite vous choque, voici pour vous: la Lumière se propage par rayonnement. Lorsqu'on est proche de la source, on est en pleine Lumière, donc en plein Amour. Lorsque l'on s'éloigne de cette source, on se retrouve en zone de Lumière réduite, donc de Conscience et d'Amour réduits. Il n'y a aucune dualité là-dedans.

3/ À propos de l'Ascension.

Il est possible que rien d'extraordinaire ne se passe et que l'on devienne juste Humain. Tout cela n'aura alors été qu'une métaphore.

4/ À propos de l'énergie Universelle.

Bien sûr, je suis excessif en disant que cette énergie est neutre. Elle est vivante et a aussi une conscience. J'utilise ici le mot neutre par rapport à l'énergie spirituelle qui est en comparaison bcp plus vivante et bcp plus Consciente. Il y a plusieurs sortes d'énergies dans notre Univers. En fait, par le terme «énergies non reliées», ou «énergies moins conscientes» je fais surtout référence aux énergies qui nous viennent de l'astral. Se connecter au prana de la Terre est une chose très nourrissante. Par contre, lorsque l'on utilise des techniques sans se relier aux plans Divins par la prière, on se connecte à de l'énergie qui vient de l'astral. Et je peux vous dire que nous n'avons pas besoin de cette énergie. Un facteur qui a aussi son importance c'est le fait d'être présent ou pas. Lorsque l'on est présent, on se connecte naturellement plus au prana. Par contre, chaque fois que l'on est « dans sa tête », on se connecte plus aux plans de l'astral. On en parlera plus dans le volume 2.

5/ Un point méga gigga important à rajouter... Je ne parle quasi pas dans ces pages de l'aspect féminin de la création. Qu'il soit clair que j'en suis bien conscient. Cela ne veut pas dire non plus que je ne reconnaisse pas son importance ou que je crois que Dieu soit un homme. Dieu est Trinité, Mère, Père, & Saint Esprit (Enfants-Fils Fille). Normalement on dit juste «le fils», seulement je trouve que la fille a sa place à côté du fils. En fait j'ai envie d'appeler ce que l'on nomme l'univers fils, l'univers enfant.

C'est vrai que normalement, on les nommes les univers Père, Fils et Saint Esprit. Je le sent mieux de les nommer les univers du Père, de la Mère et de l'Esprit Saint (donc les enfants, inclus les fils et les filles). Bon, soit. On est dans les conclusions et moi je repars dans mes développements...

Il faut maintenant que j'arrête d'écrire et de perfectionner, ou plutôt de réajuster ce livre. Il y a plein de choses que je voudrais encore vous dire. Des éléments que je voudrais préciser car je comprends que l'on pourrait ne pas toujours comprendre le fond de ma pensée. J'ai l'impression d'être en classe et que le prof va prendre ma copie alors que je n'ai pas fini. Cependant je n'arrête pas de retarder la sortie de ce livre et cette fois ci, j'en reste là... Ou plutôt je commence à écrire la suite au moment précis où nous en sommes maintenant... Le volume 2 est donc en route. Donc, à tout de suite, reste connecté. Je ne le dirai jamais assez: garde ton autocritique et comprend que je ne fais que partager mon expérience avec toi. C'est super, c'est génial, et à la fois, il doit y avoir des trucs sur lesquels je me trompe, donc prudence. Ce qui compte le plus, c'est Tes conclusions...

Tes conclusions: C'est important que tu les écrives pour toi-même. Si tu le sens, je propose que tu me les envoies. L'idéal serait que tu le fasses sur ordi et de m'envoyer une bonne vieille disquette (Words serait super). De cette manière je pourrai mettre ton texte dans le Bulletin de contact de notre Association. Si tu n'as pas d'ordi, écris giga lisiblement et fait le plus court possible. Ne me les envoie pas par Internet, je suis saturé de spams. Je ne lis plus non plus les lettres qui ne sont pas dactylographiées ou écrites vraiment clairement. Ne le prenez pas mal. C'est trop frustrant de se retrouver avec des lettres fabuleuses, où j'arrive à peine à déchiffrer un mot sur deux. J'ai eu tellement de fois cette expérience, que maintenant, je ne commence même plus à lire les lettres pas assez clairement écrites. Allez, stp, écris-moi... A ton tour d'écrire et de m'apprendre quelque chose... Je te remercie de m'avoir lu jusqu'au bout. Vraiment, merci, merci, merci... Si comme moi tu trouves que ces infos sont vitales, partager-les le plus rapidement avec le plus grand nombre de personnes possibles. Je t'aime. À tout de suite

PS: Je demande aussi ta compréhension pour les fautes d'orthographe. J'ai appris à écrire à 11 ans. J'ai rajouté des trucs en dernière minute et je n'avais personne pour m'aider à les corriger.

Tendresse & Bisous. Claude, le 29 octobre 2003.

> CHAPITRE 6

DICTIONNAIRE

Ce chapitre est tout à fait dans le désordre... Bonne chance quand même...

> La Matrice

On peut métaphoriser la matrice de la manière suivante. Imagine que chaque fois que tu penses à quelqu'un, c'est comme si tu lui jetai une pelote de laine. Imagine que cette personne soit de l'autre côté de la Terre et que le fil de laine reste en suspension autour de l'atmosphère terrestre. C'est vrai que c'est un peu compliqué à imaginer mon histoire, m'enfin j'insiste. Imagine que chaque fois que quelqu'un pense à une personne, il y ait le tracé de sa pensée qui va rester en suspension, un peu comme ce fil de laine qui pourrait rester en suspension posé sur l'atmosphère Terrestre. Petit à petit, de pensées en pensées, cela va tisser une espèce de toile remplie de pensées en tout genre. Ces pensées vont se regrouper selon leur niveau de conscience, et donc, selon leurs croyances. Toutes ces pensées vont créér une sorte de filet qui entoure la Terre, une espèce de matrice qui servira de guide de référence pour l'évolution de chacun. Certains appellent cela l'inconscient collectif. Cet inconscient collectif existe vraiment, d'une manière palpable dans l'espace autour de la terre. Certains utilisent aussi le mot «grille de conscience». Il existe une grille de conscience comme cela pour chaque niveau de conscience sur Terre. Je vous ai raconté dans ARMD (À la Recherche du message des Dauphins) comment la grille Christique fut construite afin que nous puissions nous y «raccrocher». Les scientifiques *officiels* croient que toutes les infos de notre vie sont stockées dans notre cerveau. D'autres commencent à découvrir qu'elles sont aussi conservées dans tout notre corps, jusque dans nos cellules. Chacune de nos cellules porte la mémoire de tous les éléments de notre vie. Ce que certains scientifiques non officiels sont en train de découvrir, c'est que notre cerveau est aussi une antenne hyper sophistiquée. Cette antenne nous connecte entre autre à cette matrice. Dans notre cas précis, cette matrice référentielle est aussi notre prison car elle est remplie de fausses croyances.

Il est aussi important de comprendre que Jésus Christ a justement ouvert une brèche dans cette matrice il y'a deux mille ans. Cette brèche, c'est la voie à suivre pour retrouver notre vraie famille de Lumière. Quant aux dauphins et aux baleines, ils jouent aussi un rôle important. Ce n'est pas pour rien que le mot *dauphins* en ancien Grec se dit «Delphus» ce qui signifie... la matrice. Les dauphins et les Baleines sont sur Gaïa, pour, entre autre, court-circuiter la matrice en y imprégnant des exemples de vie. La manière dont vivent les baleines et les Dauphins au quotidien est bcp plus proche d'une vie juste (norme bien) que celle de la majorité des humains. C'est pour cela qu'ils sont eux aussi là pour nous montrer la voie. Et, c'est pour ça que je te conseille de lire ARMD.

> Guerrier & Artisan de la Lumière.

♥ : **C'est quoi la différence entre un Guerrier* et un Artisan* de la Lumière ?**
Tu peux décider d'être un Guerrier ou un Artisan de la Lumière.
La différence est importante, bien qu'il n'existe pas de Hiérarchie entre eux. Le Guerrier est prêt à tout sacrifier pour servir.
Il accepte de donner sa vie pour sa mission.
Il le fait car il sait que l'intérêt du Tout rejoint l'intérêt des individus.
Il sait que nous ne faisons qu'un.
Comme dans une vraie armée, le Guerrier répond à une Hiérarchie et est conscient de travailler au sein d'une équipe.

L'Artisan de Lumière n'a pas fait ce choix. Il sert cependant aussi la pleine lumière. Il n'est pas moins important que le Guerrier. Le Guerrier n'a pas de raison d'être s'il n'existe pas d'Artisan. Les Artisans ne peuvent survivre sans Guerriers. Les Guerriers protègent les frontières afin que les Artisans puissent oeuvrer à l'intérieur de ces frontières. Comme rien n'est statique et que tout est mouvement, la protection de ces frontières nécessite que les Guerriers fassent tout ce qu'ils peuvent pour repousser ces frontières. Ils agrandissent ainsi le champ d'action des Artisans. Pour ce faire, ils doivent aller se positionner en marge du territoire. **Être en marge du territoire de ceux avec qui il a des affinités est l'un des aspects les plus difficiles de la tâche du Guerrier.** En effet, la plupart des Artisans ne comprennent pas ses choix et le rejette bien souvent. **Le Guerrier doit donc être prêt à se faire rejeter par ceux qu'il veux aider, par ceux-là même pour qui il sacrifie sa vie. Cependant, il sait qu'un jour, ces êtres comprendront et qu'ils se rejoindront.** Cette promesse donne au Guerrier sa foi, sa force et sa persévérance. En tant qu'homme, je rajouterais que l'une des choses les plus difficiles, c'est que lorsque les Guerriers sont au combat, ce sont les Artisant qui vivent la «dolce vita» avec les femmes. Rares sont les femmes qui donnent leur amour à des Guerriers. Vous me direz que cela a un sens, vu qu'elles ont besoin d'un homme et d'une certaine stabilité pour élever les enfants. C'est aussi pour cela que les Guerriers de la lumière ont rarement des enfants. Ils considèrent souvent que tous les enfants du monde sont leurs enfants. Ne voyez aucun rabaissement là-dedans. Chaque chose a sa place et sa raison d'être.

Il est en train de se créer une sorte de snobisme dans les milieux spiritus, qui fait que beaucoup d'êtres se considèrent comme des Guerriers de la Lumière. Je tiens à partager avec vous mon point de vue sur ce sujet qui est beaucoup plus subtil qu'il n'y parait. Tout le monde n'est pas fait pour être un Guerrier. Imaginez que tous les habitants de la terre soient des militaires: quel horreur et quel ennui! C'est un peu débile qu'à notre époque où tellement de personne marche dans les rues pour la Paix, il y a tant de candidats pour devenir des Guerriers.
Il est très important de faire une différence entre Artisan et Guerrier. Re-mettons donc un peu les choses à leur place. Imaginez un petit village habité par des êtres merveilleusement conscients et éveillés. Un petit village qui seul résiste aux incessantes attaques des envahisseurs romains. Dans ce village, il est normal qu'il y ait toutes sortes d'êtres. Certaines âmes se sont incarnées pour élever des enfants. D'autres sont là pour développer leurs talents artistiques. Il y en a qui cultivent les fruits et légumes pendant que le druide prépare la potion magique. Et puis, afin que tous ces êtres puissent se concentrer sur leurs choix, il y a les Guerriers qui sont là pour protéger le village et ses habitants. Je préciserais: «pour protéger les choix des habitants du village». S'il n'y a que des Guerriers et personne à protéger, à quoi bon leur présence ? Personnellement, je me considère comme un Guerrier. Cela a beaucoup d'avantages et beaucoup d'inconvénients. Notre Humanité a autant besoin de Guerriers que d'Artisans. L'un et l'autre sont complémentaires.

Le Guerrier est là pour protéger et pour servir. Comme dans toutes les armées, le Guerrier re-connaît une Hiérarchie dans les mondes de l'invisible. Il re-connaît l'existence des lois de la vie qu'il tâche de retrouver et de respecter. Il sait QUE LE PRIX A PAYER DE SON CHOIX PEUT ÊTRE LA MORT PHYSIQUE voire même la *mort* de son âme. Il se doit d'être toujours sur ces gardes. Il sait qu'il fait partie d'une armée qui travaille en groupe.

L'Artisan est un être qui est là pour canaliser les énergies de la création et les mettre dans la matière au travers d'un art. L'expression artistique est effectivement un moyen de canaliser des énergies extremement élevées sur Terre Gaïa. L'art peut être partout. Certains peuvent exercer l'art à travers l'élévation (éducation en plus joli) de leurs enfants, ou à travers l'entretien de leur jardin. Certains peintres ne sont pas des artistes car ils ne font que recopier quelque chose, ce qui en fait des producteurs. Les producteurs sont à un stade d'évolution où ils copient ce qui existe déjà. Ils se connectent donc pour cela à des niveaux assez bas de l'astral qui est, je vous le rappelle, l'ombre créée par les mondes physiques. Ils n'ont pas accès aux énergies créatrices, donc innovatrices. Ce qui caractérise un artiste c'est sa connexion ou non avec des entités dans les plans divins ou dans les plans supérieurs de l'astral. La différence entre un artiste et un producteur se situe au niveau de la connexion. N'oubliez pas que l'ombre ne peut faire que copier: elle n'a pas de pouvoirs de création.

La différence principale entre un Guerrier et un Artisan de la Lumière se situe au niveau de l'exposition de ces derniers. Le Guerrier s'expose publiquement. Son but est de toucher le plus grand nombre d'êtres. En s'impliquant publiquement, il se dévoile et devient donc une cible pour les armées de la lumière restreinte. L'Artisan peut travailler seul dans son coin. Il sera moins ciblé par la lumière restreinte. Leur travail est complémentaire.

La différence que je fais entre un Artisan et un Guerrier, c'est que l'artisan ne fait pas partie de l'armée. On ne va pas l'envoyer en première ligne car ce n'est pas ce qu'il a choisi. Il ne doit pas avoir le même genre de discipline que les Guerriers. De ce fait, l'Artisan est moins une cible pour l'ombre. En cas d'attaque des forces de l'astral, ce sont les Guerriers qui se mettent en première ligne. Le fait même qu'ils se considèrent comme des Guerriers fait qu'ils se retrouvent face a face avec d'autres Guerriers. C'est surtout pour ce point précis que je vous parle de ce sujet. Ce qui est absolument à éviter, c'est de se présenter et de se considérer un peu trop vite Guerrier de la Lumière. Dans un premier temps, le Guerrier a tout intérêt à ne pas se faire remarquer afin de pouvoir recevoir un maximum d'entraînement. Il se rendra sur le ring lorsqu'il sera prêt. Enormément de Guerriers font une carrière très courte. Ils se lancent sur le ring beaucoup trop vite et se font manger tout crus. En effet, le seul fait de se présenter comme tel fait que vous vous retrouvez avec des Guerriers de l'autre bord face à vous. C'est comme dans les mondes physiques.

Les armées régulières ne sont pas censées se battre avec les civils. Les vrais artistes se nourrissent de leur connexion artistique dans les mondes supérieurs. Il s'agit de leur vrai point d'attache. Les civils (ni Guerrier ni Artisan) ont des points d'attaches dans les mondes physiques. Souvent, ces points d'attache sont leur pipeline énergétique car ils ne savent pas comment se connecter directement à la source de l'énergie. Ces points d'attache sont de vraies failles dans leur aura. D'autres entités vont s'accrocher à ses failles.

«Peut-être que le but est d'équilibrer chez chacun d'entre nous la part de Guerrier et celle d'Artisan». Evelyne Toussaint.

> ASTRAL* | FORMES PENSEES* | EGREGORE*

«l'Astral est en quelque sorte le milieu des images inversées par rapport au plan physique. Ce principe d'inversion se répète partout, dans toutes les branches et milieux de l'Astral».
Sege Marcotoune

«La plupart des voyants ne dispose que de la vision astrale que les clairvoyants chevronnés considèrent comme un miroir aux alouettes. On n'y trouve que ce qu'on y amène».
Joel Labrutère. Undercover.

L'astral n'est qu'une partie des mondes invisibles. La majorité des mondes invisibles vit dans le respect des lois de la création. Ce n'est pas le cas de l'astral qui a ses propres règles. L'astral a surtout beaucoup d'importance pour nous les humains car c'est dans cet espace-temps que se trouvent des êtres invisibles qui manipulent et utilisent les humains à leur insu; ceux qui manipulent les âmes faibles pour tenter de détruire l'espèce humaine avant que sa conscience ne se soit éveillée. Le monde de l'astral est impermanent, ce qui veut dire que toutes les entités qui s'y trouvent changent constamment de formes.

De nombreux êtres très différent peuplent l'astral. Parmi eux: les formes pensées. L'être humain crée par sa pensée des «formes pensée». Par exemple, lorsque 13 millions de personnes vont voir le film Alien, il co-créent tous ensemble un être dans l'astral. Cet être peut finir pas se croire vivant. Il l'est en quelque sorte,

mais il n'est pas éternel. Il disparaîtra le jour où nous arrêterons de penser à lui. Plus une personne imaginera cette «bête» avec une émotion grande, plus cette bête (ou plutôt son image) se chargera énergétiquement et aura du pouvoir. Ces formes pensées ont ensuite à leur tour un pouvoir et une attache énergétique avec nous. Imaginez, donc le bordel qui peut se produire dans l'astral lorsque 10 millions de téléspectateurs regardent en même temps un film qui les angoisse à donf.
Par contre, lorsque 10 millions de personnes prient en visualisant l'image du Christ et toutes les bonnes vibes qui vont avec, vous imaginez le bonheur pour l'entourage.

Les formes pensées ont peur de l'ascension car elles croient qu'elles vont disparaître. Cela est tout à fait faux. Elles ne disparaîtront pas plus que nous! Elles changeront de forme. Lorsque nous avons des discussions intérieures et que nous avons l'impression de parler avec différentes facettes de notre personnalité, il s'agit souvent de notre conscience qui parle avec les formes pensées.
Bcp de gens dans les milieux spirites ont peur de l'astral et veulent l'éviter à tout prix. Bien qu'ils aient raison de croire que le but ultime soit de s'affranchir de l'astral et de ses manipulations, on peut aussi au passage mettre un maximum d'esprits dans l'astral. Les êtres qui s'y trouvent ne sont pas bêtes. Eux aussi peuvent entreprendre l'initiation. L'initié recherche ce qui est immuable dans «toutes les conditions de l'espace-temps». Dans cet esprit, je comprends que l'on ait un réflexe de rejet par rapport à l'astral. Cependant, ce n'est pas en le fuyant que l'on pourra s'en affranchir. Jusqu'à preuve du contraire, nous avons aussi un corps astral, donc, c'est une partie de nous-même.

Certains êtres disent que nous sommes ici pour spiritualiser l'astral.
Il s'agit d'un travail important vu que:

«Nous avons constaté que le mal, les intérêts mauvais inspirés par l'égoïsme pur ont leurs racines dans le plan astral; celui des formes instables, changeantes, mensongères où toutes les conceptions sont toujours limitées dans un climat qui ne cesse d'être mouvant, où rien de constructif, de durable, de résistant ne peut exister.»

Serge Marcotoune.

La Voie Initiatique. Lib. Honorez Champion. 1956. Livre Quasi Introuvable et pourtant... un livre d'une giga richesse... Essayez les bouquinistes.

L'une des différences les plus importantes entre l'astral et les plans physiques, c'est que, dans les plans physiques, il n'y a pas de distinction nette entre un être évolutif et un être involutif. Il n'y a pas d'être humain qui soit 100% Ying ou 100% Yang. Dans l'astral, cette distinction est beaucoup plus nette.
L'astral abrite aussi les élémentaux qui régissent les 4 éléments.

Des mélanges de formés pensées peuvent se regrouper et former une égrégore. Il s'agit d'un enchevêtrement de formes pensées, de croyances et de dogmes qui finissent par créer un monde dans l'astral.

> Ame* | Esprit* | Les Humanités à Répétition*

Notre esprit vit dans les mondes de l'esprit. Il est immortel, pur, incorruptible. L'esprit veut rester dans les mondes de l'esprit. Pour se découvrir ou s'étendre (selon les traditions), l'esprit se fabrique une âme. Cette âme va aller expérimenter un maximum de facettes de la création. Pour ce faire, elle peut parfois se diviser pour vivre plusieurs incarnations à la foi. Deux âmes issues de la même âme s'appellent des âmes jumelles. Elles peuvent parfois se croiser lors d'une incarnation, mais c'est très rare. En effet, comme elles sont vraiment complémentaires, la puissance engendrée par une telle association n'est pas évidente à gérer et à équilibrer. De plus, l'effet miroir est tellement puissant que le quotidien peut être difficile à vivre. Et puis, n'oublions pas que si ces âmes se sont séparées, c'est, en général, pour faire des expériences chacune de leur côté. Malgré tout cela, deux âmes jumelles qui arrivent à co-créer quelque chose ensemble dans notre espace-temps sont d'une puissance inouie. Surtout dans le cas d'un couple homme-femme, cette Alliance peut se révéler être l'une des plus efficaces qui soit.
La confusion entre l'âme et l'esprit est l'une des bases de l'esclavage des futurs humains. La paresse de certaines âmes est due au fait qu'elles croient qu'elles sont immortelles. Dans ce contexte, il a été facile d'inculquer aux âmes paresseuses la loi du moindre effort, l'un des plus grands dogmes des différents courants spirituels à la mode actuellement.

L'esprit de chacun d'entre nous est immortel. Lorsque l'âme a fini son voyage et qu'elle désire sincèrement rentrer à la maison, cette dernière se dissout et réintègre l'esprit enrichi de ses nouvelles expérimentations. J'aime comparer l'Odyssée de l'âme à celle d'Ulysse. L'âme peut se perdre en chemin. Elle peut, par exemple, être retenue prisonnière par le chant des sirènes. Pour bien comprendre pourquoi une âme peut «mourir», il est nécessaire de bien comprendre le principe des Humanités à répétition. Selon mes sources, nous en sommes à la 6ième humanité. Je vais vous imager ce concept par deux métaphores. Ces métaphores ne sont pas La réalité. Comme le dit Lao Tseu: «L'ultime vérité ne peut pas s'exprimer avec les mots». Je me permets de rajouter qu'on peut quand même tenter de se rapprocher de cette vérité, d'en délimiter les contours. Voici la première de ces métaphores:

Imaginez le grand esprit du Tout qui inspire et expire. Pendant 15 milliards d'années, «ce qui est» expire. Des milliards de petits nomades (monades) partent alors découvrir l'infiniment grand, guidées par le principe masculin. Les monades sont des parties de la conscience du Tout. **Ensuite, «ce qui est» inspire** et touts les petits monades rentrent à la maison. Au passage, ils expérimentent l'infiniment petit, guidés par le principe féminin. Ce qui est important de comprendre, c'est qu'entre une inspiration et une expiration, c'est comme si les poumons se détendaient et l'inspi-expir dure «un peu plus longtemps». C'est ce «un peu plus longtemps» que l'on appelle le nouvel âge ou l'âge d'or. On utilise le mot «nouveau» par référence à une période qui a déjà existé. Cette hypothèse nous pousse à croire que nous avons déjà vécu cette humanité dans les grandes lignes. Peut-être que dans une autre humanité, tu étais une femme alors que tu es un homme aujourd'hui. Même si ta vie a été différente de celle que tu as vécue dans les humanités precédentes, l'humanité a quant à elle vécu quelque chose d'assez similaire. Comme nous l'avons vu dans DPP, les prophéties nous parlent de ce qui s'est passé dans les Humanités précédentes. Par contre, depuis peu nous sommes entrés dans le «un peu plus longtemps». Comme cette humanité n'a pas encore été vécue, il n'y a plus de rails. Je ne sais pas si tu as remarqué, mais l'une des caractéristiques de notre époque c'est justement qu'il n'y a plus de rails, que l'on peut faire ce que l'on veut. Il parait que cette liberté est tellement recherchée qu'on fait la file là-haut pour s'incarner dans ce moment très spécial de l'histoire de notre humanité. Tu comprendras mieux grâce à la deuxième métaphore: celle de la rivière et de la montagne.

Imagine une montagne sur laquelle il pleut chaque hiver un peu plus et dont les rivières se retrouvent à sec chaque été. Lorsque l'hiver commence, les premières pluies vont aller suivre le lit que la rivière a creusé l'hiver précédent. L'eau sera guidée dans ce que l'on pourrait comparer à des rails. De temps en temps, quelques gouttes d'eau pourront s'échapper du lit. La rivière pourra aussi varier son itinéraire par rapport à l'année precédente en voyageant dans tous les recoins du lit de la rivière. Cependant, comme chaque année il pleut un peu plus sur la montagne (détail important sans lequel la métaphore tombe dans le lac), l'eau va aller un peu plus loin dans la vallée. À la fin de son parcours, elle n'aura plus de lit à suivre, plus de rails... Elle sera libre d'aller où elle le désire. Je ne sais pas si vous avez remarqué, mais on fait ce que l'on veut sur Terre. Si tu veux, tu peux refermer ce livre et allez faire plein de bisous aux gens dans la rue. Tu peux aussi prendre ta voiture et aller froidement écraser un piéton. Juste pour l'expérience! Tu auras sans doute des ennuis ensuite avec la justice des hommes, mais, dans un premier temps, tu peux le faire, tu en as la possibilité. Comme nous vivons sur une planète qui est une sorte de place de non-droit, on peut faire plein de «bêtises». Cet état des choses est un facteur d'accélération évolutionnelle.

> Le Gouvernement Invisible ou Gouvernement de l'Ombre*

Terre Gaïa est dirigée au niveau politique, économique et médiatique par un gouvernement invisible que beaucoup appellent le gouvernement de l'ombre. Il est constitué des 200 familles les plus riches de la planète. Depuis plusieurs siècles, il dirige la vie politique à distance. Je vous en ai déjà beaucoup parlé dans ARMD. Ce groupe existe depuis l'antiquité et même peut-être depuis plus longtemps. Je rajouterai qu'une partie de leur histoire récente date de la Révolution Française. Cette dernière était en fait une révolution new-age à caractère spirituel. Il suffit de lire les écrits des «grands hommes de la révolution» pour s'en rendre compte. À cette époque, les royautés de la planète ont eu très peur d'être les suivants sous la guillotine. Elles allaient arrêter de gouverner de manière officielle car le peuple ne l'acceptait plus. Elles allaient le faire depuis les coulisses. Elles ont alors mis au point un plan étalé sur plusieurs siècles afin de convaincre les peuples par une grande manipulation de l'histoire qu'il devait être dirigé par un gouvernement centrale autoritaire. Pour cela, il était nécessaire de convaincre les hommes et les femmes de cette planète qu'ils sont fondamentalement mauvais.

Dans ce dessein, les anciennes royautés ont fait une alliance avec les religions officielles pour se partager «les recette» de l'esclavage des humains. L'Eglise recevait le droit de demander la dîme en échange des pardons divins et de l'accès au paradis. Elle s'engageait à enlever des évangiles et des textes sacrés tout ce qui pourrait

rendre les êtres autonomes des religions et des états centralisés. L'état se chargeait de garder les futurs humains dans l'ignorance de leurs propres pouvoirs et de leur propre nature grâce à une «anti-éducation de masse» via les écoles, les médias et les universités. La base-même de ce complot repose sur le secret. Tant que le peuple ne connait pas l'existence de ce gouvernement de l'ombre, il ne peut ni ne va rien faire pour s'en débarrasser. Ce groupe a méthodiquement récupéré la majorité des bonnes volontés et des mouvements évolutifs. Par exemple, lorsque le communisme est né, le gouvernement mondial a d'abord encouragé ce mouvement en le soutenant financièrement en secret. Ensuite, fort de son «aide», il y a introduit des hommes de mains qui étaient de véritables bandits sans foi ni loi. Ce fut le cas de Staline. Ensuite, il lui fut facile de mettre aux pouvoirs ces mêmes bandits qui menaient irrémédiablement le mouvement à la faillite.
Ce que la majorité de ces manipulateurs ne sait pas, c'est qu'ils sont eux-même manipulés par des entités non humaines. Ces entités sont de natures diverses. Certaines d'entre elles ont une peur bleu de l'ascension. Elles veulent donc détruire ou plutôt recycler notre humanité avant cette ascension. Elles y ont déjà réussi dans des humanités précédentes.

Les humains qui travaillent pour ce système basé sur la trinité production-consommation-destruction se croient forts, mais c'est justement leur faiblesse qui les a mis au pouvoir.

En passant, sachez que si le grand complot nous cache aussi l'existence des civilisations oubliées, c'est afin que nous ne puissions pas tirer les enseignements de leur anéantissement.
Si vous avez déjà vu des films genre Robocop où les sociétés futuristes sont gérer par des grandes compagnies inconscientes et avides de profits, vous pouvez avoir une petite idée des coulisses de notre monde. En fait nous y sommes déjà. Ces sociétés gouvernent juste en secret. Leur plan est de lever ce secret et de gouverner ouvertement. C'est pour cela que vous avez de plus en plus de littérature à leur sujet. Il est important de savoir que nous sommes tous manipulé mentalement enérgetiquement et émotionnellement d'une manière plus vicieuse et efficace que tout ce dont vous pourriez rêver dans vos pires cauchemars. Il est intéressant de s'y intéresser un minimum. Cependant trop s'y intéresser est un piège pour nous éloigner de l'essentiel: créer un monde meilleur et travailler la lumière restreinte qui est en nous.

> 2012*

Voici ce que je disais et croyais de l'Ascension 2012 avant d'écrire ce livre...

J'insiste sur le fait que j'utilise la date «2012» comme terme «fédérateur». Je ne prétends pas spécialement qu'il va se passer quelque chose le 24 décembre 2012 bien que de nombreuses prophéties et cultures nous parlent de cette date. Je ne prétends pas non plus qu'il ne va rien se passer. En fait, je n'en sais rien. Tout ce que je sais, c'est que cette date résonne dans mon cœur et dans mon âme d'une manière très profonde. Je me base aussi sur les troublantes similitudes entre les prédictions du calendrier Maya et celles des récentes découvertes et mesures de la NASA. Ces dernières prouvent que l'augmentation de la fréquence vibratoire de l'énergie ambiante (échelle de Schuman) entre 1987 et 2012 est bien réelle. Il en est de même pour l'échelle de Bovin. En France, il parait que la fréquence de Schuman est un secret d'état. Secret ou pas, voici un tableau (page suivante) qui me semble assez précis. Il peut s'agir d'une bonne base de travail pour ceux qui désirent aller plus loin. Il se peut que ce tableau soit faux. Je l'ai reçu par fax et je ne sais plus qui me l'a envoyé. Cependant, mon petit doigt me dis qu'il est trés proche de la réalité. J'ai observé les changements aux dates indiquées et cela semble coller. Si vous possédez d'autres version, contcactez-moi. Pour ceux qui ne me connaissent pas encore, sachez que je ne cite généralement pas mes sources. Je considère effectivement que la citation des sources est l'un des piliers sur lesquels repose notre culture basée sur le mensonge et la manipulation. Cela dit pour ceux qui n'ont jamais entendu parler de 2012, je vous renvoie à la lecture des «Dernières Pièces du Puzzle» ou «Objectif 2012» ou «La Mission Spirituelle de la France et de l'Europe» chez le même éditeur.

J'utilise la date «2012» car des millions d'êtres sur Terre savent que nous faisons ainsi référence à l'éveil de la Conscience. De plus, «2012» est une date importante au niveau écologique. Certains trouvent qu'il est dangereux de parler de dates aussi proches. Ils veulent bien y croire, mais plutôt en 2250 ou à une date de ce genre. Il est bien sûr plus facile de remettre sa propre remise en question à plus tard. Même si nous nous trompons sur le fait que tout va changer d'ici à 2012, cela n'enlève rien au fait qu'il y a urgence et qu'il est nécessaire de changer nos modes de vie maintenant. De toute façon, de nombreux experts en la matière estiment que si d'ici 2010-2012 les humains n'ont pas radicalement changé de mode de vie, la pollution aura atteint un stade de «non retour» et l'espèce humaine n'en aura

Année	Echelle Schuman Fréquence Vibratoire	Pluie de Photons	Echelles Bovis Energie Vitale
1987	16-17/8 : 7,83 Hz	13/8 -> 20/8	8 .650 - 8.700
1988	29/5 : 8,00 Hz	6/8 -> 27/8	8.700 - 8.750
1989		307 -a> 3/9	8.750 - 8.800
1990		23/7 -> 10/9	8.800 - 8.850
1991		16/7 ->17/9	8.850 - 8.900
1992		9/7 -> 24/9	8.900 - 8.950
1993	17/1 : 9,00 Hz	2/7 -> 1/10	8.950 - 9.000
1994		25/6 -> 8/10	9.000 - 9.250
1995		18/6 -> 15/10	9.250 - 9.500
1996		11/6 -> 22/10	9.500 - 9.750
1997	7/9 : 10,0 Hz	4/6 -> 29/10	9.750 - 10.000
1998		28/5 -> 5/11	10.000 - 12.000
1999	11/8 : 10,415 Hz	21/5 -> 12/11	12.000 - 15.781
2000		14/5 -> 19/11	15.781- 31.754
2001		7/5 -> 26/11	31.754 - 63.896
2002	19/8 : 11,00 Hz	30/4 -> 3/12	63.896 - 128.572
2003		23/4 -> 10/12	128.572 - 258.711
2004		16/4 -> 17/12	258.711 - 520.577
2006			
2007	20/10 : 12 Hz	1/1 -> 7/1 & 26/3 -> 31/12	3.368.302 - 5.051.498
2008		1/1 -> 14/1 & 9/3 -> 31/12	5.051.498 - 10.184.441
2009		1/1 -> 21/1 & 12/3 -> 31/12	10.184.441 - 20.452.844
2010		1/1 -> 23/1 & 5/3 -> 31/12	20.452.844 - 41.155.129
2011		1/1 -> 4/2 & 26/2 -> 31/12	41.155.129 - 82.812.194
2012	21/12 : 13,00 Hz	1/1 -> 11/2 & 19/2 -> 31/12	82 812.194 - 166.634.375

plus pour longtemps. Bien que je ne crois pas à un stade de non retour, Gaïa étant bien trop puissante pour cela, l'éveil de la conscience «Objectif 2012» pourrait donc être aussi pris en considération par des êtres athées, ceux qui croient qu'après la mort, il n'y a rien...

Ces derniers peuvent considérer cette date comme un «objectif Ecologique & Social» que les Humains ont tout intérêt à prendre en compte. Pas besoin de croire en Dieu pour comprendre que les Humains qui polluent leur planète sont inconscients vu qu'ils scient la branche sur laquelle ils sont assis. Pas besoin d'avoir des facultés ultra-sensorielles pour se rendre compte que si les inégalités sociales continuent de s'aggraver sur Terre, les plus pauvres seront prêts à tout pour que ça change. Ils compromettront à coup sûr le confort matériel et les libertés des démocraties. En effet, une telle aggravation des inégalités ne pourra exister sans créer de véritables états fascistes afin de contrôler les mécontentements des peuples. Pas besoin non plus de croire dans la vie après la mort pour réaliser que chaque fois que l'on achète un produit chimique (non-bio), on corrompt l'âme de quelqu'un pour polluer la Terre de nos enfants.

Chacun d'entre nous peut expérimenter cette élévation de la fréquence car tout devient plus fort et tout va de plus en plus vite. Pour ceux qui tendent un peu plus chaque jour à s'écouter davantage, à vivre leurs rêves de petit enfant, pour ceux qui tentent d'améliorer l'Humanité par leur être, Tout est et sera de plus en plus facile car le multivers entier complotera pour les aider.

Par contre, ceux qui refusent d'essayer de penser/être par eux-mêmes, ceux qui ne veulent pas se remettre en question et rejettent leur mal être sur le monde extérieur, l'existence deviendra de plus en plus dure et pénible. C'est leur moi supérieur qui mettra en scène des événements et des maladies de plus en plus pénibles pour qu'ils se remettent en question. En fait, le grand esprit les aidera tout autant, mais d'une manière bcp moins agréable.

Lorsque vous arrivez à vous dépasser, à faire un pas de plus pour devenir un être plus humain, c'est l'Humanité toute entière que vous entraînez avec vous. Comprenez bien que vous vous êtes incarné dans cette période exceptionnelle pour créer l'Être Humain: un être qui aura un pied dans les mondes de l'invisible et un pied dans les mondes visibles. Mais, de plus, il s'agit d'une opportunité exceptionnelle pour que beaucoup d'âmes prisonnières sur Terre se libèrent. Vous avez donc aujourd'hui à faire un choix. Voulez-vous rester des esclaves ou désirez-vous retrouver votre statut de divinité co-créatrice? À vous de choisir...

> CHAPITRE 7

PAR RAPPORT À MES

MES 2 LIVRES PRÉCÉDANTS

Changements d'avis.

La principale modification par rapport à mes deux livres précédents concerne la Prière et tout ce qui tourne autour, à savoir: la reconnaissance et le respect de la Hiérarchie de la Lumière, le don de sa volonté et l'importance du pardon.
Comme vous pourrez le constater à la lecture de ce livre, j'ai changé d'avis par rapport à la définition de l'Amour Inconditionnel, par rapport au faite que ce monde est juste & par rapport à mon regard sur la loi du karma. Vous trouverez des infos suplémentaires sur ces deux livres page 196 & 197.
Mis à part cela, je continue à adhérer à 99,9% aux informations contenues dans ces deux livres.

Je vous consseille surtout de lire les chapitre suivants. Ils sont complémentaires avec le livre que vous avez entre les mains.

Dans le livre "À la recherche du message des dauphins"

Les Dauphins et la relation amoureuse ou ce que nous appelons l'amour......... 119
La Captivité et les asiles. 153
Manger nature. 172
Les sectes et les sociétés secrètes. 227
Le conditionnement. 248
La méditation. 256
1999-2012: Mode d'emploi – 415
Introduction. 418
Décollage... 434
Égypte, avril 1999. 434
La "légende" des Dogons du Mali. 438
La précession des équinoxes, la fréquence de Schumann & le calendrier Maya. 441
Qui sommes-nous?...La Trinité 450
L'histoire de la Terre. 514
Le chaînon manquant. 515
La Lémurie. 523
L'Atlantide. 525
Le Début de "Notre" Civilisation. 536

L'Égypte, les Pyramides et Akhenaton. 539
Et les dauphins et les baleines dans tout ça?. . . L'Hypothèse Cétacé. 547
La légende des Indiens Cherokee du "Cinquième Rêve". 551
Le 20ème Siècle. 554
L'histoire de l'Argent. 564
Les outils de l'obscurantisme. 572
L'énergie libre - Nicolas Tesla 578
Encore quelques infos sur" l'Organisation Mondiale ."‚ 580
L'A.M.I. 588
Commentaires. 590
La sacro-sainte médecine. 594
Les émotions récurrentes face à une situation donnée. 649
Les émotions désagréables que j'éprouve face à quelqu'un 653
La connexion avec notre Moi Supérieur. 659
La Nourriture. 673
L'Histoire du 101ème Singe. 681
Flash de dernière minute 723

Dans le livre "Les Dernières Pièces du Puzzle"

Le code de la Bible ou Le rôle des Prophéties 21
Les Eco-Villages, les SEL et les Rainbow Gatherings 76
Les Crops Circles 78
Le Gouvernement Invisible 91
La Mission Spirituelle de l'Europe/France/Paris & le rôle de l'Inquisition. 94
L'Importance des séries de Chakras par 8 et 13. 132
Le virus du Sida, ce n'est pas ce qu'on croit. 151
La Mafia Médicale 153
Le Pipi: Médicament Suprême 159
Les mensonges ou (mal-entendus) sur le Sexe. 163
Les vaisseaux spatiaux ET existent. 167
Le Passage dans la dimension suivante 183
Le Rêveur d'Orient. 189

> CHAPITRE 8

CITATIONS

«Chaque fois que vous remettez vos rêves à plus tard, chaque fois que vous végétez 3,5 secondes de plus... Quelqu'un meurt de faim sur la planète».

«Bon apprenti-sage et bonne aventure» (Bulletin Univers)

«Le vocable Satan, en Hébreu, signifie l'adversaire».
Dewy «L'immortel». Ed. Hélios

«Ne l'oubliez jamais: celui qui laisse se prolonger une injustice ouvre la voie à la suivante».
J'ai oublié de qui c'était.

«LA question n'est pas: Qu'est-ce que Dieu peut faire pour moi ? Mais Qu'est ce que je peux faire/être pour Dieu !».

«Nous sommes de la lumière emprisonnée.»
«La vie n'est pas un jeu, mais un cadeau.»
Hurtak.

«Réveille-toi, rêveur, tu cours dans le vide (tes pieds ne touchent pas le sol)»
Peter Gabriel. Librement traduit de la chanson «Here Comes The Flood.»

«Si vous tentiez de résoudre les mystères d'une réalité supérieure avant de comprendre la vôtre, vous pourriez vous égarer dans une méprise et des hallucinations qui vous feraient perdre tout sens de la réalité.» Dewy. «L'immortel», Ed. Hélios

«Accepter et exécuter la volonté des autres vous entraîne vers la dépendance et l'esclavage. Votre liberté reste à conquérir. Vous êtes tous des esclaves à qui on laisse croire qu'ils sont libres».
SORIA - Maîtrise du corps retrouvé. Ed. Arianne

Bien être = Bien Naître....

«L'humeur de l'humain, c'est l'humour» - Michel Fugain
«La voie spirituelle, c'est comme la voie du funambule. Au premier faux pas, on tombe.»'

«Le courage d'être excessif, ce que peu de gens osent, est de se montrer tel qu'il est jusqu'au bout... Ce que les autres te reprochent, cultive-le, c'est toi.»
Jean Cocteau.
«Etant pêcheur, laissons les punitions à Dieu» - Gandhi
Pécheur vient d'un mot hébreu dont la signification est «avoir raté sa cible».

«Sur 1000 travailleurs de lumière qui s'incarnent sur terre, 999 se font court-circuiter par l'ombre et ne trouvent même pas le chemin de leur légende personnelle. Celle ou celui qui a réussi à se mettre sur sa voie a pour mission de faire le travail des 999 autres... Il en a le pouvoir car il bénéficie du pouvoir non utilisé des 999 autres.» - Arno de Nimes

«Celui qui n'ose pas regarder le soleil en face ne sera jamais une étoile.»
William Blake.
«Pendant longtemps, tu as peureusement pataugé près du rivage en te tenant à une planche. Je veux maintenant que tu sois un nageur intrépide, que tu plonges dans la mer, que tu remontes à la surface, me fasse un signe de la tête, pousse des cris et secoue ,en riant, tes cheveux.» Walt Whitman.

«Chaque jour, il faut danser, fut-ce seulement par la pensée.»
Nahamande Braslaw.

«S'ouvrir n'est que la première étape d'un bien plus long voyage.»
Charles Bobin.
Vous êtes dans une prison sans mur ni barreau... Le mensonge ultime consiste à ne pas vous dire que la porte est ouverte.

«Les Canons de la beauté remplacent les canons de la guerre»
Mme de Fontenay

«Faisons la guerre à la pauvreté et arrêtons de faire la guerre aux pauvres.» L'Abbé Pierre.

«Fais de ta vie un rêve et d'un rêve, une réalité.» - St Exupéry.

«Le piège de la haine, c'est qu'elle nous enlasse étroitement avec l'adversaire.» Kundera.

«Le pardon crée l'ambiance nécessaire à un nouveau départ, à un nouveau recommencement.» Martin Luther King

«Une des plus belles victoires que l'homme peut remporter sur lui-même, c'est sa victoire contre sa haine.» J'ai oublié qui a dit ça !

«Aimer, c'est porter l'autre à son plus haut niveau.» - Virginia Wolf

«C'est nécessaire, donc, c'est possible..» - Borghese

«Mieux vaut vivre un jour comme un lion que 100 ans comme un mouton.» - Proverbe Italien

«Si on m'apprenait que la fin du monde est pour demain, je planterais quand même un pommier.» - Martin Luther

«Comme tout changement doit commencer quelque part, c'est l'individu isolé qui en aura l'intuition et le réalisera. Ce Changement ne peut germer que dans l'individu, ce peut-être dans n'importe lequel d'entre nous.»
C.G. Jung

«Deviendrai-je le héros de ma vie ou cette place va-t-elle être occupée par quelqu'un d'autre ?» - Charles Dickens.
«Ne faites jamais rien contre votre Conscience même si l'Etat vous le demande.» - Einstein.

«... et la vie est un bien perdu lorsqu'on n'a pas vécu comme on l'aurait voulu...» Emanescu (poète roumain)

«Un soldat est un esclave en uniforme.» - Juan Donaso Cortes.

«Si ton soleil est assez fort, il te délivrera des arcs-en-ciel les jours de pluie.»
«Souris à quelqu'un de très triste pour commencer à submerger le monde de tendresse.» François Garagnon dans Jouchka.

«Le pardon est l'ultime revanche.»
«Libère-toi du fruit de tes actions.» - J.W. Goethe

«Si tu veux savoir où tu en es sur l'échelle de l'évolution, demande-toi: «Et si tout le monde faisait les même choix que moi, où en serait notre planète ?» Claude Traks

«La Guerre, c'est un massacre de gens qui ne se connaissent pas au profit de gens qui se connaissent et ne se massacrent pas.» Paul Valery.

«Le secret du changement consiste à concentrer ton énergie pour créer du nouveau et non pour te battre contre l'ancien.»
Ano Nimmes

«Si un homme a beaucoup plus qu'il ne faut, c'est que d'autres manquent du nécessaire.» - Tolstoï.

«Nul ne peut avoir de liens avec son prochain s'il ne l'a d'abord avec lui-même.» - C.G. Jung

«Ce n'est pas en regardant la lumière que l'on devient illuminé, mais en se connectant avec sa propre obscurité. Ce travail est souvent déplaisant, donc, impopulaire».
C.G. Jung.

«J'ai rencontré de grands hommes... Mais quand j'ai rencontré leurs femmes !!!»
Friedrich Nietzsche.

«Vous êtes les légendes des générations à venir.»
Le Futur est Maintenant. Ronna Herman. Ed. Arianne.

«Nous sommes en train de passer du concept Le Temps c'est Dollar,
au concept, le temps c'est de l'Art».
«Tout est une affaire de point de vue et le malheur n'est souvent que le signe d'une fausse interprétation de la vie.»

«Nul chercheur Véritable de la Sagesse Eternelle ne doit adhérer aveuglement à une présentation quelconque de la vérité ; il lui faut garder un esprit ouvert et peser et étudier sérieusement les théories, les idéaux, les lois et les vérités qui ont conduit tant de gens de l'obscurité à la lumière, à la connaissance et à l'expérience.»
Alice A. Bailey. Traité Sur La Magie Blanche.

«J'ai tout fait pour vous = J'étouffais pour vous» - Laurent Taquin.
Il ne faut pas confondre dé-mission and The-Mission...
«Le confort c'est le fort des cons !»
Merveilleux = Mer Veille Eux. Mère veille sur eux

«Dans ma vie, j'ai maintes fois observé cette étrange contradiction: les services que m'ont rendus mes amis les mieux intentionnés n'ont jamais valu ceux que me rendaient mes ennemis – dois-je les appeler ainsi puisque d'ennemis je n'en ai point ? Ceux-ci venaient pour me faire du mal ; il ne s'ensuivait que du bien. Ainsi, le seul résultat de la colère du gouvernement britannique fut que je trouvais Dieu ?
Sri Aurobindo. «Jours de Prison.». 1975. Sri Aurindo Ashram. Pondichéry. Inde.

«Par contre, les instructeurs sincères et de grande foi, mais qui manquent d'expériences et de connaissances psychologiques payent parfois lourdement leur enthousiasme et leur confiance exagérée dans la nature humaine.
Pour réussir, l'accoucheur des âmes doit se sentir comme un dompteur dans une cage, entouré de fauves hostiles et se tenir prêt à toutes les surprises. Ce ne sont pas ses élèves qui sont mauvais, mais quelle que soit la valeur de l'homme, il doit malheureusement passer par une série d'épreuves pour briser en lui-même la résistance de la matière et de l'astral mauvais.
Chaque être, même s'il possède les éléments les plus élevés, peut souvent incarner cet astral et donner inconsciemment un point d'appui aux forces démoniaques.»
Serge Marcotoune.
«Avoir la foi, c'est se dire qu'il y a une justice sur cette Terre et que chacun vivra les conséquences de ses choix...» Anonyme.

Voici quelques passages de la Bible qui résonnent en partie en moi:
«Pour ce qui est du jour et de l'heure, personne ne le sait, ni les Anges des cieux ni le fils, mais le Père seul. (...) C'est pourquoi, vous aussi tenez-vous prêts car le fils de l'homme viendra à l'heure où vous n'y penserez pas.» - Matthieu 24.

«Car, à la résurection, les hommes ne prendront point de femmes ni les femmes de maris, mais ils seront comme des Anges de Dieu dans le Ciel.» Biblia.
«Malheur à vous, scribes et pharisiens hypocrites ! Parce que vous fermez aux hommes le royaume des cieux. Vous n'y entrez pas vous-même et vous n'y laissez pas entrez ceux qui veulent entrer». Biblia.

«Ne donnez pas ce qui est saint aux chiens et ne jetez pas vos perles devant les pourceaux de peur qu'ils ne les foulent aux pieds et ne se retournent pour vous déchirer. Quiquonque demande reçoit, celui qui cherche trouve et l'on ouvrira à celui qui frappe.
Demandez et l'on vous donnera, cherchez et vous trouverez, frappez et l'on vous ouvrira.» - Mathieu. 6-7

«Avant tout, gardez-vous du levain des pharisiens qui est l'hypocrisie. Il n'y a rien de caché qui ne doive être découvert ni de secret qui ne doive être connu.
C'est pourquoi, tout ce que vous aurez dit dans les ténèbres sera entendu dans la lumière et ce que vous aurez dit à l'oreille dans les chambres sera proclamé sur les toits.» - Luc. Chapitre 12.
«Considérez les corbeaux: ils ne sèment ni ne moissonnent. Ils n'ont ni cellier et Dieu les nourrit. Combien ne valez-vous pas plus que les oiseaux ! Qui de plus, par ses inquiétudes, peut ajouter une coudée à la durée de sa vie ?» «Cherchez premièrement le royaume et la justice de Dieu et toutes ces choses seront données par-dessus. Ne vous inquiétez donc pas du lendemain car le lendemain aura soin de lui-même. À chaque jour suffit sa peine.».
Mathieu. Ch. 6. Nouveau Testament.

«On est ce que l'on mange et comme les Humains mangent bcp de vaches, ils sont devenus un peu comme elles à savoir des estomacs sur pattes. La majorité des Humains passe sa vie à digérer, à métaboliser de la nourriture en *caca*... De plus, c'est vrai que la majorité des Humains est assez vache entre elle... Cela est surtout vrai pour les occidentaux...»

Info

En France, en 2001, 45.000 personnes sont mortes de maladies directement liés à l'alcool. .

Depuis octobre 2003, tout ce qui a trait au nucléaire en France est classé secret défense. Cela signifie que quiconque tente de découvrir des infos sur le nucléaire en France (dates des transports dangereux, accidents dans les centrales, états de ces mêmes centrales...) est passible de peine de prison. Je trouve que cette nouvelle loi est injuste, dangereuse et anticonstitutionnelle. Alors que la majorité des pays amorcent leur sortie du nucléaire, la France persiste et signe dans une erreur qui pourrait entraîner toute l'humanité à sa perte.

Sachez de toute façon que notre humanité ne peut continuer comme cela, car nous devenons très dangereux à cause de la manière dont nous utilisons l'énergie nucléaire. Nous ne sommes pas une civilisation assez évoluée pour utiliser l'énergie nucléaire. Faire sauter des bombes atomiques créent des réactions en chaîne destructrices dans tous les univers. Qu'il soit clair une fois pour toutes que les hommes et les femmes qui font la promotion du nucléaire sont des êtres extrêmement manipulables, donc extrêmement dangereux pour l'Humanité. De plus, comme la gestion des déchets nucléaires est un défi insolvable avec nos connaissances actuelles, je trouve qu'être pour le nucléaire est tout simplement un signe de déficience mentale. Ce n'est pas un jugement, c'est un fait. En effet, même s'ils sont inconscients, un mental efficace devrait suffire à leur permettre de comprendre une chose aussi simple.

Cela dit en passant, sachez que l'on nous ment sur le nucléaire. Je ne peux pas vous en dire plus, vu que c'est classé secret défense... Pour notre sécurité...

Seulement, comprenez bien qu'avec la loi votée plus haut, ils peuvent ainsi transporter ce qu'ils veulent sans que personne ne le sache et que si un jour, il y a un accident... je prends le pari qu'ils diront qu'il s'agit d'un acte terroriste.

► CHAPITRE 9

REMERCIEMENTS

Merci à...
MAMAN qui m'a appris tant de choses. Parmi elles, l'Amour, la persévérance dans l'organisation de mon travail, le fait de tâcher de ne jamais se mentir. Et puis tant de choses indicibles, tant de cadeaux.... Je rends aussi hommage à toutes les mamans des mondes. Quel boulot ! Quel don ! Quelle patience !

PAPA. Tu es l'un de mes meilleurs amis. Quel bonheur d'avoir comme ami mon papa. Pour moi tu es un vrai Bouddha né. Tu représentes l'une des facettes de l'Amour Inconditionnel que j'apprécie le plus. Je t'Aime.

Evelyne Dounette Amour de mes Vies.
Merci pour ta Patience, ton Amour Inconditionnel, ta Gentillesse, ta Générosité. Ce livre est une sorte de bébé commun. Merci d'être Toi.
Merci d'être avec moi sur Terre Gala.

Marie-Françoise et Isabelle.
Notre équipe est de plus en plus solide.Au plus les tempêtes que nous affrontons nous font sourire, au plus l'Amour qui nous lie se renforce. Bisous les Zamours.

Dr Hurtak et Désiré sa femme.
Vous m'avez réconcilié avec la Prière, et ainsi qu'avec ma Famille de Lumière.
Je vous en serai reconnaissant à jamais.

Nicole.
Merci pour tous ces précieux conseils. Merci pour m'aider à avoir plus confiance en moi. Merci pour ton amitié que je sens sincère.

Sabine.
Merci pour tout le travail que tu m'as aidé à faire sur moi-même. Merci pour les techniques si efficaces que tu as su co-créer. Merci pour ton amitié.
Mikaël de la Montage d'Or. La majorité de ce livre à été écrit dans ton appartement rempli d'une énergie et d'une conscience merveilleuses. Pour Toujours et à Jamais.
Thommé.& Isis pour leur Joie et leur Tendresse.
Merci et encore pardon à Cynthia d'avoir été aussi con. J'espère que tu auras été la dernière victime de mon inconscience. Notre rencontre était trop importante. J'espère qu'un jour tu accepteras mes excuses.
Mikaël et à tes précieux conseils.
Christophe et son Human Design System.
Christiane Mulhauser de Transat diffusion en Suisse.
Christiane a vraiment fait don de sa personne à la Suisse durant toutes ces années. Je te souhaite une pré-retraite pleine d'évolution et de tendresse.
Toute l'équipe de DG Diffusion. Je me demande ce que la France serait sans vous?
Etienne Arc en Ciel pour les super citations que tu m'as envoyé.
Toutes les personnes, librairies et associations qui m'ont aidé durant les tournées de conférences. Je ne peux vous citer tous et toutes... Merci du fond du coeur.
Moi-même, même si je ne sais plus très bien qui est moi...
Et surtout, merci à La Hiérarchie des hiérarchies. Celle qui tend de toute sa volonté a respecter les lois du Père des pères, celles-là mêmes qui maintiennent en place les structures de la vie éternelle. Sans vous et votre sacrifice, la vie ne serait pas...
Merci pour TOUT.

Et last but not least... Merci à Toi Dieu des dieux.

«Quant à la date de ce jour, et à l'heure, personne ne les connaît, ni les anges des cieux, ni le Fils, personne que le Père, seul». Biblia Mathieu 24 32
Alors, tenons-nous prêt...

Aidez-nous
Devenez membre
inscriptions
commandes
comment nous aider ?

- Je propose de rester en contact via un Bulletin de Contact que j'essaye d'envoyer au moins deux fois par an. Etablir des résaux est important afin de pouvoir informer rapidement. Je travaille bénévolement dans le cadre de l'association CommuniCare ICERC Europe. Si vous voulez en savoir plus sur notre association, il suffit de remplir ce formulaire recto-verso et de cocher la case o Recevoir un Bulletin concernant la présentation de votre association.
• Ce Bulletin de contact paraît plus ou moins 3 fois sur une période allant de 1 à 2 ans. Le nombre de pages peut varier de 4 à l'infini. Nous vous garantissons que vous en recevrez au moins 3 parutions. Sachez que dans notre Association personne ne perçoit de salaire et que nous n'avons pas de frais de location de bureau.
Grâce à ce formulaire, vous pouvez commander la Version Anglaise et Espagnole de mon livre "A La Recherche du Message des Dauphins".
• Je cherche des endroits pour donner des conférences dans toutes les régions francophones de la planète. Si vous connaissez un librairie ou une association que cela pourrait intéresser, contactez-moi !

FORMULAIRE D'INSCRIPTION ET DE COMMANDE.
Remplissez et biffez les mentions inutiles... Merci d'écrire TRÈS lisiblement.

Nom de famille: .... Prénom: ....

Date de naissance: ....Occupation: ....

Adresse: ....

....

Tél: ....Fax: ....E-mail: ....

Vous rencontrez Merlin l'Enchanteur qui vous propose de réaliser un seul de vos souhaits. Lequel choisissez-vous?

....

....

Je désire...

o Que l'on m'envoie les dates et lieux des tournése de conférences de Claude Traks. (gratuit)

o Recevoir un Bulletin concernant la présentation de l'association. (gratuit)

o Devenir membre pour deux ans, recevoir trois bulletins pour 25 € pour les membres avec des ressources.

o Devenir membre pour deux ans, recevoir trois bulletins pour 14 € pour les étudiants/chômeurs et peu de ressources. (CEE seulement)

o Devenir membre pour deux ans, recevoir les trois bulletins pour 250 € pour les membres donateurs.

o Je ne peux/veux rien payer du tout, mais j'espère que vous pourrez quand même m'envoyer votre bulletin.

o Que vous m'envoyez (   ) exemplaire(s) de la version Espagnole du livre de C. Traks (A la Recherche de Message des Dauphins) pour 28 € par exemplaire(s) (port compris).

o Que vous m'envoyez (   ) exemplaire(s) de la version Anglaise du livre de C. Traks (A la Recherche de Message des Dauphins) pour 28 € par exemplaire(s) (port compris).

o Faire un don à l'Association de ....€

o Montant Total:

Mode de Paiement

o Mandat Postal International ou chèque à joindre au présent formulaire et à libeller au nom de: Claude Traks Communicare ICERC Europe.

o Virement sur notre compte en banque: 210-0960111-57

À l'ordre de: ASBL Communicare I.C.E.R.C. Europe (Ne nous écrivez pas à cette adresse!)
FORTIS Banque, 285a, Chaussée de Charleroi, 1060 Bruxelles-Belgique.
Ajoutez dans la rubrique communication votre nom et adresse et l'objet de votre versement.

o Carte Visa/ MasterCard: N° _ _ _ _ _ _ _ _ _ _ _ _ _ _ _ _

Nom du Titulaire de la Carte:

Date d'Expiration: _ _ / _ _   Signature:

Date de la commande: _ _ / _ _ / _ _

Pour nous Contacter:

CommuniCare I.C.E.R.C. Europe (Association Sans But Lucratif)

- En France: 56, rue Saint André des Arts, 75006 Paris - France.
  Tél (0)1 43 54 56 99 • Fax: (0)1 43 25 63 37
- En Belgique: 6, avenue Chantemerle, 1180 Bruxelles, Belgique Tél/Faxl (0)2 374 97 85

Notes

"A la Recherche du Message des dauphins" ou "Comment on en est arrivé là et Comment s'en Soirtir" ou l'Hypothese Cétaces".

N'avez-vous jamais eut l'impression qu'il y avait un grand secret à découvrir derrière les apparences de la vie sur Terre ?
Ne vous êtes-vous jamais demandés, pourquoi la majorité de notre humanité ne vivait-elle pas dans la Paix, la Justice, la Joie et le Respect de la Nature ?

Depuis tout petit, je regarde les Dauphins jouer devant les proues des bateaux avec le désir profond de plonger dans l'eau et de les suivre... Mais de les suivre où? Et puis comment les comprendre?
J'ai mis du temps à me libérer de la pression sociale et à faire le grand saut. J'ai plongé aussi profond que j'ai pu, abandonnant tout ce que j'avais peur de perdre. Dans un premier temps, ils m'ont appris à vivre mon quotidien, juste en les observant, en partageant avec eux leur vie de tous les jours.
Les Dauphins ne m'ont pas parlé des Dauphins...
Les Dauphins m'ont parlé de nous... les futurs Êtres Humains.

Ensuite, cette quête m'a emmené dans «d'autres réalités».
Elle a fait exploser toutes les barrières de mes croyances, m'emmenant bien au-delà que ne l'avait jamais fait mon imagination. Durant cette aventure j'ai rencontré des scientifiques, des artistes, des plongeurs, des mystiques, des individus de tous bords.
Certains d'entre eux étaient très «allumés», d'autres beaucoup plus «coincés».
J'ai approché des aborigènes d'Australie, des Zoulous d'Afrique du Sud, des Amérindiens, la culture Maya et celle des Dogons du Mali. L'Egypte des Pharaons et leurs Pyramides m'ont aidé a trouvé des liens entre certaines des pièces du puzzle des grandes énigmes de la vie. Cette aventure m'a amené dans des territoires dont je ne soupçonnais même pas l'existence. J'ai découvert d'autres états de conscience, d'autres dimensions, d'autres planètes, et surtout... un autre moi-même.

Les Mythes et les Légendes sur les Dauphins et les Baleines peuvent nous aider à nous souvenir de «Qui nous sommes», «d'Où nous venons» et de «Ce que nous sommes venus faire sur cette Terre».

Les Femmes et les Hommes sont arrivés à un point crucial de leur évolution.
Nous nous dirigeons vers un nouveau niveau de conscience. Nous sommes en train de devenir des Êtres réellement humains.
Certaines informations peuvent nous aider à accélérer notre évolution, à développer notre bien-être, à apprendre à vivre ensemble dans la Paix, l'Amour et la Liberté.
J'ai la prétention de croire que cet ouvrage contient quelques-unes de ces informations...

J'ai la prétention de croire que prendre connaissance de ces informations peut vous rendre beaucoup, beaucoup, beaucoup plus heureux.
Quoi qu'il en soit tout ceci n'est que mon humble point de vue.

Bon Voyage...
Claude, le 11 août 1999.

Prix: 25 €
738 Pages
ISBN 2-9600210-0-2

"Les Dernières Pièces du Puzzle" ou
"Objectif 2012" ou
"La Mission Spirituelle de la France et de l'Europe"

Si tu lis ces mots à cet instant, ce n'est pas par Hasard...

En fait, tu t'es entraîné pendant des milliards d'années pour vivre ce moment précis de l'Histoire de l'Humanité et tu y es ! Le temps est arrivé pour le dormeur de se réveiller.

Ce livre t'apporte quelques pièces du grand puzzle de la vie. En effet, le "temps des secrets", période durant laquelle il était sain que les futurs humains soient dans l'ignorance de leur propre nature est terminé. Ces informations te permettront de commencer à te souvenir de "Qui tu es ?", et de "Pourquoi tu es ici ?". Car tu es ici pour une raison très précise...

Notre Humanité est en train de vivre l'une des pages les plus passionnantes de son Histoire. Sur une échelle de 1 à 100, l'espèce Humaine est encore toute jeune. Elle a plus ou moins 15 ans et est donc en pleine crise d'adolescence. C'est pour cette raison que nous faisons encore plein de "bêtises". Dans les années ou dans les mois à venir, notre conscience va s'éveiller. Le processus est déjà en route. Cela s'accompagne par une montée de la fréquence de l'énergie ambiante. Ne sentez-vous pas que tout est de plus en plus fort. Lorsque l'on est heureux, on est de plus en plus heureux. Lorsqu'on a le cafard, c'est de plus en plus pénible.

Cet éveil de notre conscience à été prophétisé par la majorité des cultures orales de notre planète. Ces "gardiens de la mémoire" insistent sur le fait que certaines informations ainsi qu'un minimum de préparation sont essentiels afin de vivre cette "ascension" dans la Paix, la Joie, et surtout avec une évolution optimum. Je me propose de partager certaines de ces informations avec vous...

Je vous parlerai aussi d'événements extraordinaires qui arrivent chaque jour sur notre planète qui prouvent que ce "Nouvel Âge" est en route. Que cela soit les Crops Circles (qui apparaissent chaque année de plus en plus nombreux), les Nouveaux Enfants (que beaucoup appellent Indigo et qui sont dotés de caractéristiques psychologiques, biologiques et psychiques hors du commun), ou encore des récentes découvertes de certains scientifiques et historiens autonomes, tout est en place pour que les Femmes et les Hommes de la Terre méritent le nom qu'ils se sont un jour donné à eux-mêmes: les Êtres Humains.

L'Europe et la France ont un rôle à jouer dans cet éveil qu'aucune autre région du monde ne pourra assumer. L'Europe est appelée à devenir le centre d'une Spiritualité Libre, Autonome, Indépendante et pourtant Solidaire. C'est pour cela que l'inquisition (que certains ont été conditionnés à appeler la chasse aux sectes) y est plus forte que dans les autres régions du monde. En fait, il s'agit d'une chasse à la spiritualité hors religion.

Bien que les prêtres et les religions aient leur rôle à jouer, l'espèce humaine est aujourd'hui assez évoluée pour que les êtres se connectent directement à leur partie Divine sans passer par des intérmédiaires.

Vous avez dès à présent le choix entre être un Dieu créateur, ou être employé-esclave d'un système qui pense pour vous.

Il n'y a pas de mauvais choix...

Quoi qu'il arrive, aie confiance. L'univers tout entier veille sur toi à chacun de tes pas.
"Ce qui est" te protège et ne t'envoie que des Anges.
Je t'aime depuis Toujours et pour l'Eternité.
Claude, le 21 Mars 2001.

Prix: 14,5 €
224 pages
42 illustrations en noir et blanc
ISBN 2-9600210-1-0

> Sommaire

Préface 3

Introduction 5

Chapitre 1 11
La Chute & l'Ascension

Chapitre 2: 47
L'Historique de la Genèse de ce livre

Chapitre 3 73
Les Pièges du Nouvel Age et des Parties Franchisées des Religions

Chapitre 4 113
Outils Pour Guerrier et de l'Artisan de la Lumière

Chapitre 5 163
Mes Conclusions

Chapitre 6 169
Dictionnaire

Chapitre 7 182
Par rapport à mes deux livres précédants

Chapitre 8 184
Citations

Chapitre 9 191
Merci à...

> Sommaire

Page 193 & 194 . . . .
Formulaire pour reçevoir des infos sur les conférences de Claude Traks et/ou s'abonner au Bulletin de Contact de l'association CommuniCare ICERC Europe

Page 196 . . . .
Présentation du livre "A la Recherche du Message des Dauphins".

Page 197 . . . .
Présentation du livre "Les dernières Pièces du Puzzle".

Page 198 & 199 . . . .
Sommaire.

Page 200 . . . .
Dernière page du livre. Infos légales.

Cet ouvrage a été réalisé par l'imprimerie Auspert & Co
en octobre/novembre 2003 pour le compte de l'ASBL
CommuniCare ICERC Europe
6 av. Chantemerle, 1180 Bruxelles - Belgique
Cette adresse n'est pas un bureau où l'on peut venir dire bonjour.
Merci de nous contacter par écris.
Tendresse

Imprimé en Belgique
Dépôt légal Novembre 2003
D/2003/8718/1
ISBN: 2-9600210-2-9
EAN: 9 782960 0210 28